AF502177

TARIF
DES DROITS

Dépendans de la Régie Générale,

QUI SONT DUS

DANS LA VILLE ET FAUXBOURGS

DE ROUEN.

A PARIS,

De l'Imprimerie de P. M. DELAGUETTE, rue de la Vieille-Draperie.

M. DCC. LXXXI.

TARIF DES DROITS

Dépendans de la Régie Générale,

QUI SONT DUS DANS LA VILLE ET FAUXBOURGS

DE ROUEN.

DROITS à l'entrée sur l'Eau-de-vie & Liqueurs, par muid de 144 pots, mesure de Paris.

Article premier du titre 16 de l'Ordonnance de 1680, cent sols & augmentation fixés à	6 l.	15 f.	// d.
Art. 2 du même titre, droits de gros, détails & augmentation fixés à	26.	//	//
Art. 3 du même titre, subvention à l'entrée & à la consommation	10.	16.	//
Déclarations des 10 Octobre & 31 Décembre 1689, jauge & courtage, fixés à	2.	5.	//
Edit du mois d'Octobre 1705, Inspecteurs aux boissons, fixés à	1.	10.	//
Total	47.	6.	//
Edit du mois d'Août 1781, dix sols pour livre	23.	13.	//
Total général . . .	70.	19.	//
Lett. Pat. de Janvier 1759, droits réservés fixés à	28.	16.	//
Edit du mois d'Août 1781, dix sols pour livres modérés à six sols, par décision du 29 dudit.	8.	12.	9 ¼.
Total général . . .	108.	7.	9 ¼.

Droits à l'entrée sur l'Eau-de-vie rectifiée, par muid de 144 pots.

Par Déclaration du 9 Décembre 1687, il est dû le double des droits créés avant ledit Edit sur les Eaux-de-vie simples,

SÇAVOIR:

Les 5 l. & augmentation fixés à 6 l. 15 f. ci	13 l.	10 f.	// d.
Les droits de gros, détail & augmentation de 26 l. ci	52.	//	//
Subvention à l'entrée & à la consommation de 10 l. 16 f. ci	21.	12.	//
Quant aux droits créés depuis ledit Edit de 1687, sous la dénomination ci-après, ils se paient simples; SÇAVOIR:			
Jauge, Courtage	2.	5.	//
Inspecteurs	1.	10.	//
Total	90.	17.	//
Edit d'Août 1781, dix sols pour livre	45.	8.	6.
Lett. Pat. de Janvier 1759, droits réservés	28.	16.	//
Edit d'Août 1781, 10 f. pour liv. modérés à 6 f. par décision du 29 dudit.	8.	12.	9 ½.
Total général . . .	173.	14.	3 ½.

Droits à l'entrée sur l'Esprit-de-vin, par muid de 144 pots.

Par Déclaration du 9 Décembre 1687, il est dû le triple des droits créés avant ledit Edit sur l'Eau-de-vie simple.

SÇAVOIR:

Cent sols & augmentation fixés à 6 l. 15 s.	20 l.	5 s.	″ d.
Gros, détail & augmentation de 26 l.	78.	″	″
Subvention à l'entrée & au détail, de 10 l. 16 s.	32.	8.	″
Quant aux droits créés depuis ledit Edit de 1687, sous la dénomination ci-après, ils se paient simples; SÇAVOIR:			
Jauge, Courtage	2.	5.	″
Inspecteurs	1.	10.	″
Total	134.	8.	″
Edit d'Août 1781, dix sols pour livre	67.	4.	″
Lett. Pat. de Janvier 1759, droits réservés	28.	16.	″
Edit d'Août 1781, dix sols pour livre modérés à six sols, par décision du 29 dudit	8.	12.	9 ½.
Total général	239.	″	9 ½.

Droits à la revente sur l'Eau-de-vie simple, rectifiée, Esprit-de-vin & Liqueurs, par muid de 144 pots.

Sur les Liqueurs.

Déclaration du Roi du 10 Octobre 1689, courtage fixé à	1 l.	10 s.	″ d.
Tarif du 16 Octobre 1696, droits de courtiers fixés à	1.	10.	″
Total	3.	″	″
Edit du mois d'Août 1781, dix sols pour livre	1.	10.	″
Total général	4.	10.	″

Sur l'Eau-de-vie simple, rectifiée & Esprit-de-vin.

Déclaration ci-dessus citée, courtage fixé à	1 l.	10 s.	″ d.
Tarif ci-dessus cité, courtiers	1.	″	″
Total	2.	10.	″
Edit ci-dessus, dix sols pour livre	1.	5.	″
Total général	3.	15.	″

Droits en passedebout sur l'Eau-de-vie simple & Liqueurs, par muid de 144 pots

Article 1 du tit. 26 de l'Ordonnance de 1680, 5 l. augmentation, fixés à	6 l.	15 s.	″ d.
Edit du mois d'Août 1781, dix sols pour livre	3.	7.	6.
Total	10.	2.	6.

Il est dû sur l'Eau-de-vie rectifiée le double, & sur l'Esprit-de-vin le triple des droits ci-dessus, Déclaration du 10 Décembre 1687.

Droits à l'entrée sur le Vin arrivant par eau, au-dessus du Pont.

NATURE DES DROITS, ET RÉGLEMENS qui les autorisent.	QUOTITÉ DES DROITS PAR MUID DE VIN.					
	D'achat, & destiné pour les Cabaretiers	D'achat, & destiné pour la provision des Bourgeois.	Du crû des Bourgeois, & destiné pour leur provision.	Du crû des Nobles & Officiers des Cours, & pour leur provision.	Du crû de bénéfice, & pour la provision des Bénéficiers.	Du crû des Secrétaires du Roi, & pour leur provision.
	l. f. d.	l. f. d.	l. f. d.	l. f. d.	l. f. d.	l. f. d.
Droits fixés par le titre premier de l'Ord. de 1680	9. 12. 1.	9. 5. 4.	8. 5. 2.	8. 5. 2.	8. 5. 2.	7. 7. 8.
Anciens & nouv. 5 f. tit. 4	″ 14. ″	″ 14. ″	″ 14. ″	″ 14. ″	″ 7. ″	″ 14. ″
Subvention, tit. 24	1. 7. ″	1. 7. ″	1. 7. ″			
3 l. des rivieres, tit. 30	3. ″ ″	3. ″ ″	3. ″ ″	3. ″ ″	3. ″ ″	3. ″ ″
Jauge, Courtage. Déclaration du 31 Décembre 1689	″ 15. ″	″ 15. ″	″ 15. ″	″ 15. ″		″ 15. ″
Inspecteurs. Edit d'Oct. 1705	″ 10. ″	″ 10. ″	″ 10. ″	″ 10. ″	″ 10. ″	″ 10. ″
Total	15. 18. 1.	15. 11. 4.	14. 11. 2.	13. 4. 2.	12. 2. 2.	12. 6. 8.
Edit d'Août 1781. 10 f. pour l.	7. 19. ″½	7. 15. 8.	7. 5. 7.	6. 12. 1.	6. 1. 1.	6. 3. 4.
Total général	23. 17. 1½	23. 7. ″	21. 16. 9.	19. 16. 3.	18. 3. 3.	18. 10. ″
Droits réservés. Lett. Pat. de Janvier 1759	3. ″ ″	3. ″ ″	3. ″ ″	3. ″ ″	″ ″ ″	3. ″ ″
Edit d'Août 1781 10 f. pour l. modérés à 6 f. par décision du 29 dudit	″ 18. ″	″ 18. ″	″ 18. ″	″ 18. ″	″ ″ ″	″ 18. ″
Total général	27. 15. 1½	27. 5. ″	25. 14. 9.	23. 14. 3.	18. 3. 3.	22. 8. ″

Le vin de liqueur doit les mêmes droits & sur les mêmes autorités que le vin ordinaire, à l'exception des droits réservés, qui, par Déclaration de Janvier 1759, sont du double, partant le vin de liqueur doit, ci . . . . 31 l. 13 f. 1 d. ½

Il est dû en outre pour les vins d'achat, les droits de gros, consistant au vingtiéme du prix de la vente avec le parisis sol, & six deniers. Art. premier du tit. 5, & les 10 sols pour livre de l'Edit d'Août 1781, par toutes sortes de personnes, excepté les Cabaretiers, qui ne doivent que le demi-gros; mais les vins qui ont payé ces droits en route ou à la vente, n'y sont pas sujets à l'entrée à Rouen.

Droits à l'entrée sur les vins destinés pour être exposés en foire.

	l.	f.	d.
Droits fixés par l'art. 4 du tit. premier de l'Ordonnance de 1680	6 l.	2 f.	8 d.
Anciens & nouveaux 5 f. tit. 4	″	14.	″
Subvention, tit. 24	1.	7.	″
3 l. de riviere, tit. 30 & 31	3.	″	″
Jauge, Courtage. Déclaration du 31 Décembre 1689	″	15.	″
Inspecteurs aux boissons. Edit de 1705	″	10.	″
Total	12.	8.	8.
Dix sols pour livre. Edit d'Août 1781	6.	4.	4.
Total général	18.	13.	″

Nota. Les vins arrivant par terre dans tous les cas, ne doivent pas les droits de 3 liv. de riviere, non plus que ceux provenans des lieux désignés par l'art. premier du titre 31 de l'Ordonnance de 1680; mais ces derniers doivent les droits de 5 liv. par charrois art. 1 tit. 31.

Droits dûs sur les vins vendus sur le champ de foire.

Droits fixés par l'art. 4 du tit. premier de l'Ordonnance de 1680. .	3 l.	9 f.	5 d.
Augmentation, tit. 5 art. 3 de l'Ordonnance de 1680	″	16.	3.
Droits de Courtiers. Tarif du 16 Octobre 1696	″	2.	6.
Total	4.	8.	2.
Dix sols pour livre de l'Edit d'Août 1781	2.	4.	1.
Total	6.	12.	3.
Droits réservés. Lett Pat de Janvier 1759	3.	″	″
Dix sols pour livre modérés à 6 sols, par décision du 29 Août 1781	″	18	″
Total général . . .	10.	10.	3.

Les domiciliés dans la Banlieue qui achetent du vin en foire, ne doivent au lieu de 3 l. f. 5 d. mentionnés ci-dessus, qu'un droit de 2 l. 2 f. 6 d. en principal. Art. 4 dudit titre, & les dix sols pour livre.

Droits dûs à la revente du vin en gros.

Ils consistent au vingtiéme du prix de la vente, avec le parisis, sols & six deniers. Art. premier du tit. 5, ci pour	*Mémoire.*		
Courtage. Déclaration du Roi du 10 Décembre 1689	″ l.	10 f.	″ d.
Courtiers. Tarif du 16 Octobre 1696	″	2.	6.
Total	″	12.	6.
Dix sols pour livre. Edit d'Août 1781	″	6.	3.
Total général . . .	″	18.	9.

Vins destinés en passedebout & transportés par eau.
Comme pour foire

9 liv. par tonneau & augmentation. Art. 6 du tit. premier.	4 l.	″ f.	9 d.
15 sols des Jurés-Vendeurs & augmentation. Art. 6 tit. premier . .	1.	″	2.
15 f. de solde. Art. 6 dudit titre	″	15	″
Droits de riviere. Tit. 30 art. 1 & 2	3.	″	″
Total	8.	15.	11.
Dix sols pour livre. Edit d'Août 1781.	4.	7.	11 ½.
Total général . . .	13.	3.	10 ½.

Lorsque le vin en passedebout est destiné pour l'Etranger, il est dû les anciens & nouveaux cinq sols à la sortie. Tit. 4 art. 16, avec les dix sols pour livre.

Droits sur le vin qui d'abord entré à Rouen pour y être vendu ou consommé, en est ensuite enlevé pour être transporté hors la Banlieue.

Massicault. Edit du mois de Septembre 1664, fixé à.	4 l.	″ f.	″ d.
Dix sols pour livre. Edit d'Août 1781.	2.	″	″
Total	6.	″	″

Droits sur le vin allant à l'Etranger.

Massicault. Edit de Septembre 1664	4 l.	″ f.	″ d.
Anciens & nouveaux cinq sols. Tit. 4 de l'Ordonnance de 1680 . .	″	14.	″
Total	4.	14.	″
Dix sols pour livre. Edit d'Août 1781.	2.	7.	″
Total général . . .	7.	1.	″

Cidre & Poiré à l'entrée, arrivant par terre comme par eau.

NATURE DES DROITS, ET RÉGLEMENS QUI LES AUTORISENT.	Quotité des droits par muid. Cidre.	Poiré.
	l. f. d.	l. f. d.
Quarante sols par tonneau & vingt sols par muid de cidre; vingt sols par tonneau & vingt sols par muid de poiré. Ordonnance de 1680 tit. 18, ci	2. 4. 11.	1. 15. 11.
Jurés-Vendeurs, *idem*	// 6. 9.	// 6. 9.
Subvention. Ordonnance de 1680 tit 24	// 13. 6.	// 6. 9.
Jauge & Courtage. Déclaration du 10 Octobre 1689	// 9. //	// 9. //
Inspecteurs. Edit d'Octobre 1705	// 5. //	// 2. 6.
Total	3. 19. 2.	3. // 11.
Edit d'Août 1781. Dix sols pour livre	1. 19. 7.	1. 10. 5½
Total	5. 18. 9.	4. 11. 4½
Droits réservés. Lett Pat de Janvier 1759	// 10. //	// // //
Edit d'Août 1781, dix sols pour livre, modérés à six sols, par décision du 29 dudit	// 3. //	// // //
Total général . . .	6. 11. 9.	4. 11. 4½

Il est dû en sus, les droits de gros (par toutes sortes de personnes, excepté les Marchands privilégiés), consistans au vingtiéme du prix de la vente, avec le parisis, sol & six deniers. Article premier du titre 5 de l'Ordonnance de 1680, & les dix sols pour livre de l'Edit d'Août 1781.

Les Cabaretiers ne doivent aussi que la moitié du droit de gros. Art. 4 du tit. 6.

Les cidre & poiré crûs sur les biens que les propriétaires font valoir par leurs mains & pour leur provision, sont exempts, les propriétaires remplissans les formalités qui leur sont imposées par l'article 4 de l'Ordonnance de 1680; mais cette exemption n'a lieu que pour leur consommation.

SÇAVOIR:

Les Bourgeois, des droits de gros & des droits de Jurés-Vendeurs.

Les Nobles, du gros, des Jurés-Vendeurs & de la subvention.

Les Ecclésiastiques, pour crû de bénéfice, ~~[illegible]~~, du gros, des Jurés-Vendeurs, de la subvention, de la Jauge-courtage & des droits réservés.

Cidre & Poiré à l'entrée destinés pour être exposés en foire.

Mêmes droits que ci-dessus, à l'exception des droits de gros, parisis, sol & six deniers, & des droits réservés.

Droits sur les Cidre & Poiré vendus sur le champ de Foire.

NATURE DES DROITS, ET RÉGLEMENS QUI LES AUTORISENT.	Quotité des Droits par muid. Gros & petit Cidre.	Gros & petit Poiré.
	l. f. d.	l. f. d.
Augmentation. Tit. 5 art. 3 de l'Ordonnance de 1680.	# 6. #	# 4. #
Courtiers. Tarif du 16 Octobre 1696.	# 1. 3.	# 1. 3.
Total	# 7. 3.	# 5. 3.
Dix fols pour livre. Edit d'Août 1781	# 3. 7½	# 2. 7½
Total	# 10. 10½	# 7. 10½
Droits réservés. Lett. Pat. de Janvier 1759.	# 10. #	
Edit d'Août 1781, 15 f. p. liv. modérés à 6 f. par décision du 29 dud.	# 3. #	# # #
Total général . . .	1. 3. 10½	# 7. 1[illegible]

Droits à la vente en gros sur les Cidre & Poiré.

Vingtiéme du prix de la vente, parisis, sol & six deniers. Article premier tit. 5, pour	*Mémoire*
Courtage. Déclaration du Roi du 10 Octobre 1689, cidre & poiré .	# l. 6 f. # d.
Courtiers. Tarif du 16 Octobre 1696.	# 1. 3.
Total	# 7. 3.
Dix fols pour livre. Edit d'Août 1781	# 3. 7½.
Total général . . .	# 10. 10½.

En Passedebout.

NATURE DES DROITS.	Quotité des Droits par muid. Cidre.	Poiré.
	l. f. d.	l. f. d.
Art. 1 tit. 18 de l'Ordonnance de 1680, Passedebout	2. 4. 11.	1. 15. 11.
Dix fols pour livre. Edit d'Août 1781	1. 2. 5½	# 17. 11½
Total	3. 7. 4½	2. 13. 10½

Biere, à la fabrication.

Art. 7 du tit. 17 de l'Ordonnance de 1680; droits de quatriéme, de gros & subvention, fixés à.	2 l. 10 f. d.
Contrôle. Titre 17 art. premier	1. 10. #
Jauge Courtage. Déclaration du Roi du 10 Octobre 1689	# 9. #
Inspecteurs. Edit d'Octobre 1705	# 5. #
Total	4. 14. #
Dix fols pour livre. Edit d'Août 1781.	2. 7. #
Total général . . .	7. 1. #

Les mêmes droits font dûs fur les bieres venant de l'intérieur du Royaume, à l'exception l'exception du droit de contrôle, lorsque l'on justifie que le paiement en a été fait & sur les bieres venant de l'Etranger, il est dû en sus des droits perçus pour la biere venant de l'intérieur du Royaume, les droits de contrôle de 1 l. 10 f., la subventio de 13 f. 6 d., avec les 10 f. pour livre desdits droits.

Droits dûs à la consommation sur les Cidre & Poiré du crû dans les Fauxbourgs de Rouen.

NATURE DES DROITS, EN RÉGLEMENS QUI LES AUTORISENT.	Quotité des Droits par muid.	
	Cidre.	Poiré.
	l. f. d.	l. f. d.
Droits fixés par l'art. premier du tit. 28 de l'Ordonnance de 1680.	2. 11. 8.	2. 2. 8.
Subvention. Tit. 24 art. 10	// 13. 6.	// 6. 9.
Jauge Courtage. Déclaration du 10 Octobre 1689	// 9. //	// 9. //
Inspecteurs. Edit d'Octobre 1705	// 5. //	// 2. 6.
Total	3. 19. 2.	3. // 11.
Dix sols pour livre. Edit d'Août 1781	1. 19. 7.	1. 10. 5½
Total	5. 18. 9.	4. 11. 4½
Droits réservés, Lett. Pat. le Janvier 1759	// 10. //	// // //
Edit d'Août 1781, dix sols pour livre, modérés à six sols, par décision du 29 dudit	// 3. //	// // //
Total général	6. 11. 9.	4. 11. 4½

Les propriétaires étant exempts par l'art. 3 du tit. 28 des 5 sols des Jurés-Vendeurs & augmentation qui reviennent à 6 f. 9 d., cette somme est à diminuer pour eux sur les droits de 2 l. 11 f. 8 d. pour le cidre, & de 2 l. 2 f. 8 d. pour le poiré, relatés ci-dessus.

Il est, en outre, à déduire pour les Nobles sur leur provision seulement, le droit de subvention de 13 f. 6 d. pour le cidre, & de 6 f. 9 d. pour le poiré, tit. 28 art. 3, tit. 24 art. 8.

Enfin, les Ecclésiastiques pour le crû de leur bénéfice, tit. 28 art. 3, tit. 24 art. 8. Arrêt du Conseil du 9 Septembre 1675, Déclaration du Roi du 10 Octobre 1689, sont exempts de tous les droits détaillés ci-dessus, excepté les Inspecteurs qu'ils doivent, suivant l'Arrêt du Conseil du 16 Août 1712. *

(*) OBSERVATION GÉNÉRALE. Lorsque les Boissons qui arrivent dans la Ville, Fauxbourgs & Banlieue de Rouen, proviennent de l'Etranger ou d'un pays exempt soit des droits d'Aydes, soit du gros, il en est dû un premier droit de jauge-courtage d'arrivée, outre celui qui est dû à l'entrée. Déclaration du 10 Octobre 1689.

Droits dûs à la vente & revente des Boissons, sous la dénomination de Courtiers-Jaugeurs.

NATURE des BOISSONS.	RÉGLEMENS en vertu desquels les Droits se perçoivent.	Ier. Enlévement		IIe. Enlévement.	
		Quotité de chaque espéce de droits par muid de 144 pots.	Total des droits sur chaque nature de boissons.	Quotité de chaque espéce de droits par muid de 144 pots	Total de droits sur chaque nature de boissons.
		l. f. d.	l. f. d.	l. f. d.	l. f. d.
Eau-de-vie	Tarif de 1696	1. 10. 8.	2. 6. //	1. // //	1. 10. //
	Edit d'août 1781, 10 f. p. l.	// 15. 4.		// 10. //	
Liqueur	Tarif de 1696	1. 18. //	2. 17. //	1. 10. //	2. 5. //
	Edit d'août 1781, 10 f. p. l.	// 19. //		// 15. //	
Vin	Tarif de 1696	// 6. 6.	// 9. 9.	// 2. 6.	// 3. 9.
	Edit d'août 1781, 10 f. p. l.	// 3. 3.		// 1. 3.	
Cidre, Biere & Poiré	Tarif de 1696	// 3. 3.	// 4. 10½	// 1. 3.	// 1. 10½
	Edit d'août 1781, 10 f. p. l.	// 1. 7½		// // 7½	

Droits dûs à la vente en détail des Boissons.

NATURE DES DROITS, ET RÉGLEMENS QUI LES AUTORISENT.	Vin à 1 f. la pinte.	Cidre à 6 d. la p.	Poiré à 6 den. la p.
	l. f. d.	l. f. d.	l. f. d.
Droits de quatriéme reduits au cinquiéme. Tit. 14 art. 1 & 2 de l'Ordonnance de 1680, par muid de 144 pots....	3. 18. //	1. 18. //	1. 18. //
Edit d'Août 1781, dix fols pour livre modérés à huit fols par décifion du 29 dudit mois..........................	1. 11. 2$\frac{2}{5}$	// 15. 2$\frac{2}{5}$	// 15. 2$\frac{2}{5}$
Total............	5. 9. 2$\frac{2}{5}$	2. 13. 2$\frac{2}{5}$	2. 13. 2$\frac{2}{5}$
Subvention à la confommation. Tit. 13 art. premier......	1. 7. //	// 13. 6.	// 6. 9.
Dix fols pour livre. Edit d'Août 1781......................	// 13 6	// 6. 9.	// 3. 4$\frac{1}{2}$
Total général......	7. 9. 8$\frac{2}{5}$	3. 13. 5$\frac{2}{5}$	3. 3. 3$\frac{9}{10}$

Nota. Lorfque le vin eft vendu plus d'un fol la pinte, les droits de quatriéme font augmentés à raifon de 3 l. 18 f. pour chacun fol; & lorfque les cidre & poiré font auffi vendus plus de fix deniers la pinte, les droits font augmentés à raifon de 6 d. pour chacun denier. Art. ci-deffus cités.

Les droits de détail font également dûs, conformement au tarif ci-deffus, fur les boiffons arrivant & tranfportées en bouteilles. Lettres-Patentes du 25 Mai 1728, aux exceptions y portées, & qui tombent fur le vin de liqueur venant en caiffes, les vins de Champagne gris en paniers de cent Bouteilles, & les vins, tant pour la provifion des gens qualifiés qui vont dans leurs terres, que pour celle de tous autres allant aux eaux de Forges, en obfervant les formalités prefcrites.

Les eaux-de-vie & liqueurs tranfportés hors la ville & la banlieue, en barils au-deffous de foixante pintes, font auffi affujetties aux droits de détail. Lettres-patentes du 28 Août 1728; ils font encore dûs par les Bouilleurs & Marchands en gros d'eau-de-vie, fur les manquants à leurs charges, déduction faite du vingt-uniéme pour vingt. Lettres-Patentes citées ci-deffus: & les foumiffionnaires d'eau-de-vie font affujettis au paiement du double des droits fur les eaux-de-vie & liqueurs pour lefquelles ils ne rapportent pas dans les trois mois certificat d'arrivée. Lettres-Patentes des 4 Juin 1726 & 2 Mars 1728. Ces droits confiftent dans le quatriéme du prix de la vente & augmentation, formant le tiers. Edit de Décembre 1686, & la fubvention de 5 l. 8 f. même Edit.

EXEMPLE.

Eau-de-vie à 3 l. le pot.

Quatriéme, par muid de 144 pots	144 l. // f. // d.
Dix fols pour liv. de l'Edit d'Août 1781, modérés à huit fols, par décifion du 29 dudit	57. 12. //
Subvention	5. 8. //
Edit d'Août 1781, dix fols pour livre.	2. 14. //
Total	209. 14. //

Droit Annuel.

Ordonnance de 1680. Tit. 29 art. premier.	8 l. // f. // d.
Edit d'Août 1781, dix fols pour livre	4. // //
Total	12. // //

Ce droit eft dû en entier par tous les Marchands en gros, Bouilleurs, Braffeurs, Cabaretiers, Taverniers, & autres vendans boiffons en détail, & les revendeurs de biere, ne doivent que la moitié de cet annuel. Ordonnance de 1680 tit. 29 art. 7.

BESTIAUX, DENRÉES ET MARCHANDISES.

Droits sur les Bestiaux à l'entrée.

NATURE DES DROITS, ET RÉGLEMENS qui les autorisent.	Bœuf.	Vache.	Porc.	Veau & Genisse.	Mouton, Berbis & Chevres.	Jambon.	Livre de Viande.	Livre de Porc.
	l. s. d.	l. s. d.	l. s. d.	l. s. d.	l. s. d.	l. s. d.	l. s. d.	l. s. d.
Pied-fourché. Art. 1 du tit. 13 de l'Ordonnance de 1680........	5.10.″	2.15.″	″ 19.2.	″ 9.10.	″ 9.10.	″ 3.10.	″ ″ 3.	″ ″ 3.
Inspecteurs aux Boucheries. Edit de Févr. & Arrêt du Conseil du 19 Avril 1704........	3. ″ ″	3. ″ ″	″ ″ ″	″ 12. ″	″ 4. ″	″ ″ ″	″ ″ 2.	″ ″ ″
Total......	8.10.″	5.15.″	″ 19.2.	1. 1.10.	″ 13.10	″ 3.10.	″ ″ 5.	″ ″ 3.
10 s. p. l. Ed. d'Août 1781..............	4. 5.″	2.17.6.	″ 9.7.	″ 10.11	″ 6.11.	″ 1.11.	″ ″ 2½	″ ″ 1½
Total......	12.15.″	8.12.6.	1. 8.9.	1.12.9.	1. ″ 9.	″ 5.9.	″ ″ 7½	″ ″ 4½
Droits réservés. Lett. Pat. de Janv. 1739......	9. ″ ″	4.10.″	1.10.″	1. ″ ″	″ 10.″	″ 6.″	à proportion.	
Ed. d'Août 1781, 10 s. p. l. modérés à 6 s. par décision du 29 dudit...	2.14.″	1. 7.″	″ 9.″	″ 6.″	″ 3.″	″ 1.9½	à proportion.	
Total général..	24.9.″	14.9.6.	3. 7.9.	2.18.9.	1.13.9	″ 13.6½	″ ″ 7½	″ 4½

Droits sur les Bestiaux en passedebout.

NATURE DES DROITS, & Réglemens qui les autorisent.	Bœuf.	Vache.	Veau & Mouton.	Porc.	Jambon.
	l. s. d.	l. s. d.	l. s. d.	l. s. d.	l. s. d.
Pied-fourché. Tit. 13 art. 3 de l'Ordonnance de 1680..................	″ 10. ″	″ 5. ″	″ 1. 10.	″ 2. 10.	″ ″ 7.
Edit d'Août 1781, 10 s. pour livre..	″ 5. ″	″ 2. 6.	″ ″ 11.	″ 1. 5.	″ ″ 3½.
Total......	″ 15. ″	″ 7. 6.	″ 2. 9.	″ 4. ″ 3.	″ ″ 10½.

Droits sur le Poisson de mer frais, sec & salé, & d'eau douce.

NATURE des DROITS.	Cent de Morue verte.	Baril de Saumon.	Cent de Morue séche.	Baril de Maquereau, Morue, Hareng blanc ou foret.	Poisson de mer, frais, sec & salé.	Poisson d'eau douce.
	l. s. d.	l. s. d.	l. s. d.	l. s. d.	l. s. d.	l. s. d.
Droits de gros, consistans dans le vingtiéme du prix de la vente, parisis, sol & six deniers. Ordonnance de 1680, tit. 12 art. premier, ce qui, par livre de la valeur, fait...	// // //	// // //	// // //	// // //	// 1. 4.	// // //
Droits de consommation, consistans au vingtiéme du prix de la vente. Ordonnance de 1681, tit. 9 art. 9, pour le poisson de mer & d'eau-douce, & sur les salines, à raison de..................	1. // //	1. // //	// 10. //	// 10. //	p. l. // 1. //	p. l. // 1. //
Total.........	1. // //	1. // //	// 10. //	// 10. //	// 2. 4.	// 1. //
Dix sols pour livre. Edit d'Août 1781,...............	// 10. //	// 10. //	// 5. //	// 5. //	// 1. 2.	// // 6.
Total général...	1. 10. //	1. 10. //	// 15. //	// 15. //	// 3. 6.	// 1. 6.

Les salines de pêche étrangere destinées pour la Province de Normandie, doivent un sol pour livre de leur valeur. Edit de Janvier 1583, & Arrêt du 16 Août 1746, ci. . . . . // l. 1 s. // d.

Dix sols pour livre. Edit d'Août 1781, ... // // 6.

Total . . . . . // 1. 6.

Droits d'Aides sur les Marchandises, perçus au Bureau de la Vicomté.

RÉGLEMENS.	NATURE DES DROITS.	Principal	10 s. p. l. éd. d'août 1781.	Total.
		l. s. d.	l. s. d.	l. s. d.
Arrêt du Conseil du 6 Janvier 1670, bail de Charriere, art. 57, bail de Forceville, art. 462.	Quatre sols quatre deniers du poids le Roi & du poids aux Laines, à six sols huit deniers par mille pesant..........	// 6. 8.	// 3. 4.	// 10. //
	Esme de Romaine à trois sols quatre deniers par mille pesant, ci............	// 3. 4.	// 1. 8.	// 5. //
	Toiles blanches, dix sols du cent pesant, ci....................................	// 10. //	// 5. //	// 15. //
	Toiles de lin ternes, cinq sols du cent pesant, ci............................	// 5. //	// 2. 6.	// 7. 6.
	Toiles de Chanvre ternes, deux sols six deniers du cent pesant, ci..........	// 2. 6.	// 1. 3.	// 3. 9.
	Garence, quinze sols par futaille, ci..	// 15. //	// 7. 6.	1. 2. 6.
	Voide, cinq sols la cuve, ci..........	// 5. //	// 2. 6.	// 7. 6.
	Pastel, cinq sols la balle, ci..........	// 5. //	// 2. 6.	// 7. 6.

Droits sur les Bois & Foins.

RÉGLEMENS.	NATURE DES DROITS.	Droits réservés.	6 f. pour livre.	Total.
		l. f. d.	l. f. d.	l. f. d.
Arrêt du Conseil du 4 Janvier 1759, revêtu de Lettres-Patentes pour le principal. Edit d'Août 1781, pour les sols pour livre qui devoient être de 10 f. selon ledit Edit, & ont été modérés à 6 f. par décision du 29 dudit.	Par corde de Buche de 42 pouces....	1. 12. 4.	〃 9. 8 2/5	2. 2. 〃 2/5
	Par corde de Buche de 30 pouces....	1. 3. 1.	〃 6. 11 1/10	1. 10. 〃 1/10
	Par corde de Buche de 26 pouces....	1. 〃 〃	〃 6. 〃	1. 6. 〃
	Par charretée de Mabons & Souches..	1. 〃 〃	〃 6. 〃	1. 6. 〃
	Par cent de Fagots..................	〃 10. 〃	〃 3. 〃	〃 13. 〃
	Cotterets des 8 vingts..............	〃 10. 〃	〃 3. 〃	〃 13. 〃
	Par carre de Foin, Trefle, Luserne Sainfoin, de 12 bottes..................	〃 5. 6.	〃 1. 7 4/5	〃 7. 1. 4/5

Droits sur les Huiles à la fabrication.

RÉGLEMENS.	NATURE DES DROITS.	Principal	10 f. pour livre.	Total.
		l. f. d.	l. f. d.	l. f. d.
Déclaration du Roi de 1716. Edit du Roi du mois d'Août 1781, pour le doublement & les 10 sols pour livre.	Par livre pesant d'huile de poisson, d'olive, d'amende, de noix & autres fruits..................................	〃 1. 〃	〃 〃 6.	〃 1. 6.
	Par livre d'huile de thérébentine, lin, chanvre, rabette, navette, & autres graines..................................	〃 〃 6.	〃 〃 3.	〃 〃 9.
	Par livre d'huile d'essence, & autres de plus grande valeur que celles sujettes aux droits d'un sol......................	〃 2. 〃	〃 1. 〃	〃 3. 〃
	Si le droit principal est de plus de 3 liv. il est payé pour l'acquit................	〃 5. 〃	〃 2. 6.	〃 7. 6.
	S'il n'est que de 3 liv., & de moindre somme jusqu'à 20 sols inclusivement, ce droit d'acquit est de..................	〃 2. 〃	〃 1. 〃	〃 3. 〃
	Et au-dessous de 20 f. il n'en est pas dû.			

Droits sur les Cuirs & Peaux à la fabrication, à l'exportation & à l'importation, établis par Edits des mois d'Août 1759, 28 Juin & 13 Novembre 1760, pour le principal, & par Edit d'Août 1781, pour les 10 sols pour livre.

OBJETS SUJETS AUX DROITS.	CUIRS ET PEAUX à la fabrication.			CUIRS ET PEAUX à l'exportation.			Cuirs & Peaux à l'importation.
	Principal.	10 f. pour l.	Total.	Principal	10 f. p. l.	Total.	
Bœufs, & Vaches à fort & à œuvre, Veaux, Moutons, Agneaux, Chevreaux, Porcs & Sangliers tannés & aprêtés, en toutes sortes d'aprêt, la livre pesant	l. f. d. ″ 2. ″	l. f. d. ″ 1. ″	l. f. d. ″ 3. ″	......	......	......	10 p. % de leur val. & 10 f. p. l.
Chevaux, Mulets, Anes, *idem*	″ 1. ″	″ ″ 6.	″ 1. 6.	......	......	......	*idem.*
Cerfs, Elans, Orignaux, *idem*	″ 6. ″	″ 3. ″	″ 9. ″	......	......	......	*idem.*
Boucs & Chevres, *idem.*	″ 4. ″	″ 2. ″	″ 6. ″	......	......	......	*idem.*
Chamois, Dains & Chevreuils, *idem*	″ 10. ″	″ 5. ″	″ 15. ″	......	......	......	*idem.*
Toutes Peaux non dénommées ci-dessus......	10 p. % de leur val.	& 10 f. p. livre.	*mémoire.*	......	......	......	*idem.*
Cuirs de Bœufs & Vaches en verd, en demi-aprêt, passant à l'étranger, la piéce........	....	....	....	l. f. d. 6. ″ ″	l. f. d. 3. ″ ″	l. f. d. 9. ″ ″	....
Peau de Veaux *idem.* la piéce	....	....	....	1. ″ ″	″ 10. ″	1. 10. ″	....
Peaux de Moutons *idem.* la piéce........	....	....	....	″ 10. ″	″ 5. ″	″ 15. ″	....

Nota. Tous les Cuirs aprêtés & qui ont payé les droits, les deux tiers du principa en sont restitués, lorsque lesdits Cuirs passent à l'Etranger, en remplissant les formalité prescrites.

Droits sur la Marque d'Or & d'Argent.

RÉGLEMENS.	OBJETS SUJETS AUX DROITS.	Principal	10 f. p. l.	Total.
Ordonnance de 1681, T. 2, art 1. & Edit de Mai 1723 pour le principal.	Or, par marc........................	l. f. d. 33. 12. ″	l. f. d. 16. 16. ″	l. f. d. 50. 8. ″
Edit d'Août 1781, pour les 10 f. pour livre..	Argent, par marc........................	2. 16. ″	1. 18. ″	4. 4. ″

Droits sur l'Amidon & Poudre à poudrer.

RÉGLEMENS.	Amidon à la fabrication, par muid.	Amidon & Poudre venant de l'étranger, par livre.
Edit de 1771, & Arrêt du Conseil du 1er Décembre 1778.	7 l. 10 f. # d.	# l. 4 f. # d.
Edit d'Août 1781, dix sols pour livre.	3. 15. #	# 2. #
Total.	11. 5. #	# 6. #

Droits sur les Cartes à jouer.

RÉGLEMENS.	Dénomination de chaque espéce de Jeux, & nombre de Cartes dont ils sont composés.	Pour l'intérieur du Royaume.			Pour l'Etranger.		
		Principal.	10 f. p. l.	Total.	Principal.	10 f. p. l.	Total.
		l. f. d.	l. f. d.	l. f. d.	l. f. d.	l. f. d.	l. f. d.
Déclaration du Roi du 12 Janvier 1751, pour le principal. Edit d'Août 1781, pour le 10 f. pour livre.	Entieres à 52 cartes.	# 4. 4.	# 2. 2.	# 6. 6.	# # 6.	# # 3.	# # 9.
	Comette à 48 cartes.	# 4. #	# 2. #	# 6. #	# # 6	# # 3	# # 9
	Quadrille à 40 cartes.	# 3. 4.	# 1. 8.	# 5. #	# # 6	# # 3	# # 9
	Piquet à 32 cartes.	# 2. 8.	# 1. 4.	# 4. #	# # 6.	# # 3.	# # 9.
	Try à 30 cartes.	# 2. 6.	# 1. 3.	# 3. 9.	# # 6	# # 3	# # 9
	Brelan à 28 cartes.	# 2. 4.	# 1. 2.	# 3. 6.	# # 6	# # 3	# # 9

Offices supprimés.

Offices supprimés.	NATURE DES DROITS.	Principal	10 f. p. l.	Total.
		l. f. d.	l. f. d.	l. f. d.
Vendeurs de Poisson. Edit d'Avril 1768 pour le principal, & Edit d'Août 1781, pour les dix sols pour livre.	A raison d'un sol pour livre sur 100 l.	5. # #	2. 10. #	7. 10. #
Mouleurs de Bois, *idem.*	Par corde de toute espéce.	# 3. 6.	# 1. 9.	# 5. 3.
	Fagot au cent.	# 3. 6.	# 1. 9.	# 5. 3.
	Cotterets des huit vingt.	# 3. 6.	# 1. 9.	# 5. 3.
	Charretée de mabons ou souches.	# 1. 9.	# # 10½	# 2. 7½
Auneurs de Toiles, *idem.*	6 aunes à 1 den. par aune.	# # 6.	# # 3.	# # 9.
Jaugeurs, Visiteurs des Mesureurs de sel & grains.	Par minot de sel.	2. # #	1. # #	3. # #
	Par minot de grains.	# 17. 9.	# 8. 10½	1. 6. 7½
	Par baril de 35 pots de Charbon.	1. 15. #	# 17. 6.	2. 12. 6.
		l. f. d.		
Mesureurs de Grains, *idem.*	Par muid de bled.	# 1. #	Ces droits sont exempts des 10 f. pour livre.	
	Par mine de tous autres grains, sans exception.	# # 9.		

Droits sur les quittances Timbrées pour la Régie & pour les parties Etrangeres.

Ordonnance de 1680, tit. 33. Déclaration de 1690. Édit de 1748 art. 10. Déclaration de 1771, & Lettres-Patentes de 1780, pour le principal, art. 10.	Par quittance de 5 f. & au-dessus	″ l.	″ f.	10 d.
	Edit d'Août 1781, 10 f. pour livre	″	″	5.
	Total	″	1.	3.

Nota. Les congés & expéditions qui ne font point des quittances de droits, doivent les frais de timbre. Ordonnance de Juillet 1781, tit. commun art. 16. Déclaration de 1771 & art. 10 des Lettres-Patentes de 1780.

OBSERVATION GÉNÉRALE.

Tous les articles de droits qui, payés féparément, ne forment pas une fomme de fix deniers en principal, ne doivent pas de fols pour livre dans ces cas. #

Par les lettres Patentes de 1777 la ville de Rouen doit pour tenir lieu de ses octrois municipaux une somme annuelle de [illegible] sujette aux 10 s. pr livre de l'Edit d'aout 1781.

Dénomination des droits etrangers à la Régie, fur lefquels il eft dû au Roi les dix fols pour livre.

LIEUX.	DENOMINATION.
VILLE DE ROUEN.	Octroi de Ville. Octroi de l'Hôpital. Octroi de l'Hôtel-Dieu ou de Ville. Pontage. Contrôleurs de Mouleurs de Bois. Le tout appartenant à la Ville. Mesureurs de charbon de terre

TARIF
DES DROITS DEPENDANS
DE LA RÉGIE GÉNÉRALE,

QUI sont dûs dans la Direction de la Banlieue & six Sergenteries de ROUEN.

BANLIEUE DE ROUEN.

BOISSONS.

Droits à l'Entrée sur l'Eau-de-Vie & Liqueurs, par muid de 144 pots, mesure de Paris.

	l.	s.	d.
Art. Ier. du tit. 26 de l'Ordonn. de 1680, 5 l. & augmentation fixés à..	6 l.	15 s.	″ d.
Art. II. du même tit. droits de gros, détail & augmentation fixés à....	26.	″	″
Art. III. du même tit. subvention à l'entrée & à la consommation....	10.	16.	″
Déclarations des 10 Oct. & 31 Déc. 1689, jauge & courtage fixés à...	2.	5.	″
Edit du mois d'Octobre 1705, Inspecteurs aux boissons fixés à.....	1.	10.	″
Total....	47.	6.	″
Edit du mois d'Août 1781, dix sols pour livre..................	23.	13.	″
Total général....	70.	19.	″

Droits en passe-debout sur l'Eau-de-vie & Liqueurs, par muid de 144 pots, mesure de Paris.

	l.	s.	d.
Art. Ier. du tit. 26 de l'Ordonn. de 1680, 5 l. & augmentation fixés à..	6 l.	15 s.	″ d.
Edit du mois d'Août 1781, dix sols pour livre..................	3.	7.	6.
Total....	10.	2.	6.

Droits à la Revente sur l'Eau-de-vie & Liqueurs, par muid de 144 pots, mesure de Paris.

SUR LES LIQUEURS.

	l.	s.	d.
Déclaration du Roi du 10 Octobre 1689, courtage fixé à.......	1.	10.	″
Tarif du 16 Octobre 1696, droits de Courtiers fixés à.........	1.	10.	″
Total....	3.	″	″
Edit du mois d'Août 1781, dix sols pour livre..............	1.	10.	″
Total général....	4.	10.	″

SUR L'EAU-DE-VIE.

	l.	s.	d.
Déclaration du 10 Octobre 1689, courtage	1 l.	10 s.	″
Tarif du 16 Octobre 1696, Courtiers...............	1.	″	″
Total	2.	10.	″
Edit d'Août 1781, dix sols pour livre............	1.	5.	″
Total général	3.	15.	″

Droit à l'entrée sur le VIN, *arrivant par eau, au-dessus du Pont.*

Nature des Droits, & Réglements qui les autorisent.	*Quotité des droits par muid de 144 pots de Vin.*					
	D'achat & destiné pour les Cabaretiers.	D'achat & destiné pour la provision des Bourgeois.	Du crû des Bourgeois & destiné pour leur provision.	Du crû des Nobles & Officiers des Cours, & pour leur provision.	Du crû de Bénéfice & pour provision des Bénéficiers.	Du crû des Secrétaires du Roi, & pour leur provision.
Droits fixés par le tit. Ier. de l'Ord. de 1680	l. f. d. 7.18.5.	l. f. d. 7.18.5.	l. f. d. 6.18.3	l. f. d. 6.18.3.	l. f. d. 6.18.3.	l. f. d. 6. " 9.
Anciens & nouv. 5 f. tit. IV.	" 14 "	" 14 "	" 14 "	" 14 "	" 7 "	" 14 "
Subvention, titre XXIV. .	1. 7 "	1. 7 "	1. 7 "	" " "	" " "	" " "
3 liv. des Rivieres, tit. XXX.	3. " "	3. " "	3. " "	3. " "	3. " "	3. " "
Jauge-courtage, Déclarat. du 31 Décembre 1689 . .	" 15 "	" 15 "	" 15 "	" 15 "	" " "	" 15 "
Inspecteurs, Edit d'Oct. 1705.	" 10 "	" 10 "	" 10 "	" 10 "	" 10 "	" 10 "
Total . . .	14.4.5.	14.4.5.	13.4.3.	11.17.3.	10.15.3.	10.19.9.
10 f. pour l. Edit d'Août 1781.	7.2.2.½	7.2.2.½	6.12.1.½	5.18.7.½	5.7.7.½	5.9.10½
Total général . . .	21.6.7.½	21.6.7.½	19.16.4.½	17.15.10½	16.2.10.½	16.9.7½

Le Vin de liqueur doit les mêmes droits, & sur les mêmes autorités que le Vin ordinaire.

Il est dû en outre pour les vins d'achat; les droits de gros, consistants au vingtième du prix de la vente, avec le parisis, sol & six deniers, art. premier du tit. 5, & les 10 sols pour livre de l'Edit d'Août 1781, par toutes sortes de personnes, excepté les Cabaretiers, qui ne doivent que le demi gros; mais les vins qui ont payé les droits de gros à la vente, au lieu de l'enlèvement, ou en route, n'y sont pas sujets.

Droits à l'entrée, sur les Vins destinés pour être exposés en Foire.

Droits fixés par l'art. IV. du tit. premier de l'Ordonnance de 1680 . .	4. l.	" f.	9 d.
Jurés, vendeurs & augmentation, article VI. titre premier . . .	1.	"	2
15 sols de subside, article VI. dudit Titre.	"	15.	"
Anciens & nouveaux 5 sols, titre 4, article premier	"	14.	"
Subvention, titre 24, article premier.	1.	7.	"
3 liv. par charroi ou 3 liv. des rivières, titres 30 & 31, art. premiers. .	3.	"	"
Jauge-courtage, Déclaration du 31 Décembre 1689.	"	15.	"
Inspecteurs aux boissons, Edit d'Octobre 1705	"	10.	"
Total . . .	12.	1.	11.
10 sols pour livre, Edit d'Août 1781	6.	"	11.½
Total général . . .	18.	2.	10.½

Nota. Les vins arrivant par terre, dans tous les cas, ne doivent pas les droits de 3 liv. de riviere, non plus que ceux provenants des lieux désignés par l'article premier du tit. 31 de l'Ordonnance de 1680; mais ces derniers doivent les droits de 3 liv. par charroi, article premier, titre 31.

Droits dus sur les vins vendus sur le champ de foire.

Droits fixés par l'article IV. du tit. premier de l'Ordon. de 1680. .	2 l.	2 f.	6 d.
Augmentation, titre 5, article III. de l'Ordonnance de 1680 . .	"	16.	3.
Droits de courtiers, tarif du 16 Octobre 1696	"	2.	6.
Total . . .	3.	1.	3.
10 sols pour livre, Edit d'Août 1781	1.	10.	7.½
Total général . . .	4.	11.	10.½

Droits dus à la revente des Vins en Gros.

Ils consistent au vingtieme du prix de la vente, avec le parisis, sol & six deniers. Art. premier du tit. 5, ci pour. . . . . *Mémoire.*

Courtage, Déclaration du Roi du 10 Octobre 1689	"	10.	"
Courtiers. Tarif du 16 Octobre 1696	"	2.	6.
Total . . .	"	12.	6.
Dix sols pour livre, Edit d'Août 1781.	"	6.	3.
Total général . . .	"	18.	9.

VINS destinés en passe-debout,

Neuf livres par tonneau & augmentation. Art. 6 du tit. 1. Ord. de 1680.	4.	"	9.
Quinze sols des Jurés Vendeurs & augmentation. Art. 6, tit. premier..	1.	"	2.
Quinze sols de solde. Art. 6 dudit titre........................	"	15.	"
Droit de Riviere. Tit. 30, articles premier & deuxieme..........	3.	"	"
Total........	8.	15.	11.
Dix sols pour livre. Edit d'Août 1781........................	4.	7.	11.½
Total général.......	13.	3.	10.½

Droits sur le Vin qui, d'abord entré à Rouen pour y être consommé, en est ensuite enlevé pour y être transporté hors la Banlieue.

Massicault. Edit du mois de Septembre 1664, fixé à............	4.	"	"
Dix sols pour livre. Edit d'Août 1781........................	2.	"	"
Total........	6.	"	"

Droits sur le Vin allant à l'Etranger.

Massicault. Edit de Septembre 1664........................	4.	"	"
Anciens & nouveaux 5 sols. Tit. 4 de l'Ordonnance de 1680, art. 16.	"	14.	"
Total.......	4.	14.	"
Dix sols pour livre. Edit d'Août 1781........................	2.	7.	"
Total général.......	7.	1.	"

CIDRES & POIRÉS *à l'Entrée, arrivans par terre, comme par eau.*

Nature des Droits & Réglemens qui les autorisent.	*Quotité des droits par muid.* Cidre.	Poiré.
40 sols par tonneau & vingt sols par muid de Cidre; 20 sols par tonneau & 20 sols par muid de Poiré. Ordonnance de 1680, tit. 28, art. 1.	l. s. d. 2. 4. 11.	l. s. d. 1. 15. 11.
Jurés Vendeurs, *idem*	" 6. 9.	" 6. 9.
Subvention. Ordonnance de 1680, tit. 24, art. 1.	" 13. 6.	" 6. 9.
Jauge & Courtage. Déclaration du 10 Octobre 1689. . .	" 9. "	" 9. "
Inspecteurs. Edit d'Octobre 1705	" 5. "	" 2. 6.
Total . . .	3. 19. 2.	3. " 11.
Dix sols pour livre. Edit d'Août 1781	1. 19. 7.	1. 10. 5.½
Total général . . .	5. 18. 9.	4. 11. 4.½

Il est dû en sus le droit de Gros par toutes sortes de personnes, (excepté les Marchands privilégiés, qui ne le payent qu'à la vente) consistant au vingtieme du prix de la vente, avec le parisis, sol & six deniers. Art. premier du tit. 5 de l'Ordonnance de 1680, & les 10 sols pour livre de l'Edit d'Août 1781.

Les Cabaretiers ne doivent que la moitié des Droits de Gros. Art. 4, tit. 5.

Les Cidres & Poirés crus sur les biens que les Propriétaires font valoir par leurs mains & pour leurs provisions, sont exempts, pour la consommation seulement desdits propriétaires, lorsqu'ils ont rempli les formalités qui leur sont imposées par l'art. 4 de l'Ord. de 1680.

SÇAVOIR:

Les Bourgeois, des Droits de Gros & des Droits de Jurés Vendeurs.

Les Nobles, du Gros, des Jurés Vendeurs & de la Subvention.

Les Ecclésiastiques, pour cru de Bénéfice [illegible], du Gros des Jurés Vendeurs, de la Subvention, de la Jauge & du Courtage.

Cidres & Poirés, à l'Entrée, destinés pour être exposés en Foire.

Mêmes Droits que ci-dessus, à l'exception des Droits de Gros, parisis, sol & six deniers.

Droits sur les CIDRES *&* POIRÉS *vendus sur le champ de foire.*

Nature des Droits, & Réglements qui les autorisent.	Gros & petit Cidre.	Gros & petit Poiré.
	l. f. d.	l. f. d.
Augmentation, tit. 5, art. III. de l'Ordonnance de 1680.....	" 6. "	" 3. "
Courtiers, Tarif du 16 Octobre 1696....................	" 1. 3.	" 1. 3.
Total....	" 7. 3.	" 4. 3.
Edit d'Août 1781, dix sols pour livre....................	" 3. 7. ½	" 2. 1. ½
Total général....	" 10. 10. ½	" 6. 4. ½

Droits à la vente en Gros.

	Cidre & Poiré.		
	l.	f.	d.
Vingtième du prix de la vente, parisis, sol & six den. art. 1 du titre 5 de l'Ordonnance de 1680, ci pour.			Mémoire.
Courtage, Déclaration du Roi, du 10 Octobre 1689	"	6.	"
Courtiers, Tarif du 16 Octobre 1696.	"	1.	3.
Total	"	7.	3.
Dix sols pour livre, Edit d'Août 1781	"	3.	7. ½
Total général.	"	10.	10. ½

Droits sur les Cidres & Poirés en passe-debout.

Nature des Droits.	Cidre.	Poiré.
	l. f. d.	l. f. d.
Droit principal, art. II. tit. 28 de l'Ordon. de 1680.........	2. 4. 11.	1. 15. 11.
Dix sols pour livre, Edit d'Août 1781....................	1. 2. 5. ½	" 17. 11. ½
Total....	3. 7. 4. ½	2. 13. 10. ½

***BIERE** à la Fabrication.*

	l.	f.	d.
Mutation des Droits de quatrieme en Droits de Gros & Subvention. Art. 7 du tit. 27 de l'Ordonnance de 1680, fixés à....................................	2	10	"
Contrôle. Tit. 27, art. premier de ladite Ordonnance..............	1.	10.	"
Jauge & Courtage. Déclaration du 10 Octobre 1689..................	"	9.	"
Inspecteurs. Edit d'Octobre 1705......................................	"	5.	"
Total........	4.	14.	"
Dix sols pour livre. Edit d'Août 1781..................................	2.	7.	"
Total général.......	7.	1.	"

Les mêmes Droits sont dus sur la Biere venant de l'intérieur du Royaume, à l'exception du droit de Contrôle, lorsque l'on justifie que le payement en a été fait.

Et sur les Bieres venant de l'Etranger, il est dû en sus 13 f. 6 den. pour la Subvention & les 10 f. pour livre.

Droits dus à la consommation sur les Cidres & Poirés du cru de la Banlieue de Rouen.

Nature des Droits.	Cidre.	Poiré.
	l. f. d.	l. f. d.
Droits fixés par l'art. premier du tit. 28 de l'Ordon. de 1680. .	2. 11. 8.	2. 2. 8.
Subvention. Tit. 24, art. 10 de ladite Ordonnance.	" 13. 6.	" 6. 9.
Jauge & Courtage. Déclaration du Roi du 10 Octobre 1689. .	" 9. "	" 9. "
Inspecteurs. Edit d'Octobre 1705..........................	" 5. "	" 2. 6.
Total......	3. 19. 2.	3. " 11.
Dix sols pour livre. Edit d'Août 1781......................	1. 19. 7.	1. 10. 5½
Total général	5. 18. 9.	4. 11. 4½

Les Propriétaires étant exempts, par l'article 3 du tit. 28, des 5 s. des Jurés Vendeurs, & augmentation, qui reviennent à 6 s. 9 den. cette somme est à diminuer pour eux sur les droits de 2 liv. 11 s. 8 den. pour le Cidre, & de 2 liv. 2 s. 8 den. pour le Poiré, relatés ci-dessus.

Il est en outre, à déduire pour les Nobles, sur leur provision seulement, le droit de Subvention, de 13 s. 6 d. pour le Cidre, & de 6 s. 9 d. pour le Poiré. tit. 28, art. 3; tit. 24, art. 8.

Enfin, les Ecclésiastiques pour le cru de leur Bénéfice; tit 28, art. 3; tit. 24, art. 8; Arrêt du Conseil du 9 Septembre 1675; Déclaration du Roi du 10 Octobre 1689, sont exempts de tous les droits détaillés ci-dessus, hormis les Inspecteurs, qu'ils doivent, suivant l'Arrêt du Conseil du 16 Août 1712.

Droits à l'entrée & au brassage dans la ville de Lyons.

Eau-de-Vie ou Liqueurs,(*) par muid de 144 pots.

Subvention. Ordonnance de 1680, tit. 26, art. 3	5 l.	8 s.	// d.
Jauge & Courtage. Déclaration des 10 Octobre & 31 Décembre 1689	2.	5.	//
Inspecteurs. Edit d'Octobre & Arrêt du Conseil du 29 Décembre 1705	1.	10.	//
Total	9.	3.	//
Dix sols pour livre. Edit d'Août 1781	4.	11.	6.
Total	13.	14.	6.
Droits réservés. Déclaration du Roi de Janvier 1759	14.	8.	//
Edit d'Août 1781; 10 sols pour livre modérés à 6 sols, par décision du 29 dudit	4.	6.	4. $\frac{2}{15}$
Total général	32.	8.	10. $\frac{2}{15}$
Nota. Si les Eaux-de-vie de vin qui entrent dans cette Ville n'avoient pas payé en route les droits de 6 liv. 15 s. établis par l'Ordonnance de 1680, art. premier, tit. 26, ils sont exigibles, Edit de Décembre 1686, avec les 10 s. pour livre de l'Edit d'Août 1781, ce qui fait en sus de la somme ci-dessus, ci	10.	2.	6.
Total général	42.	11.	4. $\frac{2}{15}$

Vin ordinaire, le muid de 144 pots.

Anciens & nouveaux 5 sols. Ordonnance de 1680, art. premier, tit. 4	//	14. s.	//
Subvention, *id.* art. premier, tit. 24	1.	7.	//
Jauge-Courtage. Déclarations des 10 Octobre & 31 Décembre 1689	//	15.	//
Inspecteurs. Edit d'Octobre & Arrêt du Conseil du 29 Décembre 1705	//	10.	//
Total	3.	6.	//
Dix sols pour livre. Edit d'Août 1781	1.	13.	//
Total	4.	19.	//
Droits réservés, Déclaration de Janvier 1759	1.	10.	//
Edit d'Août 1781, 10 s. pour l. modérés à 6 s. par décision du 29 dudit	//	9.	//
Total général	6.	18.	//

Vin de liqueur par muid de 144 pots.

Il doit les mêmes droits que le vin ordinaire, à l'exception des droits réservés, qui sont de 6 liv. au lieu de 30 sols, ce qui forme une augmentation, six sols pour livre compris, de	5 l.	17 s.	//
Total général	12.	15.	//

(*) OBSERVATION GÉNÉRALE

Lorsque les Boissons qui arrivent dans la Ville, Fauxbourgs & Banlieue de Rouen, proviennent de l'Etranger ou d'un pays exempt soit des droits d'Aydes, soit du gros, il en est dû un premier droit de jauge-courtage d'arrivée, outre celui qui est dû à l'entrée. Déclaration du 10 Octobre 1689.

CIDRE & BIERE par muid de 144 pots.

Subvention, Ordonn. de 1680, art. premier, titre 24, art. 6, tit. 27...	〃	13. s.	6 d.
Jauge & courtage, Déclaration du Roi des 10 Oct. & 31 Déc. 1689...	〃	9.	〃
Inspecteurs, Edit d'Octob. & Arrêt du Conseil du 29 Decemb. 1705...	〃	5.	〃
Total...	1.	7.	6.
Dix sols pour livre, Edit d'Août 1781........................	〃	13.	9.
Total...	2.	1.	3.
Droits réservés, Déclaration de Janvier 1759.....................	〃	10.	〃
Edit d'Août 1781, 10 s. pour l. moderés à 6 s. par décision du 29 dudit.	〃	3.	〃
Total général...	2.	14.	3.
Il est dû de plus sur la biere qui seroit brassée, le droit de contrôle de l'Ordonnance de 1680, article premier, titre 27, fixé à..........	1.	10.	〃
Dix sols pour livre, Edit d'Août 1781........................	〃	15.	〃
Total général...	4.	19.	3

POIRÉ par muid de 144 pots.

Subvention, Ordonnance de 1680, article premier, titre 24.......	〃	6 s.	9 d.
Jauge-courtage, Déclaration du Roi des 10 Oct. & 31 Décemb. 1689.	〃	9.	〃
Inspecteurs, Edit d'Octob. & Arrêt du Conseil du 29 Décemb. 1705.	〃	2.	6.
Total...	〃	18.	3.
Dix sols pour livre, Edit d'Août 1781........................	〃	9.	1.$\frac{1}{2}$
Total...	1.	7.	4.$\frac{1}{2}$
Droits réservés, Déclaration de Janvier 1759.....................	〃	5.	〃
Edit d'Août 1781, 10 s. pour l. moderés à 6 s. par décision du 29 dudit..	〃	1.	6.
Total général...	1.	13.	10.$\frac{1}{2}$

Droits à l'entrée & au brassage dans les bourgs de Bolhard, Cailly, Pont-Saint-Pierre & Ry.

EAU-DE-VIE ou LIQUEURS, le muid de 144 pots.

Subvention, Ordonnance de 1680, titre 26, article 3..............	5 l.	8 s.	〃 d.
Jauge & courtage, Déclaration des 10 Octob. & 31 Décembre 1689..	2.	5.	〃
Inspecteurs, Edit d'Octobre & Arrêt du Conseil du 29 Décembre 1705.	1.	10.	〃
Total...	9.	3.	〃
Dix sols pour livre, Edit d'Août 1781............................	4.	11.	6.
Total...	13.	14.	6.
Droits réservés, Déclaration du Roi de Janvier 1759..............	14.	8.	〃
Edit d'Août 1781, 10 s. pour l. moderés à 6 s. par décision du 29 dudit.	4.	6.	4.$\frac{8}{10}$
Total général...	32.	8.	10.$\frac{8}{10}$
Nota. Si les eaux-de-vie de vin qui entrent dans ces Bourgs, n'avoient pas payé en route les droits de 6 l. 15 s. établis par l'Ordonnance de 1680, art. 1er., tit. 26, ils seroient exigibles: Edit de Décembre 1686, avec les 10 sols pour liv. de l'Edit d'Août 1781, ce qui seroit une augmentation de..................................	10.	2.	6.
Total général....	42.	11.	4$\frac{8}{10}$

VIN ordinaire, le muid de 144 pots.

	l.	s.	d.
Anciens & nouveaux 5 sols, Ordonnance de 1680, art. 1er., tit. 4..	// l.	14 f.	// d.
Subvention, même Ordonnance, article premier, titre 24.........	1.	7.	//
Jauge-courtage, Déclaration des 10 Octobre & 31 Décembre 1689.	//	15.	//
Inspecteurs, Edit d'Octob. & Arrêt du Conseil du 29 Décembre 1705.	//	10.	//
Total...	3.	6.	//
Dix fols pour livre, Edit d'Août 1781.........................	1.	13.	//
Total...	4.	19.	//
Droits réservés, Déclaration de Janvier 1759..................	1.	//	//
Edit d'Août 1781, 10 f. pour l. modérés à 6 f. par décision du 29 dudit.	//	6.	//
Total...	6.	5.	//

Vin de liqueur par muid de 144 pots.

	l.	s.	d.
Il doit les mêmes droits que le vin ordinaire, à l'exception des droits réservés qui sont de 6 livres, au lieu de 1 livre, ce qui forme une augmentation, 6 fols pour liv. compris, de........................	6 l.	10 f.	// d.
Total général...	12.	15.	//

CIDRE & BIERE par muid de 144 pots.

	l.	s.	d.
Subvention. Ordonnance de 1680, art. 1, titre 24, art. 6, tit. 27....	// l.	13 f.	6 d.
Jauge & courtage, Déclaration du Roi des 10 Oct. & 31 Déc. 1689..	//	9.	//
Inspecteurs, Edit d'Octobre & Arrêt du Conseil du 29 Décembre 1705.	//	5.	//
Total...	1.	7.	6.
Dix fols pour livre, Edit d'Août 1781........................	//	13	9.
Total...	2.	1.	3.
Droits réservés, Déclaration de Janvier 1759..................	//	10.	//
Edit d'Août 1781, 10 f. pour l. modérés à 6 f. par décision du 29 dudit.	//	3.	//
Total...	2.	14.	3.
Il est de plus dû sur la biere brassée, le droit de contrôle, de l'Ordonnance de 1680, article premier, titre 27, fixé à..............	1.	10.	//
Dix fols pour livre, Edit d'Août 1781........................	//	15.	//
Total général...	4.	19.	3.

POIRÉ par muid de 144 pots.

	l.	s.	d.
Subvention. Ordonnance de 1680, article premier, titre 24.......	// l.	6 f.	9 d.
Jauge-courtage, Déclaration du Roi des 10 Oct. & 31 Déc. 1689...	//	9.	//
Inspecteurs, Edit d'Octob. & Arrêt du Conseil du 29 Déc. 1705....	//	2.	6.
Total...	//	18.	3.
Dix fols pour livre, Edit d'Août 1781..............	//	9.	1. ½
Total...	1.	7.	4. ½
Droits réservés, Déclaration du Roi de Janvier 1759............	//	5.	//
Edit d'Août 1781, 10 f. pour l. modérés à 6 f. par décision du 29 dudit.	//	1.	6.
Total général...	1.	13.	10. ½

Droits à l'entrée & au brassage dans les bourgs de Ducler, Pavilly & Buchy.

EAU-DE-VIE ou LIQUEURS, le muid de 144 pots.

	l.	s.	d.
Subvention. Ordonnance de 1680, titre 26, article 3..............	5 l.	8 f.	// d.
Jauge-courtage, Déclaration des 10 Octobre & 31 Décemb. 1689...	2.	5.	//
Inspecteurs, Edit d'Octob. & Arrêt du Conseil du 29 Décemb. 1705....	1.	10	//
Total...	9.	3.	//
Dix fols pour livre, Edit d'Août 1781..................	4.	11.	6.
Total...	13.	14.	6.
Droits réservés, Déclaration du Roi de Janvier 1759.............	14.	8.	//
Edit d'Août 1781, 10 f. pour l. modérés à 6 f. par décision du 29 dudit.	4.	6.	4. $\frac{1}{10}$
Total général...	32.	8.	10. $\frac{1}{10}$
Nota. Si les eaux-de-vie de vin qui entrent dans ces Bourgs n'avoient pas payé en route les droits de 6 l. 15 f. établis par l'Ord. de 1680, art. prem., tit. 26, ils feroient exigibles. Edit de Décembre 1685, avec les 10 fols pour l. de l'Edit d'Août 1781, ce qui feroit une augmentation de, ci...	10.	2.	6.
Total général...	42.	11.	4 $\frac{1}{10}$

VIN ordinaire, le muid de 144 pots.

	l.	s.	d.
Anciens & nouveaux 5 sols, Ordonnance de 1680, art. prem., tit. 4..	〃 l.	14 s.	〃 d.
Subvention, même Ordonnance, article premier, titre 24...........	1.	7.	〃
Jauge-courtage, Déclaration des 10 Octobre & 31 Décembre 1689...	〃	15.	〃
Inspecteurs, Edit d'Octobre & Arrêt du Conseil du 29 Décemb. 1705..	〃	10.	〃
Total...	3.	6.	〃
Dix sols pour liv. Edit d'Août 1781.	1.	13.	〃
Total...	4.	19.	〃
Droits réservés, Déclaration de Janvier 1759.	1.	5.	〃
Edit d'Août 1781, 10 s. pour l. moderés à 6 s. par décision du 29 dudit...	〃	7.	6.
Total général...	6.	11.	6.

VIN de liqueur par muid de 144 pots.

	l.	s.	d.
Il doit les mêmes droits que le vin ordinaire, à l'exception des droits réservés qui sont de 6 l. au lieu de 25 sols, ce qui forme une augmentation, 6 sols pour livre compris, de	6 l.	3 s.	6 d.
Total général. . .	12.	15.	〃

CIDRE & BIERE par muid de 144 pots.

	l.	s.	d.
Subvention. Ordonn. de 1680, art. premier, titre 24, art. 6, titre 27.	〃 l.	13 s.	6 d.
Jauge-courtage, Déclaration du Roi des 10 Octob. & 31 Déc. 1689...	〃	9.	〃
Inspecteurs, Edit d'Octobre & Arrêt du Conseil du 29 Décemb. 1705..	〃	5.	〃
Total. . .	1.	7.	6.
Dix sols pour livre, Edit d'Août 1781..	〃	13.	9.
Total. . .	2.	1.	3.
Droits réservés, Déclaration de Janvier 1759, ...	〃	10.	〃
Edit d'Août 1781, 10 s. pour l. moderés à 6 s. par décision du 29 dudit.	〃	3.	〃
Total général. . .	2.	14.	3.
Il est dû de plus sur la biere qui seroit brassée, le droit de contrôle de l'Ordonnance de 1680, article premier, titre 27, fixé à.	1.	10.	〃
Dix sols pour livre, Edit d'Août 1781	〃	15.	〃
Total général. . .	4.	19.	3.

POIRÉ par muid de 144 pots.

	l.	s.	d.
Subvention, Ordonnance de 1680, article premier, titre 24........	〃	6.	9.
Jauge-courtage, Déclaration du Roi des 10 Oct. & 31 Décemb. 1689...	〃	9.	〃
Inspecteurs, Edit d'Octobre & Arrêt du Conseil du 29 Décemb. 1705..	〃	2.	6.
Total. . .	〃	18.	3.
Dix sols pour livre, Edit d'Août 1781...........................	〃	9.	1.½
Total. . .	1.	7.	4.½
Droits réservés, Déclaration du Roi de 1759.....................	〃	5.	〃
Edit d'Août 1781, 10 s. pour l. moderés à 6 s. par décision du 29 dudit.	〃	1.	6.
Total général. . .	1.	13.	10.½

Droits à l'entrée & au brassage dans les bourgs de Fontaine-le-Bourg, Claire, Saint-Victor, Monville & Argueil.

EAU-DE-VIE & LIQUEURS le muid de 144 pots.

	l.	s.	d.
Subvention, Ordonnance de 1680, titre 26, article 3..............	5 l.	8 s.	〃 d.
Jauge-courtage, Déclaration des 10 Octob. & 31 Décembre 1689....	2.	5.	〃
Inspecteurs, Edit d'Octob. & Arrêt du Conseil du 29 Décemb. 1705...	1.	10.	〃
Total. . .	9.	3.	〃
Dix sols pour livre, Edit d'Août 1781..........................	4.	11.	6.
Total général. . .	13.	14.	6.
Nota. Si les eaux-de-vie de vin qui entrent dans ces Bourgs, n'avoient pas acquitté en route les droits de 6 l. 15 s. établis par l'Ordon. de 1680, art. 1, tit. 26; ils seroient exigibles : Edit de Décembre 1686, avec les 10 s. pour l. de l'Edit d'Août 1781, ce qui feroit une augmentation de, ci...	10.	2.	6.
Total. . .	23.	17.	〃

Vin de liqueur & vin ordinaire, le muid de 144 pots.

	l.	s.	d.
Anciens & nouveaux 5 s. Ordonnance de 1680, art. 1er. tit. 4. . . .	" l.	14 s.	" d.
Subvention, même Ordonnance, article premier, titre 24.	1.	7.	"
Jauge-courtage, Déclaration des 10 Octobre & 31 Décembre 1689....	"	15.	"
Inspecteurs, Edit d'Octob. & Arrêt du Conseil du 29 Décembre 1705.	"	10.	"
Total. . .	3.	6.	"
Dix sols pour livre, Edit d'Août 1781..........................	1.	13.	"
Total général. . .	4.	19.	"

Cidre & Biere par muid de 144 pots.

	l.	s.	d.
Subvention, Ordonn. de 1680, art. premier, titre 24, art. 6, tit. 27.	" l.	13 s.	6 d.
Jauge-courtage, Déclaration du Roi des 10 Octob. & 31 Déc. 1689.	"	9.	"
Inspecteurs, Edit d'Octobre & Arrêt du Conseil du 29 Décembre 1705.	"	5.	"
Total. .	1.	7.	6.
Dix sols pour livre, Edit d'Août 1781..........................	"	13.	9.
Total général. . .	2.	1.	3.
Il est dû de plus sur la biere qui seroit brassée, le droit de contrôle, suivant l'Ordonnance de 1680, article premier, titre 27..........	1.	10.	"
Dix sols pour livre, Edit d'Août 1781..........................	"	15.	"
Total général. . .	4.	6.	3.

Poiré par muid de 144 pots.

	l.	s.	d.
Subvention, Ordonnance de 1680, article premier, titre 24.......	" l.	6 s.	9 d.
Jauge & courtage, Déclaration du Roi des 10 Octob. & 31 Déc. 1689...	"	9.	"
Inspecteurs, Edit d'Octob. & Arrêt du Conseil du 29 Décemb. 1705..	"	2.	6.
Total...	"	18.	3.
Dix sols pour livre, Edit d'Août 1781..........................	"	9.	1. ½
Total général...	1.	7.	4. ½

Observations générales.

Par Déclaration du 9 Décembre 1687, il est dû sur l'eau-de-vie rectifiée, le double, & sur l'esprit-de-vin, le triple des droits dûs sur l'eau-de-vie simple, & créés antérieurement audit Edit; mais ces Liqueurs ne doivent les autres droits que comme l'eau-de-vie simple.

Les droits de 6 liv. 15 sols sur l'eau-de-vie établis par l'Ordonnance de 1680, art. 1er, tit. 26, sont exigibles sur les eaux-de-vie de vin, non-seulement aux entrées des lieux sujets, mais encore dans les autres lieux, lorsqu'ils n'ont pas été payés aux Bureaux de passage ou en route; Edit de Décembre 1686, & ils comportent les 10 sols pour livre de l'Edit d'Août 1781, ce qui forme en principal.................

	l.	s.	d.
en principal	6 l.	15 s.	" d.
10 s. pour liv. . . .	3.	7.	6.
Total. . .	10.	2.	6.

Dans les six Sergenteries, comme dans la banlieue de Rouen, les Nobles sont exempts, pour les boissons provenantes de leur cru, & les Bénéficiers, pour celles du cru de leur bénéfice, tous pour leur consommation seulement, les premiers de la subvention, les seconds de la subvention, & des nouveaux 5 sols, de la jauge-courtage & des droits réservés, en remplissant les formalités prescrites.

Droits de Gros.

Les vins destinés pour la Province de Normandie étant exempts de payer au passage les droits de Gros, lorsque ces vins viennent d'un pays exempt, ils doivent ces droits lorsqu'ils repassent dans une autre Province, ou à l'Etranger. Arrêt du Conseil du 13 Mars 1753, ces droits consistent dans le vingtieme du prix de la vente, l'augmentation de 16 s. 3 den. & le courtage de 10 s.

Exemple pour du Vin vendu 150 liv. le muid de 144 pots.

Gros ou vingtième du prix de la vente.	7. 10. "	8. 16. 3.	13. 4. 4½
Augmentation	" 16. 3.		
Courtage	" 10. "		
Edit d'Août 1781, 10 sols pour livre		4. 8. 1½	

Droits dus à la vente & revente des Boissons dans toute l'étendue de la Direction de la Banlieue, & six Sergenteries de ROUEN *, sous la dénomination de Courtiers-Jaugeurs.*

Nature des boissons par muid de 144 pots.	Réglemens & nature des Droits.	Ier. Enlevement.		IIme. Enlevement.	
		quotité de chaque droit.	Tot. des droits sur chaque espèce de bois.	quotité de chaque droit.	Tot. des droits sur chaque espèce de bois.
		liv. s. d.	liv. s. d.	liv. s. d.	liv. s. d.
Eau-de-vie.	Courtiers-Jaug. Tarif de 1696. 10 s. pour liv. Edit d'Août 1781.	1.10.8. 〃 15.4.	2. 6 〃	1. 〃 〃 〃 10 〃	1.10. 〃
Liqueur.	Courtiers-Jaug. Tarif de 1696. 10 s. pour liv. Edit d'Août 1781.	1.18.〃 〃 19.〃	2.17 〃	1. 10 〃 〃 15 〃	2. 5.〃
Vin.	Courtiers-Jaug. Tarif de 1696. 10 s. pour liv. Edit d'Août 1781.	〃 6.6. 〃 3.3.	〃 9.9.	〃 2.6. 〃 1.3.	〃 3.9.
Cidre, Biere & Poiré.	Courtiers-Jaug. Tarif de 1696. 10 s. pour liv. Edit d'Août 1781.	〃 3.3. 〃 1.7½	〃 4.10½	〃 1.3. 〃 〃 7½	〃 1.10½

Droits dus à la vente en détail des Boissons, dans toute l'étendue de la Direction de la Banlieue, & six Sergenteries de Rouen, par muid de 144 pots.

Nature des Droits & Réglemens qui les autorisent.	Eau-de-vie à 3 l. le pot.	Vin à 1 s. la pinte.	Cidre à 6 d. la pinte.	Poiré à 6 d. la pinte.	Biere à 12 s. le pot.
	liv. s. d.	liv. s. d.	liv. s. d.	liv. s. d.	liv. s. d.
Le quatrième sur l'eau-de-vie est le tiers du prix de la vente. Edit de Décembre 1686.	144. 〃 〃	〃 〃 〃	〃 〃 〃	〃 〃 〃	〃 〃 〃
Sur le vin, cidre & poiré, les droits de détail sont le quatrième réduit au cinquième. Ordonnance de 1680, tit. 14, art. 1 & 2, par muid de 144 pots.	〃 〃 〃	3.18. 〃	1.18. 〃	1.18. 〃	〃 〃 〃
Sur la biere, le quatrième du prix de la vente, parisis, sol & 6 d. Ordon. de 1680, t. 27, art. 6. .	〃 〃 〃	〃 〃 〃	〃 〃 〃	〃 〃 〃	29. 1. 3.
Edit d'Août 1781, 10 s. pour liv. modérés à 8 s. par décision du 29 dudit	57.12.〃	1.11. 2$\frac{2}{5}$	〃 15. 2$\frac{2}{5}$	〃 15. 2$\frac{2}{5}$	11. 12.6.
TOTAL	201.12.〃	5. 9. 2$\frac{2}{5}$	2.13. 2$\frac{2}{5}$	2.13. 2$\frac{2}{5}$	40. 13.9.
Subvention à la consommation. Ordon. de 1680, tit. 26, art. 3, t. 23, art. 1. t. 27, art. 6. Edit de Déc. 1686, par muid de 144 pots, .	5. 8. 〃	1. 7. 〃	〃 13. 6	〃 6. 9.	〃 13. 6.
Jauge-Courtage. Déclaration du 10 Octobre 1689	2. 5. 〃	〃 15. 〃	〃 9. 〃	〃 9. 〃	〃 9. 〃
Total	7. 13. 〃	2. 2. 〃	1. 2. 6	〃 15. 9.	1. 2. 6.
Edit d'Août 1781. 10 s. pour l. . .	3. 16. 6	1. 1. 〃	〃 11. 3	〃 7.10½	〃 11. 3.
TOTAL de la subvention, Jauge, Courtage & 10 s. pour livre. . . .	11. 9. 6	3. 3. 〃	1.13. 9	1. 3. 7½	1.13. 9.
Rapport du 4me & 8 s. pour l. .	201.12. 〃	5. 9. 2$\frac{2}{5}$	2.13. 2$\frac{2}{5}$	2.13. 2$\frac{2}{5}$	40.13. 9.
Total général	213. 1. 6	8.12. 2$\frac{2}{5}$	4. 6.11$\frac{2}{5}$	3.16.9$\frac{9}{10}$	42. 7. 6.

Nota. Les droits de détail sur l'eau-de-vie étant confondus avec les droits d'entrée dans la

Banlieue de Rouen, ceux désignés ci-dessus n'ont cours que dans les lieux hors ladite Banlieue.

Il est encore à observer que les droits de Jauge-Courtage au détail ne se perçoivent dans aucuns des lieux où ils sont payés à l'entrée.

Lorsque le vin est vendu plus d'un sol la pinte, les droits de quatrième sont augmentés à raison de 3 liv. 18 s. pour chaque sol, & lorsque les cidre & poiré sont aussi vendus plus de 6 den. la pinte, les droits sont augmentés à raison de 6 s. par chacun denier. Art. ci-dessus cités.

Les droits de détail sont également dus, conformément au Tarif ci-dessus sur les boissons arrivantes & transportées en bouteilles. Lettres-patentes du 25 Mai 1728, aux exceptions y portées, & qui tombent sur le vin de liqueur venant en caisse; les vins de Champagne gris qui viennent en paniers de 100 bouteilles, & les vins tant pour la provision des gens qualifiés qui vont dans leurs terres, que pour celles de tous autres allant aux Eaux de Forges, en observant les formalités prescrites.

Les eaux-de-vie transportées en barils au-dessous de 60 pintes, sont aussi assujetties aux droits de détail. Lettres-patentes du 24 Août 1728 : ils sont encore dûs par les Bouilleurs & Marchands en gros d'eau-de-vie sur les manquants à leurs charges; déduction faite du 21e pour 20. Lettres-patentes citées ci-dessus, & les soumissionnaires d'eau-de-vie sont assujettis au paiement du double desdits droits, sur les eaux-de-vie pour lesquelles ils ne rapportent pas dans les trois mois certificat d'arrivée. Lettres-patentes des 4 Juin 1726 & 2 Mars 1728.

En sus des droits ci-dessus, il se perçoit à Lyons pour la première moitié d'octroi, le trente-deuxième du prix de la vente, avec les 10 s. pour livre.

EXEMPLE.

Nature des Droits.	Eau-de-vie à 48 s. le pot.			Vin à 24 s. le pot.			Cidre & Poiré. à 4 s. le pot.		
	liv.	s.	d.	liv.	s.	d.	liv.	s.	d.
Le trente-deuxième........................	"	1.	6.	"	"	9.	"	"	1.½
Edit d'Août 1781. 10 s. pour livre........	"	"	9.	"	"	4½	"	"	".¾
Total..............	"	2.	3.	"	1.	1½	"	"	2.¼

Droit ANNUEL *dans la Ville & Banlieue de Rouen, & dans la Ville de Lyons.*

Ordonnance de 1680, tit. 29, art. premier.............................. 8 liv. " "
Edit d'Août 1781, 10 s. pour liv.. 4. " "

Total... 12. " "

Ce droit est dû par tous les Marchands en gros Bouilleurs, Brasseurs, Cabaretiers, Taverniers & autres vendans en détail, & les revendeurs de biere ne doivent que la moitié de l'annuel. Ordonnance de 1680, tit. 29, art. 7.

Dans les lieux non désignés ci-dessus, la quotité du droit annuel n'est que de 6 l. 10 s. en principal, assujettie aux 10 s. pour livre, ce qui fait en total.......................9 l. 15 s.

BESTIAUX.

Droits sur les BESTIAUX, *à l'entrée & au massacre dans la Banlieue de Rouen.*

Nature des Droits.	Bœuf.	Vache.	Porc.	Veau & Genisse.	Mouton, Brebis & Chevre.	Jambon.	Livre de Viande.	Livre de Porc.
	l. s. d.	l. s. d.	l. s. d.	l. s. d.	l. s. d.	l. s. d.	l. s. d.	l. s. d.
Pied fourché, tit. 13 de l'Ordon. de 1680, article premier. . . .	5.10. ″	2.15. ″	″ 19. 2.	″ 9.10.	″ 9.10.	″ 3.10.	″ ″ 5.	″ ″ 3.
Inspecteurs aux Boucheries. Edit de Fev. & Arrêt du Conseil du 19 Avril 1704.	2. ″ ″	2. ″ ″	″ ″ ″	″ 12. ″	″ 4. ″	″ ″ ″	″ ″ 2.	″ ″ ″
Total. . .	7.10. ″	4.15. ″	″ 19. 2.	1. 1.10.	″ 13.10.	″ 3.10.	″ ″ 5.	″ ″ 3.
10 s. pour l. Edit d'Août 1781. .	3.15. ″	2. 7. 6.	″ 9. 7.	″ 10.11.	″ 6.11.	″ 1.11.	″ ″ 2.½	″ ″ 1.½
Total général. . .	11. 5. ″	7. 2. 6.	1. 8. 9.	1.12. 9.	1. ″ 9.	″ 5. 9.	″ ″ 7.½	″ ″ 4.½

BESTIAUX *en Passe-debout.*

Nature des droits.	Bœuf.	Vache.	Veau ou Mouton.	Porc.	Jambon.
Pied fourché, tit. 13, art. III. de l'Ordon. de 1680	l. s. d. ″ 10. ″	l. s. d. ″ 5. ″	l. s. d. ″ 1.10.	l. s. d. ″ 2.10.	l. s. d. ″ ″ 7.
10 sols pour liv. Edit d'Août 1781..	″ 5. ″	″ 2. 6.	″ ″ 11.	″ 1. 5.	″ ″ 3½
Total....	″ 15. ″	″ 7. 6.	″ 2. 9.	″ 4. 3.	″ ″ 10½

Droits sur les Bestiaux au massacre dans la Ville de Lyons.

Nature des Droits.	Bœuf & Vache.	Veau & Genisse.	Mouton, Brebis & Chevre.	Porc.	Livre de Viande.
	l. s. d.	l. s. d.	l. s. d.	l. s. d.	l. s. d.
Inspecteurs, Edit de Fév. & Arrêt du Conseil du 19 Août 1704...	2. ″ ″	″ 12. ″	″ 4. ″	″ ″ ″	″ ″ 2.
première moitié d'octroi, ordon. de 1681.....................	″ ″ 6.	″ ″ 3.	″ ″ 3.	″ ″ 3.	*à proport.*
Total....	2 ″ 6.	″ 12. 3.	″ 4. 3.	″ ″ 3.	idem. 2.
10 sols pour liv. Edit d'Août 1781..	1 ″ 3.	″ 6. 1½	″ 2. 1½	″ ″ 1½	idem. 1.
Total....	3 ″ 9.	″ 18. 4½	″ 6. 4½	″ ″ 4½	idem. 3.
Droits réservés, Déclaration de Janvier 1759.....................	2 ″ ″	″ 13. 4.	″ 5. ″	″ 13. 4.	idem.
Edit d'Août 1781, 10 s. pour l. modérés à 6 s. par décision du 29 dud.	″ 12. ″	″ 4. ″	″ 1. 6.	″ 4. ″	idem.
Total général....	5.12. 9.	1.15. 8½	″ 12.10½	″ 17. 8½	idem. 3.

Bestiaux vendus les jours de marché & à la foire Saint-Denis.

Objets sujets aux Droits.	Marché.	Foire St. Denis.
	liv. s. d.	liv. s. d.
Bœuf ou Vache. Première moitié d'octroi. Ordonnance de 1681...	″ ″ 6.	″ 1. ″
10 s. pour livre. Edit d'Août 1781..............................	″ ″ 3.	″ ″ 6.
Total........	″ ″ 9.	″ 1. 6.
Veau & Mouton. Première moitié d'octroi. Ordonnance ci-dessus...	″ ″ 2.	″ ″ 4.
10 s. pour livre. Edit d'Août 1781..............................	″ ″ 1.	″ ″ 2.
Total........	″ ″ 3.	″ ″ 6.
Porc. Première moitié d'octroi. Ordonnance ci-dessus............	″ ″ 6.	″ 1. ″
10 sols pour livre. Edit d'Août 1781............................	″ ″ 3.	″ ″ 6.
Total........	″ ″ 9.	″ 1. 6.

Droits au Massacre & à l'Entrée dans les Bourgs de Ducler, Pavilly & Buchy.

Nature des Droits & Réglemens qui les autorisent.	Bœuf & Vache.	Veau & Genisse.	Mouton & Chèvre.	Porc.	Livre de viande.
	liv. s. den.	liv. s. den.	liv. s. den.	liv. s. den.	liv. s. den.
Inspecteurs. Edit de Fév. & Arrêt du Conseil du 19 Août 1704......	2. ″ ″	″ 12. ″	″ 4. ″	″ ″ ″	″ ″ 2.
10 s. pour liv. Edit d'Août 1781...	1. ″ ″	″ 6. ″	″ 2. ″	″ ″ ″	″ ″ 1.
Total......	3. ″ ″	″ 18. ″	″ 6. ″	″ ″ ″	″ ″ 3.
Droits réservés. Déclaration de Janvier 1759..................	1. 10. ″	″ 10. ″	″ 3. 6.	″ 10. ″	à proport.
Edit d'Août 1781. 10 s. pour liv. modérés à 6 s. par décision du 29 dudit........................	″ 9. ″	″ 3. ″	″ 1. ″ $\frac{1}{2}$	″ 3. ″	idem.
Total général.....	4. 19. ″	1. 11. ″	″ 10. 6$\frac{1}{2}$	″ 13. ″	idem 3.

Droits au Massacre & à l'Entrée dans les Bourgs de Bolhard, Cailly, Pont Saint-Pierre & Ry.

Nature des Droits & Réglemens qui les autorisent.	Bœuf & Vache.	Veau & Genise.	Mouton & Chèvre.	Porc.	Livre de viande.
	liv. s. d.	liv. s. d.	liv. s. d.	liv. s. d.	liv. s. d.
Inspecteurs. Edit de Fév. & Arrêt du Conseil du 19 Août 1704......	2. ″ ″	″ 12. ″	″ 4. ″	″ ″ ″	″ ″ 2.
10 s. pour liv. Edit d'Août 1781...	1. ″ ″	″ 6. ″	″ 2. ″	″ ″ ″	″ ″ 1.
Total.....	3. ″ ″	″ 18. ″	″ 6. ″	″ ″ ″	″ ″ 3.
Droits réservés. Déclaration de Janvier 1759..................	1. ″ ″	″ 6. 8.	″ 3. ″	″ 6. 8.	à proport.
Edit d'Août 1781. 10 s. pour liv. modérés à 6 s. par décision du 29 dudit........................	″ 6. ″	″ 2. ″	″ ″ 10$\frac{10}{12}$	″ 2. ″	idem.
Total général.....	4. 6. ″	1. 6. 8.	″ 9. 10$\frac{[illegible]}{12}$	″ 8. 8.	″ ″ 3.

Droits dus au Massacre & à l'Entrée dans les Bourgs de Fontaine-le-Bourg, Claire, Argueil, Monville, Saint-Victor, dans la Campagne avant l'abatis, par les Bouchers, Maîtres ou fils de Maîtres, & sur les viandes vendues hors domicile, par toutes sortes de Bouchers.

Nature des Droits & Réglemens qui les autorisent.	Bœuf & Vache.	Veau & Genisse.	Mouton, Brebis & Chèvre.	Livre de viande.
	liv. s. d.	liv. s. d.	liv. s. d.	liv. s. d.
Inspecteurs. Edit de Février & Arrêt du Conseil, du 19 Août 1704..................	2. ″ ″	″ 12. ″	″ 4. ″	″ ″ 2.
Edit d'Août 1781, 10 s. pour livre.........	1. ″ ″	″ 6. ″	″ 2. ″	″ ″ 1.
Total......	3. ″ ″	″ 18. ″	″ 6. ″	″ ″ 3.

DENRÉES ET MARCHANDISES.

Droits sur le POISSON *de mer, frais, sec & salé & d'eau douce, dans la Banlieue de Rouen.*

Nature des Droits & Réglemens qui les autorisent.	Cent de Morue verte.	Baril de Saumon.	Cent de Morue sèche.	Baril de Maquer., Morue, Harans. bl. ou sorets.	Poisson de mer fr. sec & salé.	Poisson d'eau-douce.
	l. s. d.	l. s. d.	l. s. d.	l. s. d.	l. s. d.	l. s. d.
Droits de gros, consistans dans le 20e. du prix de la vente, parisis, sol & 6 d. Ordonnance de 1680, tit. 12, art 1er., ce qui, par liv. de la valeur, fait....	// // //	// // //	// // //	// // //	// 1.4.	// // //
Droits de consommation, consistans au 20e. du prix de la vente, tit. 9, art. 9, pour le poisson de mer & d'eau-douce & sur les salines, à raison de......................	1. // //	1. // //	// 10 //	// 10 //	// 1 //	// 1 //
Total....	1. // //	1. // //	// 10 //	// 10 //	// 2.4.	// 1 //
Dix s. pour liv., Edit d'Août 1781.	// 10 //	// 10 //	// 5 //	// 5 //	// 1.2.	// // 6.
Total général....	1.10 //	1.10 //	// 15 //	// 15 //	// 3.6.	// 1.6.

Droits sur les BOIS *&* FOINS *dans la ville de Lyons.*

Réglemens qui autorisent la perception.	Voiture à trois chevaux.	Voiture à deux chevaux.	Voiture à un cheval.	Somme de cheval.	Somme d'âne.
	l. s. d.	l. s. d.	l. s. d.	l. s. d.	l. s. d.
Droits réservés, Déclaration de Janvier 1759, Arrêt du Conseil des 13 Sept. 1776, & Lettres-patentes du mois d'Août 1778........	// 10 //	// 7.6.	// 5 //	// 1 //	// // 6.
Edit d'Août 1781, 10 s. pour liv. modérés à 6 s. par décision du 29 dudit mois............	// 3 //	// 2.3.	// 1.6.	// // $3\frac{1}{2}$	// // $1\frac{1}{2}$
Total..	// 13 //	// 9.9.	// 6.6.	1 $3\frac{1}{2}$	$7\frac{1}{2}$

Nota. Par voiture attelée de plus de trois chevaux, le droit est perçu à proportion, à raison de chaque cheval.

Il n'y a de Bois exempts de payer les Droits réservés que ceux désignés par les Lettres-Patentes de 1778, & qui sont les bourées ou fagots sans parements de ronces, épines, &c.

Droits sur les HUILES *dans toute la Direction.*

RÉGLEMENS.	*NATURE DES DROITS.*	Principal.	10 s. p. l.	TOTAL.
Déclaration du Roi de 1716. Edit du Roi d'Août 1781, pour le doublement & les 10 s. pour liv.		l. s. d.	l. s. d.	l. s. d.
	Par livre pesant d'huile de poisson, d'olive, d'amende, de noix & autres fruits.........	// 1 //	// // 6.	// 1.6.
	Par livre d'huile de thérébentine, lin, chenevis, rabette & autres graines........	// // 6.	// // 3.	// // 9.
	Par liv. d'huile d'essence & autres de plus grande valeur que celles sujettes aux droits d'un sol..................................	// 2 //	// 1 //	// 3 //
	Si le droit principal est de plus de 3 liv. il est payé pour l'acquit....................	// 5 //	// 2.6.	// 7.6.
	S'il n'est que de 3 l. ou d'une moindre somme jusqu'à 20 sols inclusivement, le droit d'acquit est de 2 sols........................	// 2 //	// 1 //	// 3 //
	Nota. Le droit d'acquit n'a pas lieu lorsque le droit principal est au-dessous de 20 sols.			

Droits sur les CUIRS & PEAUX *à la fabrication, à l'exportation & à l'importation, établis par Edit du mois d'Août 1759, 28 Juin & 13 Novembre 1760, pour le principal avec les 10 sols pour livre de l'Edit d'Août 1781.*

Objets sujets aux droits.	Cuirs & peaux à la fabrication.			Cuirs & peaux à l'exportation.			Cuirs & peaux à l'importat.
	Principal.	10 f. p. l.	TOTAL.	Principal.	10 f. p. l.	TOTAL.	
	l. f. d.	l. f. d.	l. f. d.	l. f. d.	l. f. d.	l. f. d.	
Bœufs & vaches à fort & à œuvre ; veaux, moutons, agneaux, chevreaux, porcs & sangliers tannés & apprêtés en toutes sortes d'apprêts, la livre.	″ 2. ″	″ 1 ″	″ 3. ″	″ ″ ″	″ ″ ″	″ ″ ″	10 pour % de leur valeur.
Chevaux, mulets, ânes.	″ 1. ″	″ ″ 6.	″ 1. 6.	″ ″ ″	″ ″ ″	″ ″ ″	*id.*
Elans, orignaux & cerfs.	″ 6. ″	″ 3 ″	″ 9. ″	″ ″ ″	″ ″ ″	″ ″ ″	*id.*
Chevres & boucs.	″ 4. ″	″ 2 ″	″ 6. ″	″ ″ ″	″ ″ ″	″ ″ ″	*id.*
Chevreuils, chamois & daims.	″ 10. ″	″ 5. ″	″ 15. ″	″ ″ ″	″ ″ ″	″ ″ ″	*id.*
Toutes peaux non dénommées ci-dessus, 10 pour % de leur valeur, ci pour	. . *Mémoire.*						*id.*
Cuirs de bœufs & vaches en verd, en demi-aprêt, passant à l'Etranger, la piece.	″ ″ ″	″ ″ ″	″ ″ ″	6. ″ ″	3. ″ ″	9. ″ ″	*id.*
Peaux de veaux, *id.* la piece.	″ ″ ″	″ ″ ″	″ ″ ″	1. ″ ″	″ 10 ″	1. 10. ″	*id.*
Peaux de moutons, *id.* la piece	″ ″ ″	″ ″ ″	″ ″ ″	″ 10. ″	″ 5. ″	″ 15. ″	*id.*

Nota. Tous les cuirs apprêtés qui ont payé les droits, les deux tiers du droit principal en sont restitués, lorsque lesdits cuirs passent à l'Etranger, & que l'on a observé les formalités requises.

Droits sur la Marque D'OR & D'ARGENT.

REGLEMENS.	*Objets sujets aux droits.*	Principal.	10 f. p. l.	TOTAL.
		l. f.	l. f.	l. f.
Ordonnance de 1681, article premier, tit. 2, & Edit du mois de Mai 1723, pour le principal. Edit d'Août 1781, pour les 10 f. pour liv.	Or, par marc.	33. 12.	16. 16.	50. 8.
	Argent, par marc.	2. 16.	1. 8.	4. 4.

*Droits sur l'*AMIDON & POUDRE *à poudrer.*

RÉGLEMENS.	Amidon à la fabrication par muid.	Amidon & poudre venant de l'Etranger, par livre pesant.
	l. f. d.	l. f. d.
Edit de Février 1771, & Arrêt du Conseil de Décembre 1778	7. 10. ″	″ 4. ″
Edit d'Août 1781, 10 sols pour livre.	3. 15. ″	″ 2. ″
Total.	11. 5. ″	″ 6. ″

Droits du TIMBRE *des* QUITTANCES *pour la régie & pour les parties étrangeres.*

Ordon. de 1680, tit. 33; Déclar. de 1690; Edit de 1748; Déclar. de 1771 & Lettres-patentes d'Août 1780, article 10, par quittance de 5 sols & au-dessus ...... # l. # s. 10 d.
Edit d'Août 1781, 10 sols pour livre.......................... # # 5.

Total... # 1 3.

Les congés & expéditions qui ne sont point des quittances de droits, doivent les frais de timbre, Ordonnance de Juillet 1681, titre commun, article 16. Déclaration du Roi de 1771, & Lettres-patentes de 1780, art. 10.

OBSERVATION GÉNÉRALE.

Tous les articles de droits qui, payés particulièrement ne forment pas une somme de 6 deniers en principal, ne doivent pas dans ces cas de sols pour livre.

Dénomination des droits étrangers à la Régie, & dont les 10 f. pour l. sont dus au Roi;

SAVOIR:

Noms des lieux.	*Dénomination des Droits.*	
Dans toute l'étendue de la Direction.	{ Jauge Royale. Courtiers-Gourmets. Contrôleurs-Réformateurs des poids & mesures. }	appartenans à différens particuliers.
Ville de Lyons.	Deuxième moitié d'octrois, appartenant à la Ville.	

A PARIS, chez KNAPEN, Imprimeur de la Cour des Aides, au bas du Pont Saint-Michel, 1781.

TARIF
DES DROITS DÉPENDANS DE LA RÉGIE GÉNÉRALE,
*Dûs dans la Direction d'*ANDELY.

BOISSONS.

DROITS à l'Entrée, aux Inventaires & aux Brassages, dans les Villes du grand & petit Andely.

Eau-de-vie & Liqueur, par muid de 144 pots.

	l.	s.	d.
Odon. de 1680, tit. 26, art. 3, & Édit de Déc. 1686. Six livres quinze sols sur l'Eau-de-vie de Vin	6	15	»
Idem. Tit. 26, art. 3. Subvention	5	8	»
Déclarations des 10 Octobre & 31 Décembre 1689. Jauge-Courtage	2	5	»
Édit d'Octobre & Arrêt du Conseil du 29 Décembre 1705. Inspecteurs	1	10	»
TOTAL	15	18	»
Édit d'Août 1781. Dix Sols pour livre	7	19	»
Déclaration de Janvier 1759. Droits Réservés	14	8	»
Édit d'Août 1781. Dix sols pour liv. modérés à Six sols par Décision du 29 dud.	4	6	4 ½
TOTAL GÉNÉRAL	42	11	4 ½
Nota. Si l'Eau-de-vie avoit payé en route les Droits de 6 liv. 15 sols, il faudroit les défalquer du total ci-dessus; ce qui, 10 sols pour liv. compris, fait	10	2	6
RESTE	32	8	10 ½

VIN ordinaire & de Liqueur, par muid de 144 pots, venant par eau.

Grandes Entrées.

NATURE DES DROITS, & Réglemens qui les autorisent.	VIN ordinaire.	VIN de Liqueur.
Ordon. de 1680, tit. 1er. art. 36. Neuf livres par tonneau.	4 » 9	4 » 9
Idem. Tit. 30, art. 1er. Quarante-cinq sols des Rivieres	3 » »	3 » »
TOTAL	7 » 9	7 » 9
Édit d'Août 1781. Dix sols pour livre	3 10 4 ½	3 10 4 ½
TOTAL GÉNÉRAL	10 11 1 ½	10 11 1 ½

Nota. Les Droits de 4 liv. 9 den. sont dûs à Andely durant les Foires de Rouen, quinze jours avant & quinze jours après, depuis Vernon jusqu'au Pont de l'Arche; & ceux de Riviere se perçoivent sur les Vins descendans ou remontans la Seine, qui ne les auroient point payés, & sur ceux déchargés de la riviere à terre, pour lesquels on ne les auroit point acquittés : mêmes Titres.

ENTRÉES JOURNALIERES.

Vin ordinaire & Vin de Liqueur, par muid de 144 pots.

NATURE DES DROITS, & Réglemens qui les autorisent.	VIN ordinaire.	VIN de Liqueur.
Ordon. de 1680, tit. 4, art. 1er. Anciens & Nouv. Cinq sols.	» 14 »	» 14 »
Idem. Tit. 24, art. 1er. Subvention.	1 7 »	1 7 »
Déclarations des 10 Oct. & 31 Déc. 1689. Jauge-Courtage.	» 15 »	» 15 »
Édit d'Oct. & Arrêt du Conseil du 29 Déc. 1705. Inspecteurs.	» 10 »	» 10 »
Lettres-Patentes du 2 Août 1777. Octrois municipaux.	» 14 »	» 14 »
TOTAL.	4 » »	4 » »
Édit d'Août 1781. Dix sols pour livre.	2 » »	2 » »
Déclaration de Janvier 1759. Droits Réservés.	1 10 »	6 » »
Édit d'Août 1781. Dix sols pour livre, modérés à Six sols par Décision du 29 dudit.	» 9 »	1 16 »
TOTAL GÉNÉRAL.	7 19 »	13 16 »

CIDRE, POIRÉ & BIERE, par muid de 144 pots.

NATURE DES DROITS, & Réglemens qui les autorisent.	CIDRE.	POIRÉ.	BIERE.
Ord. de 1680, tit. 24, art. 1er. tit. 27, art. 6. Subvention.	» 13 6	» 6 9	» 13 6
Déclar. des 10 Oct. & 31 Déc. 1689. Jauge-Courtage.	» 9 »	» 9 »	» 9 »
Édit d'Oct. & Arrêt du Conseil du 29 Déc. 1705. Inspect.	» 5 »	» 2 6	» 5 »
Lettres Patentes du 2 Août 1777. Octrois municipaux.	» 7 »	» 7 »	» » »
TOTAL.	1 14 6	1 5 3	1 7 6
Édit d'Août 1781. Dix sols pour livre.	» 17 3	» 12 7 $\frac{1}{2}$	» 13 9
Déclaration de Janvier 1759. Droits Réservés.	» 10 »	» 5 »	» 10 »
Édit d'Août 1781. Dix sols pour livre, modérés à Six sols par Décision du 29 dudit.	» 3 »	» 1 6	» 3 »
TOTAL.	3 4 9	2 4 4 $\frac{1}{2}$	2 14 3
Ordon. de 1680, tit. 27, art. 6, sur la Biere fabriquée. Contrôle.	....	....	1 10 »
Édit d'Août 1781. Dix sols pour livre.	....	....	» 15 »
TOTAL GÉNÉRAL.	3 4 9	2 4 4 $\frac{1}{2}$	4 19 3

DROITS à l'Entrée, aux Inventaires & aux Brassages sur les Boissons dans la Ville de Vernon.

Eau-de-vie & Liqueur, par muid de 144 pots.

Ordon. de 1680, tit. 26, art. 1er. & Édit de 1686. Six livres quinze sols sur l'Eau-de-vie de Vin.	6 15 »
Idem. Tit. 26, art. 3. Subvention.	5 8 »
Déclarations des 10 Oct. & 31 Déc. 1689. Jauge-Courtage.	2 5 »
Édit d'Octobre & Arrêt du Conseil du 29 Décembre 1705. Inspecteurs.	1 10 »
Lettres-Patentes du 2 Août 1777. Octrois municipaux.	4 4 »
TOTAL.	20 2 »
Édit d'Août 1781, Dix sols pour livre.	10 1 »
Déclaration de Janvier 1759. Droits Réservés.	14 8 »
Édit d'Août 1781, Dix sols pour liv. modérés à Six sols par Décision du 29 dud.	4 6 4 $\frac{4}{5}$
TOTAL GÉNÉRAL.	48 17 4 $\frac{4}{5}$
Nota. Si l'Eau-de-vie avoit payé en route les Droits de 6 liv. 15 sols, on déduiroit pour lesdits Droits & Dix sols pour livre.	10 2 6
RESTE NET.	38 14 10 $\frac{4}{5}$

Grandes Entrées.

Vin ordinaire & de Liqueur, par muid de 144 pots, venant par eau.

Nature des Droits, & Réglemens qui les autorisent.	Vin ordinaire.	Vin de Liqueur.
Ordonnance de 1680, tit. 1er. art. 36. Neuf livres par tonneau.	4 » 9	4 » 9
Idem. Tit. 30, art. 1er. Quarante-cinq sols des Rivieres......	3 » »	3 » »
Total........	7 » 9	7 » 9
Édit d'Août 1781. Dix sols pour livre......................	3 10 4½	3 10 4½
Total général.....	10 11 1½	10 11 1½

Nota. Les Droits de 4 liv. 9 den. ne sont dûs que pendant les Foires de Rouen, quinze jours avant & quinze jours après; ceux de Riviere se perçoivent sur les Vins descendans ou remontans la Seine, qui ne les auroient point payés, & sur ceux déchargés de la riviere à terre, pour lesquels on ne les auroit point acquittés.

Entrées Journalieres.

Vin ordinaire & de Liqueur, par muid de 144 pots.

Nature des Droits, & Réglemens qui les autorisent.	Vin ordinaire.	Vin de Liqueur.
Ordon. de 1680, art. 1er. tit. 4. Anciens & Nouveaux Cinq sols...	» 14 »	» 14 »
Idem. Tit. 14, art. 1er. Subvention........................	1 7 »	1 7 »
Déclarations des 10 Oct. & 31 Déc. 1689. Jauge-Courtage.....	» 15 »	» 15 »
Edit d'Oct. & Arrêt du Conseil du 29 Déc. 1705. Inspecteurs.....	» 10 »	» 10 »
Arrêt du Conseil du 16 Nov. 1640, Charte de Décembre 1663, & Ordon. de Juillet 1681, tit. 3, art. 1er. Prem. moitié d'Octroi.	» 10 »	» 10 »
Lettres-Patentes du 2 Août 1777. Octrois municipaux........	2 2 »	2 2 »
Total..........	5 18 »	5 18 »
Édit d'Août 1781. Dix sols pour livre......................	2 19 »	2 19 »
Déclaration de Janvier 1759. Droits Réservés................	1 10 »	6 » »
Édit d'Août 1781. Dix sols pour livre, modérés à Six sols par Décision du 29 dudit..................................	» 9 »	1 16 »
Total général.....	10 16 »	16 13 »

Cidre, Poiré & Biere, par muid de 144 pots.

Nature des Droits, & Réglemens qui les autorisent.	Cidre.	Poiré.	Biere.
Ord. de 1680, tit. 24, art. 1er. tit. 27, art. 6. Subvention.	» 13 6	» 6 9	» 13 6
Déclarat. des 10 Oct. & 31 Déc. 1689. Jauge-Courtage.	» 9 »	» 9 »	» 9 »
Édit d'Oct. & Arrêt du Conseil du 29 Déc. 1705. Inspect.	» 5 »	» 2 6	» 5 »
Ord. de 1681, tit. 3, art. 1er. Premiere moitié d'Octroi.	» 5 »	» 5 »	» 5 »
Lettres Patentes du 2 Août 1777. Octrois municipaux.	1 1 »	» 14 »	» » »
Total...........	2 13 6	1 17 3	1 12 6
Édit d'Août 1781. Dix sols pour livre...............	1 6 9	» 18 7½	» 16 3
Déclaration de Janvier 1759. Droits Réservés......	» 10 »	» 5 »	» 10 »
Édit d'Août 1781. Dix sols pour liv. modérés à Six sols par Décision du 29 dudit....................	» 3 »	» 1 6	» 3 »
Total...........	4 13 3	3 2 4½	3 1 9
Ordon. de 1680, tit. 27, art. 1er. Droits à la fabrication de la Biere, Contrôle..........................	....	....	1 10 »
Édit d'Août 1781. Dix sols pour livre.............	....	....	» 15 »
Total général.....	4 13 3	3 2 4½	5 6 9

Droits à l'Entrée dans le Bourg de Charleval.

Eau-de-vie & Liqueur, par muid de 144 pots.

Ordon. de 1680, tit. 26, art. 1er. Edit de Déc. 1686. Sur l'Eau-de-vie de vin.	6	15	»
Idem. Tit. 26, art. 3. Subvention.	5	8	»
Déclarations des 10 Oct. & 31 Déc. 1689. Jauge-Courtage.	2	5	»
Édit d'Oct. & Arrêt du Conseil du 29 Déc. 1705. Inspecteurs.	1	10	»
TOTAL.	15	18	»
Édit d'Août 1781. Dix sols pour livre.	7	19	»
TOTAL.	23	17	»
Nota. Si l'Eau-de-vie avoit payé en route les Droits de 6 liv. 15 sols, il faudroit les défalquer du total ci-dessus; ce qui, 10 sols pour liv. compris, fait.	10	2	6
RESTE.	13	14	6

Droits à l'Entrée & aux Inventaires, sur le Vin, par muid de 144 pots.

NATURE DES DROITS, & Réglemens qui les autorisent.	VIN ordinaire.	VIN de Liqueur.
Ordon. de 1680, tit. 4, art. 1er. Anciens & Nouveaux Cinq sols.	» 14 »	» 14 »
Idem. Tit. 24, art. 1er. Subvention.	1 7 »	1 7 »
Déclarations des 10 Oct. & 31 Déc. 1689. Jauge-Courtage.	» 15 »	» 15 »
Édit d'Oct. & Arrêt du Conseil du 29 Déc. 1705. Inspecteurs.	» 10 »	» 10 »
TOTAL.	3 6 »	3 6 »
Édit d'Août 1781. Dix sols pour livre.	1 13 »	1 13 »
TOTAL GÉNÉRAL.	4 19 »	4 19 »

Droits à l'Entrée & au Brassage, sur les Cidre, Poiré & Biere, dans le Bourg de Charleval, par muid de 144 pots.

NATURE DES DROITS, & Réglemens qui les autorisent.	CIDRE.	POIRÉ.	BIERE.
Ord. de 1680, tit. 24, art. 1er. & art. 6. t. 27. Subvention.	» 13 6	6 9 »	» 13 6
Déclar. des 10 Oct. & 31 Déc. 1689. Jauge-Courtage.	» 9 »	» 9 »	» 9 »
Édit d'Août & Arrêt du Conseil du 29 Déc. 1705. Inspect.	» 5 »	» 2 6	» 5 »
TOTAL.	1 7 6	» 18 3	1 7 6
Édit d'Août 1781. Dix sols pour livre.	» 13 9	» 9 $1\frac{1}{2}$	» 13 9
TOTAL.	2 1 3	1 7 $4\frac{1}{2}$	2 1 3
Ordon. de 1680, tit. 27, art 1er. Droits à la fabrication de la Biere, Contrôle.	....	....	1 10 »
Édit d'Août 1781. Dix sols pour livre.	....	....	» 15 »
TOTAL GÉNÉRAL.	2 1 3	1 7 $4\frac{1}{2}$	4 6 3

OBSERVATIONS GÉNÉRALES.

La Déclaration de 1687, assujettit l'Eau de-vie rectifiée au double & l'Esprit-de-vin au triple des Droits de Subvention & de 6 liv. 15 sols, lorsque ces derniers n'ont pas été acquittés en route; mais ces Liqueurs ne doivent les autres Droits que sur le pied de l'Eau-de vie simple.

Les Nobles pour leur Crû, & les Ecclésiastiques pour crû de Bénéfice, sont exempts, les premiers de la Subvention, les seconds des Nouveaux Cinq sols de la Subvention, Jauge-Courtage, & des Droits Réservés, sur le Vin, Cidre & Poiré pour leur consommation seulement, en se conformant à l'Ordonnance & autres Réglemens.

Les Droits de 6 liv. 15 sols relatés aux Entrées sur l'Eau-de-vie, ne sont pas dûs sur l'Eau-de-vie de Cidre & Poiré, & ils se perçoivent sur l'Eau-de-vie de Vin dans les Campagnes comme à l'Entrée des Lieux sujets, lorsqu'ils n'ont pas été payés en route; Édit de Décembre 1686; ce qui forme en principal........................ 6 15 »

Dix sols pour livre........................ 3 7 6

Total.......... 10 2 6

Droits de Sortie du Royaume, sur le Vin.

Par muid de 144 pots.

Ordonnance de 1680, tit 4, art. 16. Anciens & Nouveaux Cinq sols....... » 14 »

Édit d'Août 1781. Dix sols pour livre.. » 7 »

Total.......... 1 1 »

Droits de Gros.

Par l'Arrêt du Conseil de Mars 1753, le Vin destiné pour être consommé dans la Province de Normandie, étant exempt des Droits de Gros au passage dans le Pays de Gros, ils sont dûs lorsque ces Vins s'enlevent de Normandie pour aller à l'Étranger ou dans une autre Province : ils consistent dans le Vingtiéme du prix de la vente, l'Augmentation de 16 sols 3 den. & le Droit de Courtage de 10 sols par muid.

Exemple pour du Vin vendu à 150 liv. le muid.

Gros ou vingtieme........................	7 10 »	8 16 3	13 4 4½
Augmentation........................	» 16 3		
Courtage........................	» 10 »		
Édit d'Août 1781. Dix sols pour livre..............		4 8 1½	

Droits à la Vente & Revente des Boissons, sous la dénomination de Courtiers-Jaugeurs, dans les Lieux dépendans de la Direction d'Andely.

Boissons.	Nature des Droits, & Réglemens qui les autorisent.	Ier. Enlevement.		IIe. Enlevement.	
		Quotité de chaque Droit.	Total par nature de Boissons.	Quotité de chaque Droit.	Total par nature de Boissons.
Eau-de-vie par muid de 144 pots	Tarif de 1696. Courtiers-Jaug.	1 10 8	2 6 »	1 » »	1 10 »
	Édit d'Août 1781. 10 sols p. liv.	» 15 4		» 10 »	
Liqueur, *id.*..	Tarif de 1696. Courtiers-Jaug.	1 18 »	2 17 »	1 10 »	2 5 »
	Édit d'Août 1781. 10 sols p. liv.	» 19 »		» 15 »	
Vin, *id.*.....	Tarif de 1696. Courtiers-Jaug.	» 9 »	» 13 6	» 5 »	» 7 6
	Édit d'Août 1781. 10 sols p. liv.	» 4 6		» 2 6	
Cidre, Poiré & Biere, *id.*	Tarif de 1696. Courtiers-Jaug.	» 4 6	» 6 9	» 2 6	» 3 9
	Édit d'Août 1781. 10 sols p. liv.	» 2 3		» 1 3	

Droits à la Vente & Revente des Boiſſons, ſous la dénomination de Courtiers-Jaugeurs, dans les Lieux dépendans des Élections de Lyons & Neufchâtel, par muid de 144 pots.

Boissons.	Nature des Droits, & Réglemens qui les autoriſent.	Ier. Enlevement.		IIe. Enlevement.	
		Quotité de chaque Droit.	Total par nature de Boiſſons.	Quotité de chaque Droit.	Total par nature de Boiſſons.
Eau-de-vie...	Tarif de 1696. Courtiers-Jaug.	1 10 8	2 6 »	1 » »	1 10 »
	Édit d'Août 1781. 10 ſols p. liv.	» 15 4		» 10 »	
Liqueur.....	Tarif de 1696. Courtiers-Jaug.	1 18 »	2 17 »	1 10 »	2 5 »
	Édit d'Août 1781. 10 ſols p. liv.	» 19 »		» 15 »	
Vin.........	Tarif de 1696. Courtiers-Jaug.	» 6 6	» 9 9	» 2 6	» 3 9
	Édit d'Août 1781. 10 ſols p. liv.	» 3 3		» 1 3	
Cidre, Poiré & Biere	Tarif de 1696. Courtiers-Jaug.	» 3 3	» 4 10½	» 1 3	» 1 10½
	Édit d'Août 1781. 10 ſols p. liv.	» 1 7½		» » 7½	

Droits à la Vente en détail des Boiſſons, dans toute l'étendue de la Direction, à l'exception du grand & petit Andely, de Vernon & Gournay, par muid de 144 pots.

Nature des Droits, & Réglemens qui les autoriſent.	Eau de vie à 3 liv. le pot.	Vin à 1 ſol la pinte.	Cidre à 6 den. la pinte.	Poiré à 6 den. la pinte.	Biere à 12 ſols le pot.
Le Quatriéme ſur l'Eau-de-vie, eſt le tiers du prix de la vente. Ord. de 1680, tit. 26, art. 3. Édit de Déc. 1686....	144 » »				
Sur le Vin, Cidre & Poiré, les Droits de détail ſont le Quatriéme réduit au Huitiéme. Ordon. de 1680, tit. 14, art. 1er & 2......................	» » »	3 18 »	1 18 »	1 18 »	
Sur la Biere, le Quatriéme du prix de la vente, pariſis, ſol & ſix deniers. Ordon. de 1680, tit 27, art. 6......	....	....	....	....	29 1 3
Édit d'Août 1781. Dix ſols pour livre, modérés à 8 ſols par Déciſion du 29 dud.	57 12 »	1 11 2⅓	» 15 2⅔	» 15 2⅔	11 12 6
Total.....	201 12 »	5 9 2⅓	2 13 2⅔	2 13 2⅔	40 13 9
Subvention à la conſommation. Ord. de 1680, tit. 26, art. 3. Édit de Déc. 1686, pour l'Eau-de-vie; tit. 23, art. 1er pour le Vin, Cidre, Poiré, & tit. 27, art. 6, pour la Biere..............	5 8 »	1 7 »	» 13 6	» 6 9	» 13 6
Déclar. du 10 Oct. 1689. Jauge-Court.	2 5 »	» 15 »	» 9 »	» 9 »	» 9 »
Total.....	7 13 »	2 2 »	1 2 6	» 15 9	1 2 6
Édit d'Août 1781. Dix ſols pour livre.	3 16 6	1 1 »	» 11 3	» 7 10½	» 11 3
Total de la Subvention, Jauge-Courtage, & Dix ſols pour livre.....	11 9 6	3 3 »	1 13 9	1 3 7⅔	1 13 9
Rapport du Quatriéme, & 8 ſols p. liv.	201 12 »	5 9 2⅓	2 13 2⅔	2 13 2⅔	40 13 9
Total général...	213 1 6	8 12 2⅓	4 6 11⅓	3 16 9 2/10	42 7 6

Nª. La Jauge Courtage ne ſe perçoit pas au détail dans les Lieux où elle ſe paye à l'Entrée.

DROITS à la Vente en détail des Boissons, dans la Ville du grand Andely.

LES DROITS de Quatrième y sont tirés sur les mêmes principes ; & comme la Jauge & Courtage y est perceptible à l'Entrée, ce Droit n'y est pas dû au détail ; mais le Vin, Cidre & Poiré sont assujettis à une premiere moitié d'Octroi, qui consiste par muid en 4 sols 2 den. pour chacun sol du prix de la Vente. EXEMPLE.

NATURE DES DROITS, & Réglemens qui les autorisent.	Eau de vie à 3 liv. le pot.	Vin à 12 sols le pot.	Cidre à 5 sols le pot.	Biere à 12 sols le pot.	Poiré à 3 sols le pot.
Quatrième par muid de 144 pots. Ord. de 1680.	144 » »	23 8 »	9 2 »	29 1 3	5 10 »
Édit d'Août 1781. Dix sols pour livre, modérés à 8 f. par Décision du 29 dudit.	57 12 »	9 7 2 2/5	3 12 9 3/5	11 12 6	2 4 »
TOTAL.....	201 12 »	32 15 2 2/5	12 14 9 3/5	40 13 9	7 14 »
Subvention à la consommation. Ord. de 1680, tit. 26, art. 3. Édit de Déc. 1686, pour l'Eau de vie ; tit. 23, art. 1er pour le Vin, Cidre, Poiré, & tit. 27, art. 6, pour la Biere.	5 8 »	1 7 »	» 13 6	» 13 6	» 6 9
Premiere moitié d'Octroi, 4 f. 2 den. par muid pour chaque sol.	....	2 10 »	1 » 10	2 10 »	» 12 6
TOTAL.....	5 8 »	3 17 »	1 14 4	3 3 6	» 19 3
Édit d'Août 1781. Dix sols pour liv.	2 14 »	1 18 6	» 17 2	1 11 9	» 9 7½
TOTAL de la Subvention, premiere moitié d'Octroi, & Dix sols pour liv...	8 2 »	5 15 6	2 11 6	4 15 3	1 8 10½
Rapport du Quatrième, & 8 sols p. liv.	201 12 »	32 15 2 2/5	12 14 9 3/5	40 13 9	7 14 »
TOTAL GÉNÉRAL...	209 14 »	38 10 8 2/5	15 6 3 3/5	45 9 »	9 2 10½

DROITS à la Vente en détail des Boissons, dans la Ville du petit Andely, par muid de 144 pots.

CETTE VILLE n'est pas sujette à la Jauge-Courtage au détail ; & avec le Quatrième & la Subvention sur le Vin, il s'y perçoit une premiere moitié d'Octroi, consistant par muid en 1 liv. 13 sols du premier sol, & en 4 sols 2 den. pour chacun des autres sols du prix de la vente en détail. SAVOIR ;

NATURE DES DROITS, & Réglemens qui les autorisent.	Eau de vie à 3 liv. le pot.	Vin à 12 sols le pot.	Cidre à 5 sols le pot.	Biere à 12 sols le pot.	Poiré à 3 sols le pot.
Ordon. de 1680. Quatrième......	144 » »	23 8 »	9 2 »	29 1 3	5 10 »
Édit d'Août 1781. Dix sols pour livre, modérés à 8 f. par Décision du 29 dudit.	57 12 »	9 7 2 2/5	3 12 9 3/5	11 12 6	2 4 »
TOTAL.....	201 12 »	32 15 2 2/5	12 14 9 3/5	40 13 9	7 14 »
Subvention à la consommation. Ord. de 1680, tit. 26, art. 3. Édit de Déc. 1686, pour l'Eau de vie ; tit. 23, art. 1er pour le Vin, Cidre, Poiré, & tit. 27, art. 6, pour la Biere.	5 8 »	1 7 »	» 13 6	» 13 6	» 6 9
Trente-trois sols du premier sol.....	....	1 13 »	1 13 »	1 13 »	1 13 »
Quatre sols deux den. des autres sols.	....	2 5 10	» 16 8	2 5 10	» 8 4
TOTAL.....	5 8 »	5 5 10	3 3 2	4 12 4	2 8 1
Édit d'Août 1781. Dix sols pour liv.	2 14 »	2 12 11	1 11 7	2 6 2	1 4 »½
TOTAL de la Subvention, premiere moitié d'Octroi, & Dix sols pour liv..	8 2 »	7 18 9	4 14 9	6 18 6	3 12 1½
Rapport du Quatrième & 8 sols p. liv.	201 12 »	32 15 2 2/5	12 14 9 3/5	40 13 9	7 14 »
TOTAL GÉNÉRAL..	209 14 »	40 13 11 2/5	17 9 6 3/5	47 12 3	11 6 1½

DROITS à la Vente en détail des Boiſſons, dans les Villes de Vernon & Gournay.

CES VILLES ſont dans le même cas que les Andelys, pour la Jauge-Courtage ; & il s'y perçoit en ſus du Quatriéme avec la Subvention, une premiere moitié d'Octroi, qui conſiſte en 4 ſols 6 den. par muid, pour chacun ſol du prix de la vente, ſur le Vin, Cidre, Biere & Poiré. *EXEMPLE.*

NATURE DES DROITS, & Réglemens qui les autoriſent.	Eau de vie à 3 liv. le pot.	Vin à 12 ſols le pot.	Cidre à 5 ſols le pot.	Biere à 12 ſols le pot.	Poiré à 3 ſols le pot.
Ordonnance de 1680. Quatriéme...	144 » »	23 8 »	9 2 »	29 1 3	5 10 »
Edit d'Août 1781. Dix ſols pour livre, modérés à 8 ſols par Déciſion du 29 dud.	57 12 »	9 7 $2\frac{2}{5}$	3 12 $9\frac{3}{5}$	11 12 6	2 4 »
TOTAL.....	201 12 »	32 15 $2\frac{2}{5}$	12 14 $9\frac{3}{5}$	40 13 9	7 14 »
Subvention à la conſommation. Ord. de 1680, tit. 26, art. 3. Édit de Déc. 1686, pour l'Eau-de-vie ; tit. 23, art. 1er. pour le Vin, Cidre, Poiré, & tit. 27, art. 6, pour la Biere..............	5 8 »	1 7 »	» 13 6	» 13 6	» 6 9
Prem. moitié d'Octroi, 4 ſ. 6 d. par ſol.	....	2 14 »	1 2 6	2 14 »	» 13 6
TOTAL.....	5 8 »	4 1 »	1 16 »	3 7 6	1 » 3
Édit d'Août 1781. Dix ſols pour livre.	2 14 »	2 » 6	» 18 »	1 13 9	» 10 $1\frac{1}{2}$
TOTAL de la Subvention, 4 ſols 6 d. par ſol, & Dix ſols pour livre........	8 2 »	6 1 6	2 14 »	5 1 3	1 10 $4\frac{1}{2}$
Rapport du Quatriéme & 8 ſols p. liv.	201 12 »	32 15 $2\frac{2}{5}$	12 14 $9\frac{3}{5}$	40 13 9	7 14 »
TOTAL GÉNÉRAL...	209 14 »	38 16 $8\frac{2}{5}$	15 8 $9\frac{3}{5}$	45 15 »	9 4 $4\frac{1}{2}$

LORSQUE le Vin eſt vendu plus d'un ſol la pinte, les Droits de Quatriéme ſont augmentés à raiſon de 3 liv. 18 ſols par chaque ſol, & lorſque le Cidre & Poiré ſont auſſi vendus plus de 6 deniers la pinte, les Droits ſont augmentés à raiſon de 6 ſols par chaque denier. Art. ci-deſſus cités.

Les Droits de Détail ſont également dûs conformément au Tarif ci-deſſus, ſur les Boiſſons arrivantes & tranſportées en bouteilles : Lettres-Patentes du 25 Mai 1728, aux exceptions y portées, & qui tombent ſur le Vin de liqueur venant en caiſſes, les Vins de Champagne gris, qui viennent en panniers de 100 bouteilles, & les Vins tant pour la conſommation des Gens qualifiés qui vont dans leurs Terres, que pour celle de tous autres allant aux Eaux de Forges, en ſe conformant à l'Ordonnance & autres Réglemens.

Les Eaux-de-vie tranſportées en barils au-deſſous de 60 pintes, ſont auſſi aſſujetties aux Droits de Détail : Lettres-Patentes du 24 Août 1728. Ils ſont encore dûs par les Bouilleurs & Marchands en gros d'Eau-de-vie, ſur les manquans à leurs charges, déduction faite du 21e pour 20 : Lettres-Patentes citées ci-deſſus. Et les Soumiſſionnaires d'Eau-de-vie ſont aſſujettis au payement du double deſdits Droits, ſur les Eaux-de-vie pour leſquelles ils ne rapportent pas, dans les trois mois, Certificats d'arrivée : Lettres-Patentes des 4 Juin 1726 & 2 Mars 1728.

DROIT ANNUEL.

NATURE DES DROITS, & Réglemens qui les autoriſent.	DANS LES VILLES. Principal.	10 ſ. p. l.	TOTAL.	DANS LES AUTRES LIEUX. Principal.	10 ſ. p. l.	TOTAL.
Ordon. de 1680, tit 29, art. 1er. pr le principal, & Édit d'Août 1781, pour les Dix ſols pour llivre......	8 » »	4 » »	12 » »	6 10 »	3 5 »	9 15 »

CE DROIT eſt dû en entier par tous les Marchands en gros, Bouilleurs, Braſſeurs, Cabaretiers, Taverniers & autres vendans en détail ; & les Détailleurs de Biere ne doivent que la moitié de l'Annuel. Ordon. de 1680, tit. 29, art. 7.

BESTIAUX.

DROITS sur les Bestiaux à l'Entrée & au Massacre, dans les Villes des Andelys.

NATURE DES DROITS, & Réglemens qui les autorisent.	Bœuf ou Vache.	Veau ou Genisse.	Mouton & Chevre.	Porc.	Livre de Viande.	Livre de Porc.
Édit de Février & Arrêt du Conseil du 19 *Avril* 1704. Inspecteurs.	2 » »	» 12 »	» 4 »	....	» » 2	
Lettres-Patentes du 2 Août 1777. Octrois municipaux............	1 1 »	» 4 5	» 1 5	....	» » 1	
TOTAL.....	3 1 »	» 16 5	» 5 5	....	» » 3	
Édit d'Août 1781. Dix sols p. liv.	1 10 6	» 8 $2\frac{1}{2}$	» 2 $8\frac{1}{2}$	....	» » $1\frac{1}{2}$	
Décl. de Janv. 1759. Droits Réserv.	2 » »	» 13 4	» 5 »	» 13 4	à propor	tion.
Édit d'Août 1781. Dix sols p. liv. mod. à 6 f. par Décision du 29 dudit.	» 12 »	» 4 »	» 1 6	» 4 »	*id*	*em.*
TOTAL GÉNÉRAL...	7 3 6	2 1 $11\frac{1}{2}$	» 14 $7\frac{1}{2}$	» 17 4	» » $4\frac{1}{2}$	

DROITS sur les Bestiaux à l'Entrée & au Massacre dans la Ville de Vernon.

NATURE DES DROITS, & Réglemens qui les autorisent.	Bœuf.	Vache.	Veau ou Genisse.	Mouton & Chevre.	Porc.	Livre de Viande.	Livre de Porc.
Édit de Fév. & Arrêt du Conseil du 19 *Avril* 1704. Inspecteurs.............	2 » »	2 » »	» 12 »	» 4 »	....	» » 2	
Octroi au Massacre. Arrêt du Conf. du 18 Août 1685; & pour les Porcs, Chartre de Déc. 1663 & Ordon. de 1681.c............	» 14 »	» 6 6	» 2 »	» 1 8	» 2 6	» » 1	à propon.
Lettres-Pat. du 2 Août 1777. Octrois municipaux.	1 1 »	1 1 »	» 4 5	» 2 3	....	» » 1	
TOTAL.....	3 15 »	3 7 6	» 18 5	» 7 11	» 2 6	» » 4	
Édit d'Août 1781. Dix sols pour livre.............	1 17 6	1 13 9	» 9 $2\frac{1}{2}$	» 3 $11\frac{1}{2}$	» 1 3	» » 2	à propon.
Déclarat. de Janv. 1759. Droits Réservés........	2 » »	2 » »	» 13 4	» 5 »	» 13 4	à propor	tion.
Édit d'Août 1781. Dix sols pour liv. modérés à 6 f. par Décision du 29 dudit.	» 12 »	» 12 »	» 4 »	» 1 6	» 4 »	*id*	*em.*
TOTAL GÉNÉRAL.	8 4 6	7 13 3	2 4 $11\frac{1}{2}$	» 18 $4\frac{1}{2}$	1 1 1	» » 6	

Nota. Les Bourgeois pour leur consommation, sont exemts de la premiere moitié d'Octroi au massacre, & Dix sols pour livre d'icelle, sur les Porcs seulement.

DROITS sur les Bestiaux à l'Entrée & au Massacre dans la Ville de Gournay.

NATURE DES DROITS, & Réglemens qui les autorisent.	Bœuf ou Vache.	Veau ou Genisse.	Mouton & Chevre.	Porc.	Livre de Viande.	Livre de Porc.
Édit de Fev. & Arrêt du Conseil du 19 Août 1704. Inspecteurs....	2 » »	» 12 »	» 4 »	....	» » 2	
Édit d'Août 1781. Dix sols p. liv.	1 » »	» 6 »	» 2 »	....	» » 1	
Décl. de Janv. 1759. Droits Rés.	2 » »	» 13 4	» 5 »	» 13 4	à propor	tion.
Édit d'Août 1781. Dix sols p. liv. mod. à 6 s. par Décision du 29 dud.	» 12 4	» 4 »	» 1 6	» 4 »	id	em.
TOTAL......	5 12 »	1 15 4	» 12 6	» 17 4	» » 3	

DROITS sur les Bestiaux à l'Entrée & au Massacre dans le Bourg d'Écouis.

NATURE DES DROITS, & Réglemens qui les autorisent.	Bœuf ou Vache.	Veau ou Genisse.	Mouton & Chevre.	Porc.	Livre de Viande.	Livre de Porc.
Édit de Fév. & Arrêt du Conseil du 19 Août 1704. Inspecteurs....	2 » »	» 12 »	» 4 »	....	» » 2	
Édit d'Août 1781. Dix sols p. liv.	1 » »	» 6 »	» 2 »	....	» » 1	
Décl. de Janv. 1759. Droits Rés.	1 » »	» 6 8	» 3 »	» 6 8	à propor	tion.
Édit d'Août 1781. Dix sols p. liv. mod. à 6 s. par Décision du 29 dud.	» 6 »	» 2 »	» » $10\frac{4}{5}$	» 2 »	id	em.
TOTAL......	4 6 »	1 6 8	» 9 $10\frac{4}{5}$	» 8 8	» » 3	

DROITS sur les Bestiaux à l'Entrée & au Massacre dans le Bourg de Charleval, & dûs par les Bouchers maîtres & fils de maîtres, avant l'abatis dans les campagnes, & par tous les autres Bouchers, à la vente hors domicile.

NATURE DES DROITS, & Réglemens qui les autorisent.	Bœuf ou Vache.	Veau ou Genisse.	Mouton & Chevre.	Livre de Viande.
Édit de Fév. & Arrêt du Conseil du 19 Août 1704. Inspecteurs..................................	2 » »	» 12 »	» 4 »	» » 2
Édit d'Août 1781. Dix sols pour livre............	1 » »	» 6 »	» 2 »	» » 1
TOTAL.....	3 » »	» 18 »	» 6 »	» » 3

DENRÉES ET MARCHANDISES.

DROITS sur les Bois, Foins & Suifs, dans les Villes des Andelys & Vernon.

NATURE DES DROITS, & Réglemens qui les autorisent.	Corde de buches à bruler.	Bois à œuvrer & œuvré. Voiture à 3 chev.	Cent de bottes de Foin.	Cent de Cotterets ablettes, Fagots, Bourées.	Somme de Fagots, Buchts, Souches, à 1 cheval.	Sommes d'Anes.	Cent pesant de Suif.
Lettres-Patentes du 2 Août 1777. Octrois municipaux.	1 8 »	....	1 8 »	» 14 »	» 3 6	....	» 14 »
Édit d'Août 1781. Dix sols pour livre....	» 14 »	....	» 14 »	» 7 »	» 1 9	....	» 7 »
TOTAL....	2 2 »	....	2 2 »	1 1 »	» 5 3	....	1 1 »
Déclaration de Janvier 1759, & Arrêt du Conseil du 13 Déc. 1776. Droits Réservés, sur une voiture à trois chevaux........	» 10 »	» 10 »	» 10 »	» 10 »	» 1 »	» » 6	
Édit d'Août 1781. Dix sols pour livre, modérés à 6 sols par Décision du 29 dudit.	» 3 »	» 3 »	» 3 »	» 3 »	» » $3\frac{3}{5}$	» » $1\frac{4}{5}$	
TOTAL GÉNÉRAL...	2 15 »	» 13 »	2 15 »	1 14 »	» 6 $6\frac{3}{5}$	» » $7\frac{4}{5}$	1 1 »

N°. Les voitures attelées de plus de trois chevaux, payent à proportion les Droits Réservés, à raison de chaque cheval en sus. Si la voiture n'est attelée que de deux chevaux, elle ne paye que 9 sols 9 den. Si elle ne l'est que d'un cheval, elle ne doit que 6 sols 6 den. 6 sols pour livre compris. Il n'y a de Bois exemts des Droits Réservés, que ceux désignés par les Lettres-Patentes de 1778, & qui sont les Bourées ou Fagots sans paremens, d'épines, ronces, &c.

DROITS sur les Bois & Foins, Charbons & Huiles, dans la Ville de Gournay.

NATURE DES DROITS, & Reglemens qui les autorisent.	La Corde de Bois.	Bois à œuvrer.	Cent de Fagots.	Somme de Bois & Fagots, à un chev.	Cent de Foin.	Charetée de Charbon.	Somme de Charbon.	Somme d'Anes.	Huiles, barils de 108 pot
Lettres-Pat. du 2 Août 1777. Oct. municipaux.	» 12 3	....	» 12 3	» 1 9	» 10 6	» 12 3	» 1 9	....	1 15 »
Édit d'Août 1781. Dix sols pour livre........	» 6 $1\frac{1}{2}$	....	» 6 $1\frac{1}{2}$	» » $10\frac{1}{2}$	» 5 3	» 6 $1\frac{1}{2}$	» » $10\frac{1}{2}$	....	» 17 6
TOTAL.....	» 18 $4\frac{1}{2}$	....	» 18 $4\frac{1}{2}$	» 2 $7\frac{1}{2}$	» 15 9	» 18 $4\frac{1}{2}$	» 2 $7\frac{1}{2}$	....	2 12 6
Déclar de Janv. 1759, & Arrêt du Conseil du 13 Déc. 1776. Droits Rés. par voiture à 3 chevaux.	» 10 »	» 10 »	» 10 »	» 1 »	» 10 »	....	....	» » 6	
Édit d'Août 1781. Dix sols pour liv. mod. à 6 s. par Décision du 29 dudit	» 3 »	» 3 »	» 3 »	» » $3\frac{3}{5}$	» 3 »	....	....	» » $1\frac{4}{5}$	
TOTAL GÉNÉRAL	1 11 $4\frac{1}{2}$	» 13 »	1 11 $4\frac{1}{2}$	» 3 $11\frac{1}{10}$	1 8 9	» 18 $4\frac{1}{2}$	» 2 $7\frac{1}{2}$	» » $7\frac{4}{5}$	2 12 6

Les voitures attelées de plus de trois chevaux, payent les Droits Réservés, à raison de chaque cheval en sus. Si la voiture n'est attelée que de deux chevaux, elle ne paye que 9 sols 9 den. Si elle ne l'est qu'à un cheval, elle ne doit que 6 sols 6 den. six sols pour livre compris.

Au surplus, il n'y a de Bois & Fagots exemts de payer les Droits Réservés, que ceux désignés par les Lettres-Patentes des 4 Juin & Août 1778, & qui sont les Bourées ou Fagots sans paremens, d'épines, ronces, &c.

Droits de premiere moitié d'Octroi à Vernon, perceptibles dans des cas particuliers.

Bestiaux vendus au Marché.

Nature des Droits, & Réglemens qui les autorisent.	Bœuf.	Vache, Bouc & Chevre.	Porc.	Mouton, Brebis & Agneau.	Cheval, Cavale, Poulain & Mulet.
Arrêts du Conseil des 16 Nov. 1640 & 27 Janv. 1644, Charte de Déc. 1663, Ordonnance de 1681. Premiere moitié d'Octroi....................	» 4 »	» 3 »	» 2 »	» » 2	» » 3 d. du prix de vente
Édit d'Août 1781. Dix sols pour livre.........	» 2 »	» 1 6	» 1 »	» » 1	» » 1½
Total............	» 6 »	» 4 6	» 3 »	» » 3	» » 4½ du prix de vente

Batteaux montans ou descendans la Riviere, & Charetées & Sommes traversant la Ville.

Nature des Droits, & Réglemens qui les autorisent.	Courbe à 2 chevaux.	Charetée de Marchandise, Graine & Boisson exceptés.	Somme de Marchandise, Graine, & Boisson exceptés.
Chartes de Sept. 1474 & de Mai 1506, Arrêt du Conseil du 31 Juil. 1696, Ordonnance de 1681. Premiere moitié d'Octroi......................	» 10 »		
Arrêt du Conseil du 27 Janvier 1644 & Charte de Décembre 1663, Ordonnance de 1681. Premiere moitié d'Octroi......................	....	» 1 6	» » 6
Édit d'Août 1781. Dix sols pour livre..............................	» 5 »	» » 9	» » 3
Total............	» 15 »	» 2 3	» » 9

Poisson.

Nature des Droits, & Réglemens qui les autorisent.	Somme de Poisson frais.	Baril de Harengs & autres Poiss. salés.	Poignée de Morue.
Arrêt du Conseil du 27 Janvier 1644, Charte de Décembre 1683, Ordonnance de 1681. Premiere moitié d'Octroi......................	» 7 6	» 10 »	» » 6
Édit d'Août 1781. Dix sols pour livre..............................	» 3 9	» 5 »	» » 3
Total............	» 11 3	» 15 »	» » 9

DROITS sur les Huiles, à la fabrication, dans toute la Direction.

RÉGLEMENS.	NATURE DES DROITS.	Principal	10 f. p. l.	TOTAL.
Déclaration du Roi, de 1716. Édit d'Août 1781, pour le doublement & les Dix sols pour livre.	Par livre pesant d'Huile de poisson, d'olive, d'amende, de noix & autres fruits..............................	» 1 »	» » 6	» 1 6
	Par livre d'Huile de térébentine, lin, chenevis, rabette, navette & autres graines..........................	» » 6	» » 3	» » 9
	Par livre d'Huile d'essence, & autres de plus grande valeur que celles sujettes aux droits d'un sol..................	» 2 »	» 1 »	» 3 »
	Si le droit principal est de plus de 3 liv. il est payé pour l'acquit.	» 5 »	» 2 6	» 7 6
	S'il n'est que de 3 liv. ou d'une moindre somme jusqu'à 20 f. inclusivement, le droit d'acquit est de..................	» 2 »	» 1 »	» 3 »

Le Droit d'Acquit n'a pas lieu, lorsque le principal est au dessous de 20 sols.

DROITS sur les Cuirs & Peaux.

OBJETS SUJETS AUX DROITS, & Réglemens qui en autorisent la perception.	CUIRS ET PEAUX à la Fabrication.			CUIRS ET PEAUX à l'Exportation.			CUIRS & Peaux à l'Import.
	Principal	10 f. p. l.	TOTAL.	Principal	10 f. p. l.	TOTAL.	
Par Édit d'Août 1759, 18 Juill. & 13 Nov. 1760, pour le principal, assujetti aux Dix sols pour liv. par Édit d'Août 1781, il est dû sur les Cuirs & Peaux ci-après; *Savoir*; Par livre de Cuir de Bœuf & Vache à fort & à œuvre, Veaux, Moutons, Agneaux, Chevreaux, Porcs & Sangliers, tannés & apprêtés en toutes sortes d'apprêts; ci, par livre pesant..........................	» 2 »	» 1 »	» 3 »				Dix pour cent de leur valeur.
Chevaux, Mulets, Asnes.............	» 1 »	» » 6	» 1 6				
Cerfs, Élans, Orignaux.............	» 6 »	» 3 »	» 9 »				
Boucs & Chèvres....................	» 4 »	» 2 »	» 6 »				
Chamois, Daims & Chevreuils.......	» 10 »	» 5 »	» 15 »				
Cuirs & Peaux non-dénommés ci-dessus, 10 pour 100 de leur valeur............	*Mémoire.*						
Par piece de Cuir de Bœuf & Vache, en verd en demi-apprêt, venant de l'étranger.	....	....	....	6 » »	3 » »	9 » »	
Peau de Veau, *idem*.................	....	....	....	1 » »	» 10 »	1 10 »	
Peau de Mouton......................	....	....	....	» 10 »	» 5 »	» 15 »	

N^a. Tous les Cuirs apprêtés & qui ont payé les Droits, les deux tiers du principal en sont restitués lorsque lesdits Cuirs passent à l'étranger, en remplissant les formalités.

DROITS sur la Marque d'Or & d'Argent.

RÉGLEMENS.	OBJETS SUJETS AUX DROITS.	Principal.	10 f. p. l.	TOTAL.
Ordon. de 1681, art. 1er. tit. 2, & Édit de Mai 1723, pour le principal. Édit d'Août 1781, pour les Dix sols pour livre.	Or, par marc..................	33 12 »	16 16 »	50 8 »
	Argent, par marc..............	2 16 »	1 8 »	4 4 »

DROITS sur le Timbre des Quittances pour la Régie & pour les Parties étrangères.

Ordonnance de 1680, tit. 23, Déclaration de 1690, Édit de 1748, Déclaration de 1771, & Lettres-Patentes de 1780, art. 10. Par Quittance de 5 sols & au-dessus	»	»	10
Édit d'Août 1781. Dix sols pour livre	»	»	5
TOTAL	»	1	3

N. Les Congés & Expéditions qui ne sont point des Quittances de Droits, doivent les Droits de Timbre. Ordonnance de Juillet 1681, tit. commun, art. 16, Déclaration de 1771, & Lettres-Patentes de 1780, art. 10.

DROITS sur les Papiers & Cartons.

Tarif imprimé séparément.

DROITS sur l'Amidon & Poudre à poudrer.

RÉGLEMENS.	AMIDON à la Fabrication.			AMIDON ET POUDRE venant de l'étranger.		
	Par Muid.			*Par livre pesant.*		
Édit de 1771 & Arrêt du Conseil du 10 Déc. 1778	7	10	»	»	4	»
Édit d'Août 1781. Dix sols pour livre	3	15	»	»	2	»
TOTAL	11	5	»	»	6	»

OBSERVATION.

Les articles de Droits qui, payés séparément, ne forment pas une somme de 6 deniers, ne doivent pas de Sols pour livre dans ces cas.

DÉNOMINATION DES DROITS étrangers à la Régie, & dont les Dix sols pour livre sont dûs au Roi.

SAVOIR.

NOMS DES LIEUX.	DÉNOMINATION DES DROITS.
Grand Andely	Deuxiéme moitié d'Octroi au détail, appartenant à la Ville. Droits de Foires sur les Bestiaux, appartenans à la Ville & à l'Hôpital Saint Jacques.
Petit Andely	Deuxiéme moitié d'Octroi au détail, appartenant à la Ville.
Vernon	Deuxiéme moitié d'Octroi à l'entrée & au détail, appartenant à la Ville. *Idem.* Sur les Charettes, Bêtes de somme, Batteaux montans & descendans la Seine, Bestiaux vendus aux marchés, Porcs au massacre, Poisson de mer, frais, sec & salé; le tout appartenant à la Ville.
Gournay	Deuxième moitié d'Octroi au détail, appartenant à la Ville. Octroi dit *des Fontaines*, sur les Boissons, Foins & Bois, appartenant à la Ville, & sujet seulement aux Sols pour liv. par Décision du Conseil du 4 Octobre 1781.

TARIF
DES DROITS DÉPENDANS DE LA RÉGIE GÉNÉRALE,
Dûs dans la Direction DE CAUDEBEC.

BOISSONS.

Droits à l'Entrée & au Braſſage ſur les Boiſſons, dans la Ville de CAUDEBEC,

Eau-de-vie & Liqueur, par muid de 144 pots.

	liv.	ſols.	den.
Ordonnance de 1680. tit. 26. art. Ier. Edit de Déc. 1686, ſix liv. quinze ſols.	6.	15.	//
Ordonnance de 1680. tit. 26. art. 3e. Subvention.	5.	8.	//
Déclarations des 10 Oct. & 31 Déc. 1689. Jauge & Courtage.	2.	5.	//
Edit d'Octobre & Arrêt du Conſeil du 29 Déc. 1705. Inſpecteurs.	1.	10.	//
Arrêt du Conſeil du 20 Décembre 1746, & Lettres-Patentes du 2 Août 1777. Octrois Municipaux.	7.	//	//
TOTAL.	22.	18.	//
Edit d'Août 1781. Dix ſols pour livre.	11.	9.	//
Déclaration du Roi de Janvier 1759. Droits reſervés.	14.	8.	//
Edit d'Août 1781. Dix ſols pour l., modéré à 6 ſ. par déciſion du 29 dudit mois.	4.	6	4 $\frac{4}{5}$
TOTAL général.	53.	1.	4 $\frac{4}{5}$
Nota. Les droits de 8 livres 15 ſols ne ſe payent point ſur les Eaux-de-vie, lorſque l'on juſtifie qu'ils ont été payés en route, & alors il faut retirer pour ces droits & les 10 ſols pour livre, ci	10.	2.	//
RESTE.	42.	18.	10 $\frac{4}{5}$

Vin ordinaire, par muid de 144 pots.

	liv.	ſols.	den.
Ordonnance de 1680. art. Ier. titre 2. Neuf livres par tonneau.	4.	//	9.
Ordonnance de 1680. art. Ier. tit. 4. anciens & nouveaux cinq ſols.	//	14.	//
Idem, tit. 14. art. Ier. Subvention.	1.	7.	//
Déclarations des 10 Octobre & 31 Décembre 1689. Jauge & Courtage.	//.	15.	//
Edit d'Octobre & Arrêt du Conſeil de 1705. Inſpecteurs.	//	10.	//
Ordonn. de 1681. tit. 3. & Décl. du 23 Janv. 1719. Premiere moitié d'Octrois.	//	6.	10.
Lettres-Patentes des 20 Déc. 1746, & 2 Août 1777. Octrois Municipaux.	1.	15.	//
TOTAL.	9.	8.	7
Edit d'Août 1781. Dix ſols pour livre.	4.	14.	3 $\frac{1}{2}$
Déclaration du Roi de Janvier 1759. Droits reſervés.	1.	10.	//
Edit d'Août 1781, 10 ſ. pour liv., modérés à 6 ſ. par déciſion du 29 dud. mois.	//	9.	//
TOTAL général.	16.	1.	10 $\frac{1}{2}$
Le Vin de liqueur paye les mêmes droits à l'exception des Droits reſervés, qui ſont de 6 liv., & forment par conſéquent une augmentation, ſix ſols pour livres compris, de.	5.	17.	//
TOTAL.	21.	18.	10 $\frac{1}{2}$
Nota. S'il étoit juſtifié du payement des droits de 4 liv. 9 den., il y auroit 6 l. 1 ſ. 1 d $\frac{1}{2}$ à déduire, ce qui ne feroit plus pour le Vin ordinaire que.	10.	//	9.
Et pour le Vin de liqueur.	15.	17.	9.

Cidre, Poiré & Bierre, par muid de 144 pots.

Nature des Droits & Réglemens qui les autorisent.	Cidre.	Poiré.	Biere.
Ord. de 1680, tit. 24. art. Ier. & tit. 27. art. 6. Subvention.	″ 13. 6.	″ 6. 9.	″ 13. 6.
Déclarat. des 10 Oct. & 31 Déc. 1689, Jauge & Courtage.	″ 9. ″	″ 9. ″	″ 9. ″
Edit d'Oct. & Arrêt du Conseil du 20 Déc. 1705. Inspecteurs.	″ 5. ″	″ 2. 6.	″ 5. ″
Ordonnance de 1681. tit. 3. & Décl. du 13 Janvier 1719. Premiere moitié d'Octroi.	″ 6. 2.	″ 6. 2.	″ 6. 2.
Tarif de 1746, & Lettres-Pat. de prorogation du 2 Août 1777. Octrois Municipaux.	″ 17. 6.	″ 8. 9.	″ 8. 9.
TOTAL.	2. 11. 2.	1. 13. 2.	1. 2. 5.
Edit d'Août 1781. Dix sols pour livre.	1. 6. 1.	″ 16. 7.	1. 1. 2 $\frac{1}{2}$
Déclarations du Roi de Janvier 1759. Droits reservés.	″ 10. ″	″ 5. ″	″ 10. ″
Edit d'Août 1781, 10 sols pour livre, modérés à 6 sols par décision du 29 dudit mois.	″ 3. ″	″ 1. 6.	″ 3. ″
TOTAL général.	4. 9. 9.	2. 16. 3.	3. 16. 7 $\frac{1}{2}$
Ordonnance de 1680. art. Ier. tit. 27. la Biere doit à la fabrication le droit de Contrôle.			1. 10. ″
Edit d'Août 1781. Dix sols pour livre.			″ 15. ″
TOTAL général.	4. 9. 9.	2. 16. 3.	6. 1. 7 $\frac{1}{2}$

Droits sur les Boissons en passe-debout.

Droits & Réglemens qui les autorisent.	Vin.	Cidre Poiré & Biere.
Ordonnance de 1681 & Déclaration du Roi du 23 Janvier 1719. Premiere moitié d'Octroi par chaque muid de 144 pots.	″ 2. 6.	″ 1. ″
Edit d'Août 1781. Dix sols pour livre.	″ 1. 3.	″ ″ 6.
TOTAL.	″ 3. 9.	″ 1. 6.

Droits sur les Boissons, à l'Entrée & au Brassage, dans les Bourgs de BOLBEC, FAUVILLE, CANI & DOUDEVILLE.

Eau-de-vie & Liqueur, par muid de 144 pots.

Ordonnance de 1680. art. 3e. tit. 26. Subvention.	5.	8.	″
Déclarations des 10 Octobre & 31 Décembre 1689. Jauge & Courtage.	2.	5.	″
Edit d'Octobre & Arrêt du Conseil du 20 Décembre 1705. Inspecteurs.	1.	10.	″
TOTAL.	9.	3.	″
Edit d'Août 1781. Dix sols pour livre.	4.	11.	6.
Déclaration du Roi de Janvier 1759. Droits reservés.	14.	8.	″
Edit d'Août 1781. Dix sols pour liv., modérés à 6 sols par décision du 29 dudit.	4.	6.	4 $\frac{4}{5}$
TOTAL général.	32.	8.	10 $\frac{4}{5}$
Nota. Sur l'Eau de-vie de vin dont l'on ne justifieroit point le payement des 6 liv. 15 f. il seroit ajouté pour lesdits droits dix sols pour livre compris.	10.	2.	6.
TOTAL général.	42.	11.	4 $\frac{4}{5}$

Vin ordinaire, par muid de 144 pots.

Ordonnance de 1680. art. Ier. tit. 4, anciens & nouveaux cinq sols.	//	14.	//
Idem, art. Ier. tit. 24. Subvention.	1.	7.	//
Déclarations des 10 Octobre & 31 Décembre 1689. Jauge & Courtage. . . .	//	15.	//
Edit d'Octobre & Arrêt du Conseil du 29 Décembre 1705. Inspecteurs.	//	10.	//
TOTAL.	3.	6.	//
Dix sols pour livre, Edit d'Août 1781.	1.	13.	//
Déclaration du Roi de Janvier 1759. Droits réservés.	1.	5.	//
Edit d'Août 1781. Dix sols pour liv., modérés à 6 sols par décision du 29 dudit. .	//	7.	6.
TOTAL général.	6.	11.	6.
Le Vin de liqueur paye les mêmes droits, à l'exception des droits réservés, qui étant de 6 liv., font, 6 sols pour livre compris, une augmentation de. . .	6.	3.	6.
TOTAL. . . .	12.	15.	//

Cidre, Poiré & Bierre, par muid de 144 pots.

Nature des Droits & Réglemens qui les autorisent.	Cidre.	Poiré.	Biere.
Ord. de 1680. tit. 24. art. Ier. & tit. 27. art. 6. Subvention.	// 13. 6.	// 6. 9.	// 13. 6.
Déclar. des 10 Oct. & 31 Déc. 1689. Jauge & Courtage.	// 9. //	// 9. //	// 9. //
Edit d'Octobre & Arrêt du Conseil du 29 Décembre 1705. Inspecteurs.	// 5. //	// 2. 6.	// 5. //
TOTAL.	1. 7. 6.	// 18. 3.	1. 7. 6.
Edit d'Août 1781. Dix sols pour livre.	// 13. 9.	// 9. 1 1/2	// 13. 9.
Déclaration du Roi de Janvier 1759. Droits réservés. .	// 10. //	// 5. //	// 10. //
Edit d'Août 1781. Dix sols pour livre, modérés à 6 sols par décision du 29 dudit mois.	// 3. //	// 1. 6.	// 1. //
TOTAL général.	2. 14. 3.	1. 10. 10 1/2	2. 14. 3.
Ord. de 1680. art. Ier, tit. 27. la Biere doit à la fabrication le droit de contrôle, ci. .			1. 10. //
Edit d'Août 1781. Dix sols pour livre.			// 15. //
TOTAL général. . . .			4. 19. 3.

Droits sur les Boissons, à l'Entrée & au Brassage, dans le Bourg de LILLEBONNE.

Eau-de-vie & Liqueur, par muid de 144 pots.

Ordonnance de 1680. tit. 26. art. 3e. Subvention.	5.	8.	//
Déclarations des 10 Octobre & 31 Décembre 1689. Jauge & Courtage. . .	2.	5.	//
Edit & Arrêt du Conseil du 29 Décembre 1705. Inspecteurs.	1.	10.	//
TOTAL.	9.	3.	//
Edit d'Août 1781. Dix sols pour livre.	4.	11.	6.
Déclaration du Roi de Janvier 1759. Droits réservés.	14.	8.	//
Edit d'Août 1781, Dix s. pour l., modérés à 6 s. par décision du 29 du même mois.	4.	6.	4 4/5
TOTAL général.	32	8.	10 4/5
Nota. Sur l'Eau-de-vie de vin dont l'on ne justifieroit pas le payement des 6 liv. 15 s. il seroit ajoûté pour lesdits droits, dix sols pour livre compris.	10.	2.	6.
TOTAL général. . . .	42	11.	4 4/5

Vin ordinaire, par muid de 144 pots.

Ordonnance de 1680. art. Ier. tit. 4. anciens & nouveaux cinq sols.	″	14.	″
Idem, titre 1er. art. 24. Subvention.	1.	7.	″
Déclaration des 10 Octobre & 31 Décembre 1689. Jauge & Courtage. . . .	″	15.	″
Edit d'Octobre & Arrêt du Conseil du 29 Décembre 1705. Inspecteurs.	″	10.	″
TOTAL.	3.	6.	″
Dix sols pour livre, Edit d'Août 1781.	1.	13.	″
Déclaration du Roi de Janvier 1759. Droits réservés.	1.	″	″
Edit d'Août 1781. Dix sols pour livre, modérés à 6 s. par décision du 29 dudit. .	″	6.	″
TOTAL.	6.	5.	″
Le Vin de liqueur paye les mêmes droits, à l'exception des droits de réserves, qui étant de 6 liv., font, 6 sols pour livre compris.	6.	10.	″
TOTAL général. . . .	12.	15.	″

Cidre, Poiré & Biere, par muid de 144 pots.

Nature des Droits & Réglemens qui les autorisent.	Cidre.	Poiré.	Biere.
Ord. de 1680. tit. 24. art. Ier. & tit. 27. art. 6. Subvention.	″ 13. 6.	″ 6. 9.	″ 13. 6.
Déclar. des 10 Oct. & 31 Déc. 1689. Jauge & Courtage.	″ 9. ″	″ 9. ″	″ 9. ″
Edit d'Octobre & Arrêt du Conseil du 29 Décembre 1705. Inspecteurs.	″ 5. ″	″ 2. 6.	″ 5. ″
TOTAL.	1. 7. 6.	″ 18. 3.	1. 7. 6.
Edit d'Août 1781. Dix sols pour livre. . . .	″ 13. 9.	″ 9. 1½	″ 13. 9.
Déclaration du Roi de Janvier 1759. Droits reservés. .	″ 10. ″	″ 5. ″	″ 10. ″
Edit d'Août 1781. Dix sols pour livre, modérés à 6 sols par décision du 29 dudit mois.	″ 3. ″	″ 1. 6.	″ 3. ″
TOTAL général.	2. 14. 3.	1. 13. 10½	2. 14. 3.
Ord. de 1680. art. Ier. tit. 27. la Biere doit à la fabrication le droit de contrôle, ci. .			1. 10. ″
Edit d'Août 1781. Dix sols pour livre.			″ 15. ″
TOTAL général. . . .			4. 19. 3.

Droits sur les boissons, à l'entrée & au Brassage, dans les Bourgs d'OURVILLE, LES BAONS, VALMONT, GRAINVILLE, VITTEFLEUR, OURVILLE-L'ABBAYE, YERVILLE & BOURETOUT.

Eau-de-vie & Liqueur, par muid de 144 pots.

Ordonnance de 1680. titre 26. article 3. Subvention.	5.	8.	″
Déclarations des 10 Octobre & 31 Décembre 1689. Jauge & Courtage. . . .	2.	5.	″
Edit d'Octobre & Arrêt du Conseil du 29 Décembre 1705. Inspecteurs. . . .	1.	10.	″
TOTAL. . . .	9.	3.	″
Edit d'Août 1781. Dix sols pour livre.	4.	11.	6.
TOTAL général. . . .	13.	14.	6.
Nota. Sur l'Eau-de-vie de vin dont l'on ne justifieroit pas le payement des 6 liv. 15 sols, il seroit ajouté pour lesdits droits, dix sols pour livre compris.	10.	2.	6.
TOTAL général.	23.	17.	″

Vin ordinaire, par muid de 144 pots.

Ordonnance de 1680, article Ier, titre 4. anciens & nouveaux cinq sols. . . .	″	14.	″
Idem, article Ier, titre 24. Subvention.	1.	7.	″
Déclarations des 10 Octobre & 31 Décembre 1689. Jauge & Courtage. . . .	″	15.	″
Edit d'Octobre & Arrêt du Conseil du 29 Décembre 1705. Inspecteurs . . .	″	10.	″
TOTAL.	3.	6.	″
Dix sols pour livre, Edit d'Août 1781.	1.	13.	″
TOTAL général.	4.	19.	″

Cidre, Poiré & Biere, par muid de 144 pots.

Nature des Droits & Réglemens qui les autorisent.	Cidre.	Poiré.	Biere.
Ord. de 1680. tit. 24. art. Ier, & tit. 27. art. 6. Subvention.	″ 13. 6.	″ 6. 9.	″ 13. 6.
Déclar. des 10 Oct. & 31 Déc. 1689. Jauge & Courtage.	″ 9. ″	″ 9. ″	″ 9. ″
Edit d'Octobre & Arrêt du Conseil du 29 Décembre 1705. Inspecteurs.	″ 5. ″	″ 2. 6.	″ 5. ″
TOTAL. . . .	1. 7. 6.	″ 18. 3.	1. 7. 6.
Edit d'Août 1781. Dix sols pour livre. . . .	″ 13. 9.	″ 9. $1\frac{1}{2}$	″ 13. 9.
TOTAL général.	2. 1. 3.	1. 7. $4\frac{1}{2}$	2. 1. 3.
Ord. de 1680 art. Ier. tit. 27. la Biere doit à la fabrication le droit de contrôle, ci.			1. 10. ″
Edit d'Août. 1781. Dix sols pour livre.			″ 15. ″
TOTAL général. . . .			4. 6. 3.

Droits sur les Boissons, à l'Entrée & au Brassage, dans le Bourg & Principauté d'YVETOT, par muid de 144 pots.

Nature des Droits & Réglemens qui les autorisent.	Eau de vie.	Vin de Liqueur.	Vin ordinaire	Cidre & Biere.	Poiré.
Décl. du Roi de Janv. 1759. Droits réservés.	14. 8. ″	6. ″ ″	1. 5. ″	″ 10. ″	″ 5. ″
Edit d'Août 1781. Dix sols pour livre, modérés à 6 s. par décision du 29 dud. mois.	4. 6. $4\frac{4}{5}$	1. 16. ″	″ 7. 6.	″ 3. ″	″ 1. 6.
TOTAL général.	18. 14. $4\frac{4}{5}$	7. 16. ″	1. 12. 6.	″ 13. ″	″ 6. 6.

OBSERVATIONS GÉNÉRALES.

La Déclaration de 1687 a assujetti l'Eau-de-vie rectifiée au double, & l'Esprit-de-vin au triple des Droits de Subvention & de 6 livres 15 sols, lorsque ces deniers n'ont pas été acquittés en route : mais ces Liqueurs ne doivent les autres Droits que sur le pied de l'Eau-de vie simple.

Les Droits de 6 liv. 15 s. sur l'Eau-de-vie, établis par l'Ordonnance de 1680, art. Ier. tit. 26, & rapportés aux Droits d'Entrées ci-dessus, sont dûs sur les Eaux-de-vie de vin, non-seulement aux Entrées des lieux sujets, mais encore dans tous les autres lieux, lorsqu'ils n'ont pas été payés aux Bureaux de passage, ou en route. Edit de Décembre 1686, ils comportent les 10 sols pour livre de l'Edit de 1781, ce qui forme en principal. . . . . 6. 15. ″

10 sols pour livre. . . . . 3. 7. 6.

TOTAL. . . . . 10. 2. 6.

Les Nobles sont exempts sur les boissons provenantes de leur cru, & les Bénéficiers pour celles de cru de bénéfice, pour leur consommation seulement, les premiers de la subvention, & les seconds de la subvention, de la Jauge-Courtage, des droits réservés & des nouveaux cinq sols, en remplissant les formalités prescrites.

Droits à la sortie du Royaume.

	Vin
Ordonnance de 1680, titre 4, art. 16, anciens & nouveaux 5 f.	" 14. "
Edit d'Août 1781, dix sols pour livre.	" 7. "
TOTAL.	1. 1. "

Il est dû en sus, les Droits de Jauge & Courtage, mais ils dépendent de la Ferme Générale.

DROITS DE GROS.

L'Arrêt du Conseil du 13 Mars 1753, exemptant des Droits de gros, au passage, les vins destinés pour être consommés dans la Province de Normandie, ces Droits sont dûs, lorsque ces mêmes vins passent de la Normandie dans une autre Province & à l'Etranger, même Arrêt, ils consistent dans le vingtieme du prix de la vente, l'augmentation de 16 f. 3 d., & le Droit de Courtage de 10 f. par muid.

Exemple pour du vin vendu 150 liv. le muid.

Gros, ou vingtieme.	7 l. 10 f. " d.	8. 16. 3.	13. 4. 4. ½.
Augmentation.	" 16. 3.		
Courtage.	" 10. "		
Edit d'Août 1781, 10 f. pour livre.		4. 8. 1 ½	

Droits dûs à la vente & revente des Boissons, dans toute l'étendue de la Direction, sous la dénomination de Courtiers-Jaugeurs, par muid de 144 pots,

Nature des Boissons.	*Réglemens qui autorisent la perception & nature des Droits.*	Ier. *Enlevement.*		IIe. *Enlevement.*	
		Quotité de chaque Droit.	Total par chaq. espece de Boisson.	Quotité de chaque Droit.	Total par chaq. espece de Boisson.
Eau-de-vie.	Tarif de 1696, Courtiers-Jaugeurs.	1. 10. 8.	2. 6. "	1. " "	1. 10. "
	Edit d'Août 1781, dix sols pour liv.	" 15. 4.		" 10. "	
Liqueur. . .	Tarif de 1696, Courtiers-Jaugeurs.	1. 18. "	2. 17. "	1. 10. "	2. 5. "
	Edit d'Août 1781, dix sols pour liv.	" 19. "		" 15. "	
Vin. . . .	Tarif de 1696, Courtiers-Jaugeurs.	" 6. 6.	" 9. 9.	" 2. 6.	" 3. 9.
	Edit d'Août 1781, dix sols pour liv.	" 3. 3.		" 1. 3.	
Cidre, Biere & Poiré.	Tarif de 1696, Courtiers-Jaugeurs.	" 3. 3.	" 4. 10 ½	" 1. 3.	" 1. 10 ½
	Edit d'Août 1781, dix sols pour liv.	" 1. 7 ½		" " 7 ½	

Droits dûs à la vente en détail des Boissons, par muid de 144 pots, dans toute l'étendue de la Direction, le Bourg & la Principauté d'YVETOT exceptés.

Nature des Droits & Réglemens qui les autorisent.	Eau-de-vie. à 3 livres le pot.	Vin à 1 sol la pinte.	Cidre à 6 deniers la pinte.	Poiré à 6 deniers la pinte.	Biere à 12 sols le pot.
Le 4e. sur l'Eau-de-vie, est le tiers du prix de la vente, Ordonnance de 1680, Edit de Déc. 1686. .	144. // //	// // //	// // //	// // //	// // //
Sur le Vin, Cidre & Poiré, les Droits de détail sont le 4e réduit au 5e. Ord. de 1680, tit. 14. art. Ier. & 2, par muid de 144 pots. .	// // //	3.18. //	1.18. //	1.18. //	// // //
Sur la Biere, le 4e. du prix de la vente, parisis, sol & six deniers, Ord. de 1680, tit. 27, art. 6. .	// // //	// // //	// // //	// // //	29. 3. 3.
Edit d'Août 1781, dix sous pour livre modérés à 8 s. par décision du 29 dudit.	57. 12. //	[illegible].11. $2\frac{2}{3}$	// 15. $2\frac{2}{3}$	// 15. $2\frac{2}{3}$	11.12. 6.
TOTAL. . . .	201.12. //	5. 9. $2\frac{2}{3}$	2.13. $2\frac{2}{3}$	2.13. $2\frac{2}{3}$	40.13. 6.
Subvention à la consommation, tit. 23, art. 1er. pour le Vin, Cidre & Poiré, tit. 26, art. 3 pour l'Eau-de-vie, & tit. 27, art. 6 pour la Bierre. . . .	5. 8. //	1. 7. //	// 13. 6.	// 6. 9.	// 13. 6.
Jauge & Courtage. Déclaration du 10 Octobre 1689.	2. 5. //	// 15. //	// 9. //	// 9. //	// 9. //
TOTAL. . . .	7.13. //	2. 2. //	1. 2. 6.	// 15. 9.	1. 2. 6.
Dix s. pour liv., Edit d'Août 1781	3.16.6.	1. 1. //	// 11. 3.	// 7. $10\frac{1}{2}$	// 11. 3.
TOTAL de la subvention, jauge & courtage, & 10 s. pour livre.	11. 9.6.	3. 3. //	1.13. 9.	1. 3. $7\frac{1}{2}$	1.13. 9.
Rapport des Droits de 4e. & 8 s. pour livre.	201.12. //	5. 9. $2\frac{2}{3}$	2.13. $2\frac{2}{3}$	2.13. $2\frac{2}{3}$	40.13. 9.
TOTAL. . . .	213. 1.6.	8.12. $2\frac{2}{3}$	4. 6.$11\frac{2}{3}$	3.16. $9\frac{8}{12}$	42. 7. 6.
Plus, à Caudebec, premiere moitié d'octroi, Ordonnance de 1681, & Déclar. du 13 Janv. 1719. .	7. 4. //	4.12. 4.	1.16.10.	1.16. 10.	1.16.10.
Dix sols pour livre, Edit d'Août 1781.	3.12. //	2. 6. 2.	// 18. 5.	// 18. 5.	// 18. 5.
TOTAL général. . .	223.17.6.	15.10.$8\frac{2}{3}$.	7. 2. $2\frac{2}{3}$	6.12. $9\frac{8}{12}$	45. 2. 9.

Nota. Lorsque le Vin est vendu plus d'un sol la pinte, les Droits de Quatrieme sont augmentés à raison de 3 livres 18 sol par chaque sol; & lorsque les Cidres & Poirés sont aussi vendus plus de 6 deniers la pinte, les Droits sont augmentés à raison de 6 sols par chaque denier, articles ci-dessus cités.

Les Droits de détail sont également dûs, conformément au Tarif ci-dessus, sur les boissons arrivant & transportées en bouteilles, Lettres-Patentes du 25 Mai 1728, aux exceptions y portées, & qui tombent sur le Vin de liqueur venant en caisses, le Vin de Champagne gris qui est transporté en paniers de cent bouteilles, & les Vins, tant pour la provision des gens qualifiés qui vont à leurs terres, que pour celle de tous autres allants aux Eaux de Forges, en remplissant les formalités prescrite.

Il est encore à observer que les Droits de Jauge & Courtage en détail, ne se perçoivent dans aucun des lieux où ils sont payés à l'entrée.

Les Eau-de-vie vendues & transportées en barils, au-dessous de 60 pintes, sont assujetties aux Droits de détail, Lettres-Patentes du 24 Août 1728.

Ils sont encore dûs par les Bouilleurs & Marchands en gros d'Eau-de-vie, sur les manquans à leur charge, déduction faite du 21e pour 20, Lettres-Patentes citées ci-dessus, & les Soumissionnaires d'Eau-de-vie pour les quantités d'Eau-de-vie dont ils ne rapportent pas de Certificats en regle ou délivrés dans les délais, doivent le double desdits droits, Lettres-Patentes du 4 Juin 1726, & 2 Mars 1728.

Droit Annuel.

Dans les Villes. . .	Ordonnance de 1680, tit. 19. art. Ier. . .	8 l.	// f.	//	12. // //
	Edit d'Août 1781, dix sols pour livre. . .	4	//	//	
Dans les autres lieux.	Ordonnance de 1680, tit. 19. art. Ier. . .	6	10	//	9. 15. //
	Edit d'Août 1781, dix sols pour livre. . .	3	5	//	

Ce Droit est dû par tous les Marchands en gros, Bouilleurs, Brasseurs, Cabaretiers, Taverniers, & autres vendans en détail; mais les Détailleurs de Biere ne doivent que la moitié de l'annuel, titre 19. art. 7.

Droits sur les Bestiaux, à l'Entrée & au Massacre, dans la Ville de CAUDEBEC.

Nature des Droits & Réglemens qui les autorisent.	Bœuf ou Vache.	Veau ou Genisse.	Mouton ou Brebis.	Porc.	Livre de Viande.	Livre de Porc.
Edit de Février & Arrêt du Conseil du 19 Août 1704. Inspecteurs.	2. // //	// 12. //	// 4. //	// // //	// // 2.	
Ord. de 1681, & Décl. du Roi du 13 Janvier 1719. 1e. moitié d'octroi.	// 1. 6.	// // 9.	// // 5.	// // 9.	à proportion.	
TOTAL. . . .	2. 1. 6.	// 12. 9.	// 4. 5.	// // 9.	// // 2.	
Edit d'Août 1781. Dix sols pour l.	1. // 9.	// 6. 4½	// 2. 4½	// // 4½	// // 1.	
Déclaration du Roi de Janv. 1759. Droits réservés.	2. // //	// 13. 4.	// 5. //	// 13. 4.	à proportion.	
Edit d'Août 1781. Dix sols pour livre modérés à 6 f. par décision du 29 dudit.	// 11. //	// 4. //	// 1. 6.	// 4. //	à proportion.	
TOTAL général. . .	5. 14. 3.	1. 16. 5½	// 13. 7½	// 18. 5½	// // 3.	à proportion.

Droits sur les Bestiaux, à l'Entrée & au Massacre, dans les Bourgs de BOLBEC, FAUVILLE, CANY & DOUDEVILLE.

Nature des Droits & Réglemens qui les autorisent.	Bœuf ou Vache.	Veau ou Genisse.	Mouton ou Brebis.	Porc.	Livre de Viande.	Livre de Porc.
Edit de Février & Arrêt du Conseil du 19 Août 1704. Inspecteurs.	2. // //	// 12. //	// 4. //	// // //	// // 2.	
Edit d'Août 1781. Dix sols pour l.	1. // //	// 6. //	// 2. //	// // //	// // 1.	
TOTAL. . .	3. // //	// 18. //	// 6. //	// // //	// // 3.	
Déclaration du Roi de Janv. 1759. Droits réservés.	1. 10. //	// 10. //	// 3. 6.	// 10. //	à proportion.	
Edit d'Août 1781. Dix sols pour l. modérés à 6 f. par décision du 29 dudit mois.	// 9. //	// 3. //	// 1. //½	// 3. //	à proportion.	
TOTAL général. . . .	4. 19. //	1. 11. //	// 10. 6½	// 13. //	// // 3.	à proportion.

Droits ſur les Beſtiaux, à l'entrée & au Maſſacre, dans le Bourg de LILLEBONNE.

Nature des Droits & Réglemens qui les autoriſent.	Bœuf & Vache.	Veau & Geniſſe.	Mouton & Brebis.	Porc.	Livre de Viande.	Livre de Porc.
Edit de Février & Arrêt du Conſeil du 19 Août 1704. Inſpecteurs.	2. 〃 〃	〃 12. 〃	〃 4. 〃	〃 〃 〃	〃 〃 2.	
Edit d'Août 1781. Dix ſols pour l.	1. 〃 〃	〃 6. 〃	〃 2. 〃	〃 〃 〃	〃 〃 1.	
TOTAL. . .	3. 〃 〃	〃 18. 〃	〃 6. 〃	〃 〃 〃	〃 〃 3.	〃 〃 3.
Déclaration du Roi, de Janv. 1759. Droits réſervés.	1. 〃 〃	〃 6. 8.	〃 3. 〃	〃 6. 8.	à proportion.	
Edit d'Août 1781. Dix ſols pour l. modérés à 6 ſ. par déciſion du 29 dudit mois.	〃 6. 〃	〃 2. 〃	〃 〃 10 $\frac{2}{3}$	〃 2. 〃	à proportion.	
TOTAL général. . .	4. 6. 〃	1. 6. 8.	〃 9. 10 $\frac{2}{3}$	〃 8. 8.	〃 〃 3. à proportion.	

Droits ſur les Beſtiaux, à l'Entrée & au Maſſacre, dans les Bourgs d'OURVILLE, LES BAONS, VALMONT, GRAINVILLE, VITTEFLEURS, OURVILLE-L'ABBAYE, YERVILLE & BOURETOUT, dûs dans la campagne, par tous les Bouchers, Maîtres & fils de Maîtres, avant l'abatis, & par les autres Bouchers à la vente hors domicile.

Nature des Droits & Réglemens qui les autoriſent.	Bœuf & Vache.	Veau & Geniſſe.	Mouton & Brebis.	Porc	Livre de Viande
Edit de Fév. & Arrêt du Conſeil du 19 Août 1704. Inſpecteurs. . .	2. 〃 〃	〃 12. 〃	〃 4. 〃	〃 〃 〃	〃 〃 2.
Edit d'Août 1781., dix ſols pour l.	1. 〃 〃	〃 6. 〃	〃 2. 〃	〃 〃 〃	〃 〃 1.
TOTAL. . .	3. 〃 〃	〃 18. 〃	〃 6. 〃	〃 〃 〃	〃 〃 3.

Droits ſur les Beſtiaux, à l'Entrée & au Maſſacre, dans le Bourg & Principauté d'YVETOT.

Nature des Droits & Réglemens qui les autoriſent.	Bœuf & Vache.	Veau & Geniſſe.	Mouton & Brebis.	Porc.	Livre de Viande.
Déclar. du Roi de Janvier 1759. Droits réſervés.	1. 10. 〃	〃 10. 〃	〃 3. 6.	〃 10. 〃	à proportion.
Edit d'Août 1781, dix ſols pour l. modérés à 6 ſ. par déciſion du 29 dudit mois.	9. 〃	〃 3. 〃	〃 1. $\frac{1}{3}$	〃 3. 〃	à proportion.
TOTAL. . .	1 19. 〃	〃 13. 〃	〃 4. 6 $\frac{1}{3}$	〃 13. 〃	à proportion.

Droits sur les Bois & Foins, dans la Ville de CAUDEBEC.

Nature des Droits & Réglemens qui les autorisent.	Cent de fagots & falourdes de bois à brûler, en corde, & charretée.	Charretée de Charbon de Terre ou de Bois.	Foin le cent de Bottes.	Paille le cent de Bottes.	Somme de Bois, Foin & Buche.	Somme de Charbon & de Paille.
Ord. de 1681, tit. 3, & Décl. du 23 Janv. 1719, 1e moitié d'octrois.	// 2. //	// // //	// // //	// // //	// // //	// // //
Tarif de 1746, & Lettres-Patentes de prorogation d'Août 1777. Octrois Municipaux.	// 10. 6.	// 10. 6.	// 10. 6.	// 8. 9.	// 1. 9.	// 1. 9.
TOTAL. . .	// 12. 6.	// 10. 6.	// 10. 6.	// 8. 9.	// 1. 9.	// 1. 9.
Edit d'Août 1781, dix sols pour l.	// 6. 3.	// 5. 3.	// 5. 3.	// 4. $4\frac{1}{2}$	// // $10\frac{1}{2}$	// // $10\frac{1}{2}$
TOTAL. . .	// 18. 9.	// 15. 9.	// 15. 9.	// 13. $1\frac{1}{2}$	// 2. $7\frac{1}{2}$	// 2. $7\frac{1}{2}$
Décl. du Roi, de Janv. 1759, Arr. du Conseil du 13 Sept. 1776, Droits réservés par charretée à trois chevaux.	// 10. //	// // //	// 10. //	// // //	// 1. //	// // //
Edit d'Août 1781, dix sols pour l. modérés à 6 s. par décision du 29 dudit mois.	// 3. //	// // //	// 3. //	// // //	// // $3\frac{3}{4}$	// // //
TOTAL général. .	1. 12. 9.	// 15. 9.	1. 8. 9.	// 13. $1\frac{1}{2}$	// 3. $11\frac{1}{16}$	// 2. $7\frac{1}{2}$

Nota. Une voiture de bois, ou de foin, qui ne seroit attelée que de deux chevaux, ne paye de Droits réservés que 9 sols 9 den., six sols pour livre compris; & attelée d'un cheval, 6 sols 6 den., six sols pour livre compris; attelée au contraire de plus de trois chevaux, le Droit augmente à proportion par chaque cheval. Par somme de cheval & d'âne, les Droits réservés sont du 5e & du 10e de ce qu'il en coûte pour une voiture à un cheval.

On observe encore qu'il n'y a des bois exempts de payer les Droits réservés par charretée & sommes, que ceux dénommés dans les Lettres-Patentes du mois d'Août 1778, qui sont les bourées ou fagots, sans parement, d'épines, de ronces, &c.

Droits sur le Poisson de Mer frais, sec & salé à CAUDEBEC.

Nature des Droits & Réglemens qui les autorisent.	Poisson.	Cent de Morues.	Baril de Saumon.	Baril de Maquereaux & Langue.	Baril de Harengs.	Bateau d'Huîtres.	Bateau de Moules.
Offices suppr., 1 s. p. l. des Jurés-Vendeurs, en supposant la liv. vendue 20 s.	// 1. //	// // //	// // //	// // //	// // //	// // //	// // //
Art. 3 de l'Ord. de 1681. & Décl. du 23 Janv. 1719, 1re moitié d'Octrois par 20 sols du prix.	// // $4\frac{1}{2}$	// 15. //	// 6. 8.	// 2. //	// 1. 6.	// 8. 4.	// 4. 2.
TOTAL. .	// 1. $4\frac{1}{2}$	// 15. //	// 6. 8.	// 2. //	// 1. 6.	// 8. 4.	// 4. 2.
Edit d'Août 1781, dix sols pour livre.	// // $8\frac{1}{4}$	// 7. 6.	// 3. 4.	// 1. //	// // 9.	// 4. 2.	// 2. 1.
TOTAL. .	// 2. // $\frac{1}{4}$	1. 2. 6.	// 10 //	// 3. //	// 2. 3.	// 12. 6.	// 6. 3.

Sol pour livre sur le Poisson de mer frais, sec & salé.

Par Edit de 1583, & autres Réglemens subséquens, il est dû sur le Poisson venant de l'étranger & de la pêche françoise, lorsque ce dernier n'est pas vendu par le propriétaire, le vingtieme du prix de la vente ou sol pour livre & les dix sols pour livre de l'Edit d'Août 1781.

Il faut en excepter le Poisson que les Pêcheurs & Mariniers ont eux-mêmes pêché, qu'il leur est permis de vendre ou faire vendre par leurs femmes & enfans, sans être obligés de se servir du ministere des Vendeurs ni de payer le sol pour livre. Arrêt du Conseil du 31 Mars 1711, portant réglement, & du 7 Juin 1763.

Il faut en excepter aussi les Morues, Harengs & tous Poissons salés que les Marchands, Maîtres de Navire & autres, faisant le commerce de la pêche, ont pêché ou fait pêcher sur des Vaisseaux expédiés des ports de Normandie, Picardie, & qu'ils vendent eux-mêmes ou font vendre à leur retour de la pêche par leurs Associés, Matelots, & autres gens de l'Équipage des Vaisseaux qui y ont été employés, lesquels sont pareillement déchargés du sol pour livre; & ce sans distinction des parts & portions appartenantes à chacun des particuliers intéressés ou employés à ladite pêche. Arrêt & Lettres-Patentes du 5 Décembre 1690 : autre Arrêt du Conseil du 31 Mars 1711.

Droits sur les Vaisseaux, & au Pavage & Traverse de la Ville.

Nature des Droits & Réglemens qui les autorisent.	*Vaisseaux montant ou descendant la Seine.*		Charriot à 4 roues.	Charrette à 2 roues.	Bêtes & Mulets, Anes & à pied fourché.
	De 20 tonneaux & au dessus	De 10 tonneaux, jusqu'à 20.			
Ord. de 1681, art. 3, & Décl. du 23 Janvier 1719. 1re moitié d'Octrois.	״ 7. 6.	״ 3. 9.	״ 1. ״	״ ״ 6.	״ ״ 3.
Edit d'Août 1781, dix sols pour liv.	״ 3. 9.	״ 1. 10 1/2	״ ״ 6.	״ ״ 3.	״ ״ 1 1/2
TOTAL...	״ 11. 3.	״ 5. 7 1/2	״ 1. 6.	״ ״ 9	״ ״ 4 1/2

Droits sur les Marchandises.

Nature des Droits & Réglemens qui les autorisent.	Tuiles par millier.	Mont de Platre.	Draperies, Merceries, fer, laines, futailles & bois tournés, pour la consommation, à raison du prix de la vente, par livre.
Ordonnance de 1681, art. 3, & Déclaration du 23 Janvier 1719, premiere moitié d'octroi.	״ 10 0	״ ״ 3.	״ ״ 4 1/2
Edit d'Août 1781, dix sols pour livre.	״ 15 0	״ ״ 1 1/2	״ ״ 2 1/4
TOTAL..	״ 15 0	״ ״ 4 1/2	״ ״ 6 3/4

Droits sur les Huiles, à la fabrication.

Réglemens.	*Nature des Droits.*	Principal	10 s. p. l	Total.
Déclaration du Roi de 1716, Edit du Roi du mois d'Août 1781, pour le doublement & les dix sols pour livre.	Par livre pesant d'Huile de Poissons, d'Olive, d'Amendes, de Noix & autres Fruits, ci.	״ 1. ״	״ ״ 6	״ 1. 6.
	Par livre d'Huile de Térébentine, lin, chenevis, Rabette, Navette, & autres graines.	״ ״ 6.	״ ״ 3.	״ ״ 9.
	Par livre d'Huile d'Essence, & autres de plus grande valeur que celles sujettes aux droits d'un sol.	״ 2. ״	״ 1. ״	״ 3. ״
	Si le droit principal est de plus de 3 liv., il est payé pour l'acquit, 5 sols, ci.	״ 5. ״	״ 2. 6.	״ 7. 6.
	S'il n'est que de 3 liv., ou d'une moindre somme, jusqu'à 20 s. inclusivement, le droit d'acquit est de.	״ 2. ״	״ 1. ״	״ 3. ״

Nota. Le droit d'acquit n'a pas lieu, lorsque le droit principal est au-dessous de vingt sols.

Droits sur les Cuirs & Peaux, en vertu des Edits 1759, 28 Juin & 13 Novembre 1760, pour le principal, & l'Edit de 1781, pour les 10 sols pour livre.

Nature des *Cuirs & Peaux.*	*Cuirs & Peaux à la fabrication.*			*Cuirs & Peaux à l'exportation.*			Cuirs & Peaux à l'importation.
	Principal.	10 f. p. liv.	TOTAL	Principal.	10 f. p. liv.	TOTAL	
Bœuf & Vache à fort & à œuvre, Veau, Mouton, Agneau, Chevreau, Porc, & Sanglier tannés & apprêtés en toutes sortes d'apprêts.	‖ 2. ‖	‖ 1. ‖	‖ 3. ‖	‖ ‖ ‖	‖ ‖ ‖	‖ ‖ ‖	Dix
Chevaux, Mules & Anes.	‖ 1. ‖	‖ ‖ 6.	‖ 1. 6.	‖ ‖ ‖	‖ ‖ ‖	‖ ‖ ‖	pour cent
Cerfs, Elans, Orignaux. .	‖ 6. ‖	‖ 3. ‖	‖ 9. ‖	‖ ‖ ‖	‖ ‖ ‖	‖ ‖ ‖	de leur
Boucs & Chevres. . . .	‖ 4. ‖	‖ 2. ‖	‖ 6. ‖	‖ ‖ ‖	‖ ‖ ‖	‖ ‖ ‖	valeur.
Chamois, Dains & Chevreuils.	‖ 10. ‖	‖ 5. ‖	‖ 15. ‖	‖ ‖ ‖	‖ ‖ ‖	‖ ‖ ‖	
Toutes peaux non-dénommées ci dessus, 10 pour 100 de leur valeur. . . .	Mémoire.	. . . . .	. . . . .	. . . . .	. . . . .	. . . . .	
Cuirs de Bœuf & Vache en verd, à demi-apprêt passant, à l'Etranger, la piece	‖ ‖ ‖	‖ ‖ ‖	‖ ‖ ‖	6. ‖ ‖	3. ‖ ‖	9. ‖ ‖	
Cuirs de Veaux, id. la piece.	‖ ‖ ‖	‖ ‖ ‖	‖ ‖ ‖	1. ‖ ‖	‖ 10. ‖	1. 10. ‖	
Peaux de Mouton, idem, la piece.	‖ ‖ ‖	‖ ‖ ‖	‖ ‖ ‖	‖ 10. ‖	‖ 5. ‖	‖ 15. ‖	

Nota. Tous les Cuirs apprêtés, & qui ont payé les droits, les deux tiers du principal sont restitués, lorsque lesdits Cuirs passent à l'Etranger, en se conformant aux Réglemens.

Droits sur la Marque d'Or & d'Argent.

Réglemens.	*Objets sujets aux Droits.*	Principal.	10 f. p. liv.	Total.
Ord. de 1681, art. 1er. tit. 2, & Edit du mois de Mai 1723, pour le principal.	Or, par marc.	33. 12. ‖	16. 16. ‖	50. 8. ‖
Edit d'Août 1781, 10 sols pour liv.	Argent, par marc.	2. 16. ‖	1. 8. ‖	4. 4. ‖

Droits sur l'Amidon & Poudre à poudrer.

Réglemens.	Amidon à la Fabrication par muid.	Amidon & Poudre venant de l'Etranger, par livre pesant.
Edit de 1771 & Arrêt du Conseil de Décembre 1778. .	7. 10. ‖	‖ 4. ‖
Edit d'Août 1781, dix sols pour livre.	3. 15. ‖	‖ 2. ‖
TOTAL.	11. 5. ‖	‖ 6. ‖

Offices supprimés.

Jurés-Vendeurs de Poisson, Edit d'Août 1768.

(*Voir l'article des Droits sur le Poisson.*)

Droits sur les Quittances timbrées, pour la Régie & pour les parties étrangeres.

Ordonnance de 1680, tit. 33, Déclaration de 1690, Edit de 1748, Déclar. de 1771, & Lettres-Patentes de 1780, par Quittance de 5 sols, & au-dessus.	"	"	10 d.
Edit d'Août 1781. Dix sols pour livre.	"	"	5 "
TOTAL.	"	1 f.	3 d.

Pour les Congés & Expéditions qui ne sont point des quittances de droits, les frais de timbre sont dûs, suivant l'Ordonnance de Juillet 1681, tit. commun, art. 16, Déclaration de 1771, & Lettres-Patentes de 1780 art. 10.

Observation Générale.

Les articles qui, payés séparément, ne forment pas une somme de 6 den, ne doivent pas de sols pour livre dans ces cas.

Dénomination des Droits étrangers à la Régie, & dont les 10 f. pour liv. sont dûs au Roi.

SAVOIR:

LIEUX.	*DÉNOMINATION.*
Ville DE CAUDEBEC.	Deuxieme moitié d'Octroi & sol pour livre d'icelui, appartenans à la Ville.

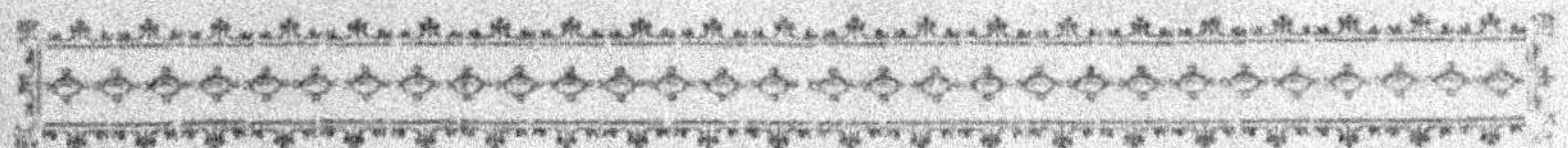

TARIF DES DROITS
DÉPENDANS
DE LA RÉGIE GÉNÉRALE,
DUS DANS LA DIRECTION
DE DIEPPE.

DROITS DE LA VILLE DE DIEPPE, A L'ENTRÉE ET AU BRASSAGE.

EAU-DE-VIE ET LIQUEUR, par Muid de 144 Pots.

	₶	ß	₰
Ordonnance de 1680, article 1er, titre 26	6.	15.	».»
Ordonnance de 1680, article 3, titre 26, Subvention	5.	8.	».»
Déclarations des 10 Octobre & 31 Décembre 1689, Jauge & Courtage	2.	5.	».»
Edit d'Octobre, & Arrêt du Conseil, du 29 Décembre 1705, Inspecteurs	1.	10.	».»
TOTAL	15.	18.	».»
Edit d'Août 1781, Dix Sols pour livre	7.	19.	».»
Déclaration de Janvier 1759, Droits Réservés	28.	16.	».»
Edit d'Août 1781, Dix Sols pour liv. modérés à Six Sols, par Décision du 29 dudit	8.	12.	9. $\frac{3}{5}$
TOTAL GÉNÉRAL	61.	5.	9. $\frac{3}{5}$

VIN DE LIQUEUR ET VIN ORDINAIRE, par Muid de 144 Pots.

VIN ORDINAIRE.	₶	ß	₰
Ordonnance de 1680, titre 2, art. 1er, 9₶ par Tonneau, fixés à	4.	».	9. »
Idem, art. 1er, titre 4, Anciens & Nouveaux Cinq Sols	».	14.	».»
Idem, art. 1er, titre 24. Subvention	1.	7.	».»
Déclarations du Roi, des 10 Octobre & 31 Décembre 1689. Jauge & Courtage	».	15.	».»
Edit d'Octobre, & Arrêt du Conseil, du 29 Décembre 1705. Inspecteurs	».	10.	».»
Ordonnance de 1680, article 3, titre 3, Octrois	1.	3.	4. »
TOTAL	8.	10.	1. »
Edit d'Août 1781, Dix Sols pour livre	4.	5.	». $\frac{1}{2}$
Droits Réservés, Déclaration du Roi, de Janvier 1759	4.	16.	».»
Edit d'Août 1781, Dix Sols pour liv. modérés à Six Sols, par Décision du 29 dudit	1.	8.	9. $\frac{3}{5}$
TOTAL	18.	19.	11. $\frac{1}{10}$
Les Droits Réservés sur le Vin de Liqueur étant de 6₶ par Muid, il s'ensuit qu'ils payent de plus, Six Sols pour livre compris, la somme de	1.	11.	2. $\frac{2}{5}$
TOTAL GÉNÉRAL	20.	11.	1. $\frac{1}{2}$

Si les Vins ordinaires & de liqueur avoient payé les Droits de 4₶ 5₰, ils ne seroient pas dûs une seconde fois.

*N°. Les Brasseurs de profession, à Dieppe, doivent, au lieu de la Subvention & du Droit de Contrôle sur les Bieres qu'ils brassent, 2₶ 5ß en principal, par Gonne ou demi-Muid, mesure de Paris; Ordonnance de 1680, titre 27, art. 8, avec les 10ß p^r ₶ de l'Edit d'Août 1781.

CIDRE, POIRÉ ET BIERE, par Muid de 144 pots.

NATURE DES DROITS, ET RÉGLEMENS QUI LES AUTORISENT.	CIDRE.	POIRÉ.	BIERE. *
	₶ ß ₰	₶ ß ₰	₶ ß ₰
Ordonnance de 1680, titre 24, art. 1er, titre 27, art. 6, Subvention.	». 13. 6. »	». 6. 9. »	». 13. 6. »
Déclaration du 10 Octobre & 31 Déc. 1689, Jauge & Courtage..	». 9. ». »	». 9. ». »	». 9. ». »
Edit d'Octobre & Arrêt du Conseil du 29 Déc. 1705, Inspecteurs.	». 5. ». »	». 2. 6. »	». 5. ». »
Ordonnance de 1680, article 4, titre 28, 40ß par Tonneau.....	2. 5. ». »	1. 16. ». »	». ». ». »
Ordonnance de 1680, article 3, titre 5, Octroi..............	». 8. 4. »	». 8. 4. »	». ». ». »
TOTAL..............	4. ». 10. »	3. 1. 7. »	1. 7. 6. »
Edit d'Août 1781, Dix Sols pour livre..............	2. ». 5. »	1. 11. 3. ½	». 13. 9. »
Droits Réservés, Déclaration du 3 Janvier 1759..............	1. 4. ». »	». 10. ». »	1. 4. ». »
Edit d'Août 1781, 10ß pour ₶ modérés à 6ß, par Décision du 29 du même mois..............	». 7. 2. ⅖	». 3. ». »	». 7. 2. ⅖
Ordonnance de 1680, titre 27, article 1er, Biere à la Fabrication..	». ». ». »	». ». ». »	1. 10. ». »
Edit d'Août 1781, Dix Sols pour livre..............	». ». ». »	». ». ». »	». 15. ». »
TOTAL GÉNÉRAL......	7. 12. 5. ⅖	5. 6. 10. ½	5. 17. 5. ⅖

Le Fauxbourg de la Barre est exempt du Droit d'Octroi; Ordonnance de 1680, article 1er & 4, des titres 3 & 28.

Tous ceux qui sont exempts de la subsistance des gens de guerre, sont aussi exempts de l'Octroi; article 6 du titre 3 de l'Ordonnance de 1680.

Lorsque les Boissons viennent de l'Etranger, elles payent les mêmes Droits que ci-dessus, & en outre les Droits de Courtiers-Jaugeurs, au premier enlévement, suivant le Tarif ci-après.

DROITS DE PASSE-DEBOUT, par Muid de 144 Pots.

NATURE DES DROITS, ET RÉGLEMENS QUI LES AUTORISENT.	VIN.	CIDRE.	POIRÉ.
	₶ ß ₰	₶ ß ₰	₶ ß ₰
Octroi, Ordonnance de 1680, article 2 & 3 du titre 3........	1. 3. 4.	2. 5. ».	1. 16. ».
Idem, article 4 du titre 28, & article 3 du titre 3........	». ». ».	». 8. 4.	». 8. 4.
TOTAL..............	1. 3. 4.	2. 13. 4.	2. 4. 4.
Edit d'Août 1781, Dix Sols pour livre..............	». 16. 8.	1. 6. 8.	1. 2. 2.
TOTAL GÉNÉRAL......	1. 15. ».	4. ». ».	3. 6. 6.

DROITS A L'ENTRÉE ET AU BRASSAGE, SUR LES BOISSONS DANS LA VILLE DE SAINT-VALERY.

EAU-DE-VIE ET LIQUEUR, par Muid de 144 Pots.

	₶ ß ₰
Ordonnance de 1680, art. 1er, titre 26. Édit de Décembre 1686..............	6. 15. ». »
Ordonnance de 1680, art. 3, titre 26. Subvention..............	5. 8. ». »
Déclarations des 10 Octobre & 21 Décembre 1689, Jauge & Courtage..........	2. 5. ». »
Edit d'Octobre & Arrêt du Conseil, du 29 Décembre 1705, Inspecteurs.......	1. 10. ». »
TOTAL..............	15. 18. ». »
Edit d'Août 1781, Dix Sols pour livre..............	7. 19 ». »
Droits Réservés. Déclaration du Roi, de Janvier 1759..............	14. 8. ». »
Edit d'Août 1781, Dix Sols p^r ₶, modérés à Six sols, par Décision du 29 dudit mois.	4. 6. 4. ⅘
TOTAL GÉNÉRAL..........	42. 11. 4. ⅘

VIN DE LIQUEUR ET VIN ORDINAIRE, par Muid de 144 Pots.

	₶	ſ	₰
Ordonnance de 1680, titre 2, article 1er, 9₶ par Tonneau, fixé à...............	4.	».	9. ».
Idem, article premier, titre 4, Anciens & Nouveaux Cinq Sols...............	».	14.	». ».
Idem, article premier, titre 24, Subvention...............................	1.	7.	». ».
Déclarations du Roi, des 10 Octobre & 31 Décembre 1689, Jauge & Courtage..	».	15.	». ».
Edit d'Octobre & Arrêt du Conseil, du 29 Décembre 1705, Inspecteurs.......	».	10.	». ».
TOTAL..........	7.	6.	9. ».
Edit d'Août 1781, Dix Sols pour livre..	3.	13.	4. ½
Droit Réservés, Déclaration du Roi, du 3 Janvier 1759..........................	1.	10.	». ».
Edit d'Août 1781, Dix Sols pour liv., modérés à Six Sols, par Décision du 29 dudit.	».	9.	». ».
TOTAL............	12.	19.	1. ½
Les Droits Réservés sur le Vin de Liqueur étant de 6₶ par Muid, Déclaration du 3 Janvier 1759, il s'ensuit qu'ils payent de plus, Six Sols pour livre compris, la somme de	5.	17.	». ».
TOTAL GÉNÉRAL..........	18.	16.	1. ½

Si les Vins ordinaires & de Liqueur avoient payé les Droits de 4₶ 9₰, ils ne seroient pas dûs une seconde fois.

CIDRE, POIRÉ ET BIERE, par Muid de 144 Pots.

NATURE DES DROITS, ET RÉGLEMENS QUI LES AUTORISENT.	CIDRE.			POIRÉ.			BIERE.		
	₶	ſ	₰	₶	ſ	₰	₶	ſ	₰
Ordonnance de 1680, art. 1er, titre 24, art. 6, titre 27, Subvention.	».	13.	6.	».	6.	9. ».	».	13.	6. ».
Déclarations des 10 Octobre & 31 Déc. 1689, Jauge & Courtage.	».	9.	».	».	9.	». ».	».	9.	». ».
Edit d'Octobre & Arrêt du Conseil du 29 Déc. 1705, Inspecteurs.	».	5.	».	».	2.	6. ».	».	5.	». ».
TOTAL............	1.	7.	6.	».	18.	3. ».	1.	7.	6. ».
Edit d'Août 1781, Dix Sols pour livre........................	».	13.	9.	».	9.	1. ½.	».	13.	9. ».
Droits Réservés, Déclaration de Janvier 1759................	».	10.	».	».	5.	». ».	».	10.	». ».
Edit d'Août 1781, 10 ſ pour livre, modérés par Décision du 29 dudit mois, à 6 ſ..	».	3.	».	».	1.	6. ».	».	3.	». ».
TOTAL............	2.	14.	3.	1.	13.	10. ½.	2.	14.	3. ».
Ordonnance de 1680, titre 27, article 1er, Biere à la Fabrication.	».	».	».	».	».	». ».	1.	10.	». ».
Edit d'Août 1781, Dix Sols pour livre........................	».	».	».	».	».	». ».	».	15.	». ».
TOTAL GÉNÉRAL.......	2.	14.	3.	1.	13.	10. ½.	4.	19.	3. ».

Lorsque les Boissons viennent de l'Etranger, elles payent les mêmes Droits ci-dessus, & en outre les Droits de Courtiers-Jaugeurs, au premier enlévement, suivant le Tarif ci-après.

DROITS A L'ENTRÉE ET AU BRASSAGE,

SUR LES BOISSONS DANS LE BOURG D'ARQUES.

EAU-DE-VIE ET LIQUEUR, par Muid de 144 Pots.

	₶	ß	₰
Ordonnance de 1680, article 3, titre 26, Subvention	5.	8.	». ».
Déclarations du Roi, des 10 Octobre & 31 Décembre 1689, Jauge & Courtage.	2.	5.	». ».
Edit d'Octobre & Arrêt du Conseil, du 29 Décembre 1705, Inspecteurs	1.	10.	». ».
TOTAL	9.	3.	». ».
Edit d'Août 1781, Dix Sols pour livre	4.	11.	6. ».
TOTAL	13.	14.	6. ».
N^a. Lorsque l'Eau-de-vie de Vin n'a pas payé les Droits de 6 ₶ 15 ß, ils sont dûs; ce qui forme de plus, Dix Sols pour livre compris	10.	2.	6. ».
TOTAL GÉNÉRAL	23.	17.	». ».

VIN DE LIQUEUR ET VIN ORDINAIRE, par Muid de 144 Pots.

	₶	ß	₰
Ordonnance de 1680, article premier, titre 4, Anciens & Nouveaux Cinq Sols.	».	14.	». ».
Idem, art. premier, titre 24, Subvention	1.	7.	». ».
Déclarations du Roi, des 10 Octobre & 31 Décembre 1689, Jauge & Courtage.	».	15.	». ».
Edit d'Octobre & Arrêt du Conseil, du 29 Décembre 1705, Inspecteurs	».	10.	». ».
Lettres Patentes du 2 Août 1777, Octrois Municipaux	1.	15.	». ».
TOTAL	5.	1.	». ».
Dix Sols pour livre, Édit d'Août 1781	2.	10.	6. ».
TOTAL GÉNÉRAL	7.	11.	6. ».

CIDRE, POIRÉ ET BIERE, par Muid de 144 Pots.

NATURE DES DROITS, ET RÉGLEMENS QUI LES AUTORISENT.	CIDRE.	POIRÉ.	BIERE.
	₶ ß ₰	₶ ß ₰	₶ ß ₰
Ordonnance de 1680, titre 1er, art. 24, titre 27, art. 26, Subvention.	». 13. 6.	». 6. 9.	». 13. 6.
Déclarations des 10 Octobre & 31 Déc. 1689, Jauge & Courtage.	». 9. ».	». 9. ».	». 9. ».
Edit d'Octobre & Arrêt du Conseil du 29 Déc. 1705, Inspecteurs.	». 5. ».	». 2. 6.	». 5. ».
Lettres Patentes du 2 Août 1777, Octrois Municipaux	». 17. 6.	». 8. 9.	». ». ».
TOTAL	2. 5. ».	1. 7. ».	1. 7. 6.
Dix Sols pour livre, Edit d'Août 1781	1. 2. 6.	». 13. 6.	». 13. 9.
TOTAL	3. 7. 6.	2. ». 6.	2. 1. 3.
Ord. de 1680, art. 1er, tit. 27, Contrôle de la Biere à la Fabrication.	». ». ».	». ». ».	1. 10. ».
Edit d'Août 1781, Dix Sols pour livre	». ». ».	». ». ».	». 15. ».
TOTAL GÉNÉRAL	3. 7. 6.	2. ». 6.	4. 6. 3.

DROITS A L'ENTRÉE ET AU BRASSAGE,

SUR LES BOISSONS DANS LE BOURG DE BACQUEVILLE.

EAU-DE-VIE DE LIQUEUR, par Muid de 144 Pots.

	₶	ß	₰
Ordonnance de 1680, article 5, titre 26, Subvention	5.	8.	». ».
Déclarations des 10 Octobre & 31 Décembre 1689, Jauge & Courtage	2.	5.	». ».
Edit d'Octobre, & Arrêt du Conseil du 29 Décembre 1705, Inspecteurs	1.	10.	». ».
TOTAL	9.	5.	». ».
Edit d'Août 1781, Dix Sols pour livre	4.	11.	6. »
Droits Réservés, Déclaration de Janvier 1759	14.	8.	». ».
Edit d'Août 1781, Dix Sols p^r ₶, modérés à Six, par Décision du 29 dudit mois	4.	6.	4. $\frac{4}{5}$
TOTAL	32.	8.	10. $\frac{4}{5}$
Lorsque l'Eau-de-vie de Vin n'a pas payé les Droits de 6 ₶ 15 ß, ils sont dûs, ce qui forme de plus, Dix Sols pour livre compris	10.	2.	6. »
TOTAL GÉNÉRAL	42.	11.	4. $\frac{4}{5}$

VIN DE LIQUEUR ET VIN ORDINAIRE, par Muid de 144 Pots.

	₶	ß	₰
Ordonnance de 1680, article premier, titre 4, Anciens & Nouveaux Cinq Sols	».	14.	».
Idem, article premier, titre 24, Subvention	1.	7.	».
Déclarations du Roi, des 10 Octobre & 31 Décembre 1689, Jauge & Courtage	».	15.	».
Edit d'Octobre, & Arrêt du Conseil, du 29 Décembre 1705, Inspecteurs	».	10.	».
TOTAL	3.	6.	».
Edit d'Août 1781, Dix Sols pour livre	1.	13.	».
Droits Réservés, Déclaration du Roi, de Janvier 1759	1.	5.	».
Edit d'Août 1781, Dix Sols pour livre, modérés à Six Sols, par Décision du 29 dudit	».	7.	6.
TOTAL	6.	11.	6.
Les Droits Réservés sur le Vin de Liqueur étant de 6 ₶ par Muid, il s'ensuit qu'ils payent de plus, Six Sols pour livre compris, la somme de	6.	3.	6.
TOTAL GÉNÉRAL	12.	15.	».

CIDRE, POIRÉ ET BIERE, par Muid de 144 Pots.

NATURE DES DROITS, ET RÉGLEMENS QUI LES AUTORISENT.	CIDRE.	POIRÉ.	BIERE.
	₶ ß ₰	₶ ß ₰	₶ ß ₰
Ordonnance de 1680, titre 1er, art. 24, titre 27, art. 6, Subvention	». 13. 6.	». 6. 9. ».	». 13. 6.
Déclarations des 10 Octobre & 31 Déc. 1689, Jauge & Courtage	». 9. ».	». 9. ». ».	». 9. ».
Edit d'Octobre & Arrêt du Conseil du 29 Déc. 1705, Inspecteurs	». 5. ».	». 2. 6. ».	». 5. ».
TOTAL	1. 7. 6.	». 18. 3. ».	1. 7. 6.
Edit d'Août 1781, Dix Sols pour livre	». 13. 9.	». 9. 1. $\frac{1}{2}$	». 13. 9.
Droits Réservés, Déclaration de Janvier 1759	». 10. ».	». 5. ». ».	». 10. ».
Edit d'Août 1781, 10 ß p ₶ modérés à 6 ß, Décision du 29 dudit	». 3. ».	». 1. 6. ».	». 3. ».
TOTAL	2. 14. 3.	1. 13. 10. $\frac{1}{2}$	2. 14. 3.
Ordonnance de 1680, titre 27, article premier, Biere à la Fabrication, Contrôle			1. 10. ».
Edit d'Août 1781, Dix Sols pour livre			». 15. ».
TOTAL GÉNÉRAL			4. 19. 3.

DROITS A L'ENTRÉE ET AU BRASSAGE, SUR LES BOISSONS, dans les Bourgs d'Anglesqueville, Envermeu, Auffay, Veulles, Fontaine-le-Dun & Saint-Laurent.

EAU-DE-VIE ET LIQUEUR, par Muid de 144 Pots.

	₶	ß	₰
Ordonnance de 1680, art. 3, titre 26, Subvention	5.	8.	», ».
Déclarations des 10 & 31 Décembre 1689, Jauge & Courtage	2.	5.	», ».
Edit d'Octobre, & Arrêt du Conseil, du 29 Décembre 1705, Inspecteurs	1.	10.	», ».
TOTAL	9.	3.	», ».
Edit d'Août 1781, Dix Sols pour livre	4.	11.	6. ».
Déclaration du 3 Janvier 1759, Droits Réservés	14.	8.	», ».
Edit d'Août 1781, Dix Sols pour liv., modérés à Six Sols, par Décision du 29 dudit	4.	6.	4. ⅘.
TOTAL	32.	8.	10. ⅘.
Nª. Lorsque l'Eau-de-vie de Vin n'a pas payé les Droits de 6 ₶ 15 ß, ils sont dûs; ce qui forme de plus, Dix Sols pour livre compris	10.	2.	6. ».
TOTAL GÉNÉRAL	42.	11.	4. ⅘.

VIN DE LIQUEUR ET VIN ORDINAIRE, par Muid de 144 Pots.

	₶	ß	₰
Ordonnance de 1680, article premier, titre 4, Anciens & Nouveaux Cinq Sols	».	14.	», ».
Item, article premier, titre 24, Subvention	1.	7.	», ».
Déclarations du Roi, des 10 Octobre & 31 Décembre 1689, Jauge & Courtage	».	15.	», ».
Edit d'Octobre, & Arrêt du Conseil, du 29 Décembre 1705, Inspecteurs	».	10.	», ».
TOTAL	3.	6.	», ».
Edit d'Août 1781, Dix Sols pour livre	1.	13.	», ».
Déclaration de Janvier 1759, Droits Réservés	1.	».	», ».
Edit d'Août 1781, Dix Sols p^r ₶, modérés à Six Sols, par Décision du 29 dudit mois	».	6.	», ».
TOTAL	6.	5.	», ».
Les Droits Réservés sur le Vin de liqueur étant de 6 ₶ par Muid, il s'ensuit qu'ils payent de plus, les Six Sols pour livre compris, la somme de	6.	10.	», ».
TOTAL GÉNÉRAL	12.	15.	», ».

CIDRE, POIRÉ ET BIERE, par Muid de 144 Pots.

NATURE DES DROITS, ET RÉGLEMENS QUI LES AUTORISENT.	CIDRE.	POIRÉ.	BIERE.
	₶ ß ₰	₶ ß ₰	₶ ß ₰
Ordonnance de 1680, titre 1er, art. 24, titre 27, art. 6, Subvention.	». 13. 6.	». 6. 9. ».	». 13. 6.
Déclarations des 10 & 31 Décembre 1689, Jauge & Courtage.	». 9. ».	». 9. ». ».	». 9. ».
Edit d'Octobre & Arrêt du Conseil du 29 Déc. 1705, Inspecteurs.	». 5. ».	». 2. 6. ».	». 5. ».
TOTAL	1. 7. 6.	». 18. 3. ».	1. 7. 6.
Dix Sols pour livre, Edit d'Août 1781	». 13. 9.	». 9. 1. ½.	». 13. 9.
Déclaration du 3 Janvier 1759, Droits Réservés	». 10. ».	». 5. ». ».	». 10. ».
Edit d'Août 1781, 10 ß p^r ₶, modérés à 6 ß, par Décision du 29 dudit.	». 3. ».	». 1. 6. ».	». 3. ».
TOTAL	2. 14. 3.	1. 13. 10. ½.	2. 14. 3.
Ordonnance de 1680, titre 27, article premier, Biere à la Fabrication, Contrôle			1. 10. ».
Edit d'Août 1781, Dix Sols pour livre			». 15. ».
TOTAL GÉNÉRAL			4. 19. 3.

DROITS A L'ENTRÉE ET AU BRASSAGE, SUR LES BOISSONS, dans les Bourgs de Longueville, Limbeuf, Bellencombre, Lesventes, Totes, Torcy & Pitié.

EAU-DE-VIE ET LIQUEURS, par Muid de 144 Pots.

	₶	ß	₰
Ordonnance de 1680, article 5, titre 26, Subvention	5.	8.	».
Déclarations des 10 Octobre & 31 Décembre 1689, Jauge & Courtage	2.	5.	».
Edit d'Octobre, & Arrêt du Conseil, du 29 Décembre 1705, Inspecteurs	1.	10.	».
TOTAL	9.	3.	».
Edit d'Août 1781, Dix Sols pour livre	4.	11.	6.
TOTAL	13.	14.	6.
Nª Lorsque l'Eau-de-vie de Vin n'a pas payé les Droits de 6 ₶ 15 ß, ils sont dus; ce qui forme de plus, Dix Sols pour livre compris	10.	2.	6.
TOTAL GÉNÉRAL	23.	17.	».

VIN DE LIQUEUR ET VIN ORDINAIRE, par Muid de 144 Pots.

	₶	ß	₰
Ordonnance de 1680, article premier, titre 4 Anciens & Nouveaux Cinq Sols	».	14.	».
Idem, article premier, titre 24, Subvention	1.	7.	».
Déclarations du Roi, des 10 Octobre & 31 Décembre 1689, Jauge & Courtage	».	15.	».
Edit d'Octobre, & Arrêt du Conseil, du 29 Décembre 1705, Inspecteurs	».	10.	».
TOTAL	3.	6.	».
Edit d'Août 1781, Dix Sols pour livre	1.	13.	».
TOTAL GÉNÉRAL	4.	19.	».

CIDRE, POIRÉ ET BIERE, par Muid de 144 Pots.

NATURE DES DROITS, ET RÉGLEMENS QUI LES AUTORISENT.	CIDRE.	POIRÉ.	BIERE.
	₶ ß ₰	₶ ß ₰	₶ ß ₰
Ordonnance de 1680, titre 1er, art. 24, titre 27, art. 6, Subvention	». 13. 6.	». 6. 9.	». 13. 6.
Déclarations des 10 Octobre & 31 Déc. 1689, Jauge & Courtage	». 9. ».	». 9. ».	». 9. ».
Edit d'Octobre & Arrêt du Conseil du 29 Déc. 1705, Inspecteurs	». 5. ».	». 2. 6.	». 5. ».
TOTAL	1. 7. 6.	». 18. 3.	1. 7. 6.
Dix Sols pour livre, Edit d'Août 1781	». 13. 9.	». 9. 1. ½.	». 13. 9.
TOTAL	2. 1. 3.	1. 7. 4. ½.	2. 1. 3.
Ordonnance de 1680, titre 27, art. 1er, Biere à la Fabrication, Contrôle			1. 10. ».
Edit d'Août 1781, Dix Sols pour livre			». 15. ».
TOTAL GÉNÉRAL			4. 6. 3.

OBSERVATIONS GÉNÉRALES.

L'Eau-de-vie rectifiée est sujette au double des Droits de 6₶ 15ß & de Subvention, & paye du reste les mêmes Droits que l'Eau-de-vie simple.

L'Esprit-de-Vin paye triple les Droits que l'Eau-de-vie rectifiée paye double, & le surplus comme l'Eau-de-vie simple; Déclaration de [illegible] 1687. On observera qu'au cas où les Droits de 6₶ 15ß auroient été payés, on ne doit pas les exiger une seconde fois.

Les Droits de 6₶ 15ß sur l'Eau-de-vie, établis par l'Ordonnance de 1680, art. premier, titre 26, sont exigibles sur les Eaux-de-vie de vin, non seulement aux Entrées des lieux sujets, mais encore dans les lieux non sujets, lorsqu'ils n'ont pas été payés aux Bureaux de passage, ou en route, Edit de Décembre 1686; & ils comportent les Dix Sols pour livre de l'Edit d'Août 1781, ce qui forme, en principal..

	₶	ß	₰
d'Août 1781, ce qui forme, en principal........	6.	15.	».
Edit d'Août 1781, Dix Sols pour livre........	5.	7.	6.
TOTAL...........	10.	2.	6.

On observe encore que les Nobles & les Bénéficiers sont exempts pour les Boissons provenans de leur crû & de crû de Bénéfice, sur leur consommation seulement, les premiers, de la Subvention, les seconds de la Subvention, de la Jauge & Courtage, des Nouveaux Cinq Sols & des Droits Réservés, en remplissant les formalités.

DROITS DUS A LA VENTE ET REVENTE DES BOISSONS,

dans toute l'étendue de la Direction, sous la dénomination de Courtiers-Jaugeurs, par Muid de 144 Pots.

NATURE des BOISSONS.	RÉGLEMENS qui autorisent la perception DES DROITS.	1er ENLÈVEMENT. Quotité de chaque Droit.	1er ENLÈVEMENT. Total par chaque espece de Boissons.	2e ENLÈVEMENT. Quotité de chaque Droit.	2e ENLÈVEMENT. Total par chaque espece de Boissons.
		₶ ß ₰	₶ ß ₰	₶ ß ₰	₶ ß ₰
EAUX-DE-VIE.	Tarif de 1696, Courtiers-Jaugeurs	1. 10. 8. ».	2. 6. ». ».	1. ». ». ».	1. 10. ». ».
	Edit d'Août 1781, Dix Sols p^r liv.	». 15. 4. ».		». 10. ». ».	
LIQUEUR..	Tarif de 1696, Courtiers-Jaugeurs	1. 18. ». ».	2. 17. ». ».	1. 10. ». ».	2. 5. ». ».
	Edit d'Août 1781, Dix Sols p^r liv.	». 19. ». ».		». 15. ». ».	
VIN........	Tarif de 1696, Courtiers-Jaugeurs	». 6. 6. ».	». 9. 9. ».	». 2. 6. ».	». 3. 9. ».
	Edit d'Août 1781, Dix Sols p^r liv.	». 3. 3. ».		». 1. 3. ».	
CIDRE, BIERE & POIRÉ....	Tarif de 1696, Courtiers-Jaugeurs	». 3. 3. ».	». 4. 10. ½.	». 1. 3. ».	». 1. 10. ½.
	Edit d'Août 1781, Dix Sols p^r liv.	». 1. 7. ½.		». ». 7. ½.	

DROITS DE SORTIE DU ROYAUME,

par Muid de 144 Pots.

	₶	ß	₰
Anciens & Nouveaux Cinq Sols, Ordonnance de 1680, titre 4, article 16......	».	14.	».
Dix Sols pour livre, Edit d'Août 1781........	».	7.	».
TOTAL...........	1.	1.	».

Nª. Il se perçoit aussi, à la sortie du Royaume, des Droits de Jauge - Courtage sur le Vin & l'Eau - de - vie, & sur toutes autres Boissons & Liqueurs, avec les Dix Sols pour livre; mais ils ont été réunis à la Ferme générale.

DROITS DE GROS.

Les Vins destinés pour la Province de Normandie étant exempts de payer au passage les Droits de Gros, lorsque ces Vins viennent d'un pays exempt, ils doivent ces Droits lorsqu'ils repassent dans une autre Province ou à l'Étranger, Arrêt du Conseil, du 13 Mars 1753. Ces Droits consistent dans le vingtieme du prix de la vente; augmentation fixée à 16ß 3₰, & le Droit de Courtage, par Muid.

EXEMPLE.

	tt ß ₰	tt ß ₰	tt ß ₰
Sur du Vin vendu 150 tt le Muid, Gros ou Vingtieme	7. 10. ».	8. 16. 3. ».	13. 4. 4. $\frac{1}{2}$.
Augmentation	». 16. 3.		
Courtage	». 10. ».		
Edit d'Août 1781, Dix Sols pour livre		4. 8. 1. $\frac{1}{2}$.	

DROITS DUS A LA VENTE EN DÉTAIL,

POUR TOUTE LA DIRECTION, *par Muid de 144 Pots.*

NATURE DES DROITS, ET RÉGLEMENS QUI LES AUTORISENT.	Eau-de-vie, à 3 livres le Pot.	VIN, à 1 sol la Pinte.	CIDRE, à 6 deniers la Pinte.	POIRÉ, à 6 deniers la Pinte.	BIERE, à 12 sols le Pot.
	tt ß ₰	tt ß ₰	tt ß ₰	tt ß ₰	tt ß ₰
Le Quatrieme sur l'Eau-de-vie est le tiers du prix de la Vente, Ordonnance de 1680, Edit de Décembre 1686	144. ». ».	». ». ».».	». ». ».».	». ». ».».	». ».».
Sur le Vin, Cidre & Poiré, les Droits de Détail sont le Quatrieme, réduit au Cinquieme, Ordonnance de 1680, titre 14, art. 1er & 2e, par Muid de 144 pots	». ». ».	3. 18. ».».	1. 18. ».».	1. 18. ».».	». ».».
Sur la Biere, le Quatrieme du Prix de la Vente Parisis, sol & six deniers, Ordonnance de 1680, titre 27, art. 6	». ». ».	». ». ».».	». ». ».».	». ». ».».	29. 1. 3
Edit d'Août 1781, Dix Sols pour livre, modérés à Huit Sols par Décision du 29 dudit mois	57. 12. ».	1. 11. 2. $\frac{2}{5}$.	». 15. 2. $\frac{2}{5}$.	». 15. 2. $\frac{2}{5}$.	11. 12. 6.
TOTAL	201. 12. ».	5. 9. 2. $\frac{2}{5}$.	2. 13. 2. $\frac{2}{5}$.	2. 13. 2. $\frac{2}{5}$.	40. 13. 9.
Subvention à la Consommation, article 3, titre 26, pour l'Eau-de-vie; titre 23, art. 1er, pour le Vin, Cidre & Poiré; & titre 27, art. 6, pour la Biere	5. 8. ».	1. 7. ».».	». 13. 6.».	». 6. 9.».	». 13. 6.
Jauge & Courtage, Déclaration du Roi, du 10 Octobre 1689, *idem* par Muid	2. 5. ».	». 15. ».».	». 9. ».».	». 9. ».».	». 9. ».
TOTAL	7. 13. ».	2. 2. ».».	1. 2. 6.».	». 15. 9.».	1. 2. 6.
Edit d'Août 1781, Dix Sols pour livre	3. 16. 6.	1. 1. ».».	». 11. 3.».	». 7. 10. $\frac{1}{2}$.	». 11. 3.
TOTAL	11. 9. 6.	3. 3. ».».	1. 13. 9.».	1. 3. 7. $\frac{1}{2}$.	1. 13. 9.
Rapport du Quatrieme & Huit Sols pour liv.	201. 12. ».	5. 9. 2. $\frac{2}{5}$.	2. 13. 2. $\frac{2}{5}$.	2. 13. 2. $\frac{2}{5}$.	40. 13. 9.
TOTAL GÉNÉRAL	213. 1. 6.	8. 12. 2. $\frac{2}{5}$.	4. 6. 11. $\frac{2}{5}$.	3. 16. 9 $\frac{7}{10}$.	42. 7. 6.

Lorsque le Vin est vendu plus d'un sol la Pinte, les Droits de Quatrieme sont augmentés, à raison de 3 tt 18 ß par chaque sol; & lorsque le Cidre & Poiré sont aussi vendus plus de 6 ₰ la Pinte, les Droits sont augmentés à raison de 6 ß par chaque denier, art. ci-dessus cités.

Les Droits de Détail sont également dus, conformément au Tarif ci-dessus, sur les Boissons arrivées & transportées en Bouteille, Lettres Patentes du 25 Mai 1728, aux exceptions y portées, & qui tombent sur le Vin de Liqueur venant en Caisses, les Vins de Champagne gris transportés en panier de cent Bouteilles, & les Vins pour la provision des Gens qualifiés qui vont aux Eaux de Forges, ou dans leurs Terres, en observant les formalités prescrites. Les Eaux-de-vie vendues & transportées en Barils au-dessous de soixante Pintes, sont aussi assujetties aux Droits de Détails, Lettres Patentes du 24 Août 1728.

Ils sont encore dus par les Bouilleurs & Marchands d'Eau-de-vie en gros, sur les manquans à leur charge, déduction faite du 21e pour 20, Lettres Patentes citées ci-dessus.

Les Soumissionnaires d'Eau-de-vie sont assujettis au paiement des doubles Droits sur les Eaux-de-vie pour lesquelles ils ne rapportent pas dans les trois mois, Certificat d'arrivée, Lettres Pateutes des 4 Juin 1726, & 2 Mars 1728.

Nᵃ. Le Quatrieme ne se perçoit point au Détail dans la Ville de Dieppe, non plus que la Jauge & Courtage au Détail.

Ainsi, il n'y est dû que la Subvention au Détail sur l'Eau-de-vie, les Liqueurs, le Vin, le Cidre & le Poiré; & sur la Biere fabriquée, le Droit de Contrôle seulement de 2tt 10ß par Muid, ou de 25ß par Gonne ou Demi-Muid, art. 8, titre 27 de l'Ordonnance de 1680.

Il est encore à observer, que les Droits de Jauge & Courtage au Détail, ne se perçoivent dans aucun des lieux où ils sont payés à l'Entrée.

DROIT ANNUEL.

		tt ß ₰	tt ß ₰
Dans les Villes.....	Ordonnance de 1680, titre 29, art. 1er......	8. ». ».	12. ». ».
	Edit d'Août 1781, Dix Sols pour livre.....	4. ». ».	
Dans les autres Lieux.	Ordonnance de 1680, titre 29, art. 1er.......	6. 10. ».	9. 15. ».
	Edit d'Août 1781, Dix Sols pour livre.....	3. 5. ».	

Ce Droit est dû par tous les Marchands en gros, Bouilleurs Brasseurs, Cabaretiers, Taverniers & autres vendans en détail.

Les Détailleurs de Biere ne doivent que la moitié de l'Annuel, Ordonnance de 1680, titre 29, article 7.

DROITS SUR LES BESTIAUX, A L'ENTRÉE ET AU MASSACRE, dans la Ville de Dieppe.

NATURE DES DROITS, ET RÉGLEMENS QUI LES AUTORISENT.	Bœuf & Vache.	Veau & Genisse.	Porc.	Mouton, Brebis & Chevre.	Livre de Viande ordinaire.	Livre de Porc.
	tt ß ₰	tt ß ₰	tt ß ₰	tt ß ₰	tt ß ₰	tt ß ₰
Edit de Février 1704, Inspecteurs.......	2. ». ».	». 12. ».	». ». ».	». 4. ».	». ». 2	». ». ».
Edit d'Août 1781, Dix Sols pour livre...	1. ». ».	». 6. ».	». ». ».	». 2. ».	». ». 1	». ». ».
TOTAL.......	3. ». ».	». 18. ».	». ». ».	». 6. ».	». ». 3	». ». ».
Déclaration de Janvier 1759, Droits Réservés....................	3. ». ».	». 15. ».	». 15. ».	». 10. ».	à proportion.	
Edit d'Août 1781, Dix Sols pour livre, modérés à Six Sols, par Décision du 29 dudit mois....................	». 18. ».	». 4. 6.	». 4. 6.	». 3. ».	*Idem.*	
TOTAL GÉNÉRAL......	6. 18. ».	1. 17. 6.	». 19. 6.	». 19. ».	». ». 3.	». ». ».

DROITS SUR LES BESTIAUX, A L'ENTRÉE ET AU MASSACRE, *dans la Ville de Saint Valery.*

NATURE DES DROITS, ET RÉGLEMENS QUI LES AUTORISENT.	Bœuf & Vache.	Veau & Genisse.	Porc.	Mouton, Brebis & Chevre.	Livre de Viande ordinaire.	Livre de Porc.
	₶ ß ₰	₶ ß ₰	₶ ß ₰	₶ ß ₰	₶ ß ₰	₶ ß ₰
Inspecteurs, Edit de Février 1704	1. ». ».	». 12. ».	». ». ».	». 4. ».	». ». 2.	». ». ».
Dix Sols pour livre, Edit de 1781	1. ». ».	». 6. ».	». ». ».	». 2. ».	». ». 1.	». ». ».
TOTAL	3. ». ».	». 18. ».	». ». ».	». 6. ».	». ». 3.	». ». ».
Droits Réservés, Déclaration de Janvier 1759	2. ». ».	». 13. 4.	». 13. 4.	». 5. ».	à proportion.	
Edit d'Août 1781, Dix Sols pour livre, modérés à Six Sols, par Décision du 29 dudit mois	». 12. ».	». 4. ».	». 4. ».	». 1. 6.	*Idem.*	
TOTAL GÉNÉRAL	5. 12. ».	1. 15. 4.	». 17. 4.	». 12. 6.	». ». 3.	». ». ».

DROITS SUR LES BESTIAUX, A L'ENTRÉE ET AU MASSACRE, *dans le Bourg de Bacqueville.*

NATURE DES DROITS, ET RÉGLEMENS QUI LES AUTORISENT.	Bœuf & Vache.	Veau & Genisse.	Porc.	Mouton, Brebis & Chevre.	Livre de Viande ordinaire.	Livre de Porc.
	₶ ß ₰	₶ ß ₰	₶ ß ₰	₶ ß ₰	₶ ß ₰	₶ ß ₰
Inspecteurs, Edit de Février 1704	2. ». ».	». 12. ».	». ». ».	». 4. ». ».	». ». 2.	». ». ».
Dix Sols pour livre, Edit d'Août 1781	1. ». ».	». 6. ».	». ». ».	». 2. ». ».	». ». 1.	». ». ».
TOTAL	3. ». ».	». 18. ».	». ». ».	». 6. ». ».	». ». 3.	». ». ».
Déclaration de Janvier 1759, Droits Réservés	1. 10. ».	». 10. ».	». 10. ».	». 3. 6. ».	à proportion.	
Edit d'Août 1781, Dix Sols pour livre, modérés à Six Sols, par Décision du 29 dudit mois	». 9. ».	». 3. ».	». 3. ».	». 1. ». $\frac{3}{5}$	*Idem.*	
TOTAL GÉNÉRAL	4. 19. ».	1. 11. ».	». 13. ».	». 10. 6. $\frac{3}{5}$	». ». 3.	». ». ».

DROITS SUR LES BESTIAUX, A L'ENTRÉE ET AU MASSACRE, *dans les Bourgs d'Envermeu, Auffai, Veulles, Anglesqueville, Fontaine-le-Dun & Saint Laurent.*

NATURE DES DROITS, ET RÉGLEMENS QUI LES AUTORISENT.	Bœuf & Vache.	Veau & Genisse.	Porc.	Mouton, Brebis & Chevre.	Livre de Viande ordinaire.	Livre de Porc.
	₶ ß ₰	₶ ß ₰	₶ ß ₰	₶ ß ₰	₶ ß ₰	₶ ß ₰
Inspecteurs, Edit de Février 1704	2. ». ».	». 12. ».	». ». ».	». 4. ». ».	». ». 2.	». ». ».
Dix Sols pour livre, Edit d'Août 1781	1. ». ».	». 6. ».	». ». ».	». 2. ». ».	». ». 1.	». ». ».
TOTAL	3. ». ».	». 18. ».	». ». ».	». 6. ». ».	». ». 3.	». ». ».
Déclaration de Janvier 1759, Droits Réservés	1. ». ».	». 6. 8.	». 6. 8.	». 3. ». ».	à proportion.	
Edit d'Août 1781, Dix Sols pour livre, modérés à Six Sols, par Décision du 29 dudit mois	». 6. ».	». 2. ».	». 2. ».	». ». 10. $\frac{4}{5}$	*Idem.*	
TOTAL GÉNÉRAL	4. 6. ».	1. 6. 8.	». 8. 8.	». 9. 10. $\frac{4}{5}$	». ». 3.	». ». ».

DROITS SUR LES BESTIAUX, À L'ENTRÉE ET AU MASSACRE, *dans les Bourgs de Longueville, Arques, les Ventes, Bellencombre, Toste, Torcy, Pitié, Limbeuf; & dûs dans la Campagne, avant l'Abattis, par tous les Bouchers, Maîtres & fils de Maîtres, & par les autres Bouchers à la Vente hors domicile.*

NATURE DES DROITS, ET RÉGLEMENS QUI LES AUTORISENT.	Bœuf & Vache.	Veau & Genisse.	Porc.	Mouton, Brebis & Chevre.	Livre de Viande.
	₶ ß ₰	₶ ß ₰	₶ ß ₰	₶ ß ₰	₶ ß ₰
Inspecteurs, Edit de Février 1704	2. ». ».	». 12. ».	». ». ».	». 4. ».	». ». 2.
Dix Sols pour livre, Edit d'Août 1781	1. ». ».	». 6. ».	». ». ».	». 2. ».	». ». 1.
TOTAL	3. ». ».	». 18. ».	». ». ».	». 6. ».	». ». 3.

SOL POUR LIVRE SUR LE POISSON DE *MER*, FRAIS, SEC ET SALÉ.

Par Edit de 1583, & autres Réglemens subséquens, il est dû sur le Poisson venant de l'Étranger & de pêche Françoise, lorsque ce dernier n'est pas vendu par le Propriétaire, le Vingtieme du prix de la vente, ou Sol pour livre, & les Dix Sols pour livre de l'Edit d'Août 1781.

Il faut en excepter le Poisson que les Pêcheurs & Mariniers ont eux-mêmes pêché, qu'il leur est permis de vendre ou faire vendre par leurs femmes & enfans, sans être obligés de se servir du ministere des Vendeurs, ni de payer le Sol pour livre, Arrêt du Conseil du 31 Mars 1711, portant Réglement, & du 7 Juin 1763.

Il faut en excepter aussi les Morues, Harengs, & tous Poisson salés, que les Marchands, Maîtres de Navire & autres, faisant le commerce de la pêche, ont pêchés, ou fait pêcher sur des Vaisseaux expédiés des Ports de Normandie, Picardie, & qu'ils vendent eux-mêmes, ou font vendre, à leur retour de la pêche, par leurs Associés, Matelots & autres gens de l'équipage des Vaisseaux qui y ont été employés, lesquels sont pareillement déchargés du Sol pour livre; & ce, sans distinction des parts & portions appartenantes à chacun des Particuliers intéressés ou employés à ladite pêche; Arrêt & Lettres Patentes du 5 Décembre 1690; autre Arrêt du Conseil, du 31 Mars 1711.

DROITS SUR LES BOIS ET FOINS, DANS LA *VILLE* DE *DIEPPE*.

NATURE DES DROITS, ET RÉGLEMENS QUI LES AUTORISENT.	Par Cheval, ou demi-Corde de Bois à brûler.	Par cent de bottes de Foin & Paille.	PAR SOMME & demi-Somme.
	₶ ß ₰	₶ ß ₰	₶ ß ₰
Déclaration de Janvier 1759, & Droits Réservés	». 5. ».	1. 5. ».	à proportion.
Edit d'Août 1781, Dix Sols pour livre, modérés à Six Sols, par Décision du 29 dudit mois	». 1. 6.	7. 6. ».	». ». ».
TOTAL	». 6. 6.	1. 12. 6.	». ». ».

DROITS SUR LES BOIS ET FOINS,

DANS LA VILLE DE SAINT-VALERY.

NATURE DES DROITS, ET RÉGLEMENS QUI LES AUTORISENT.	Voiture à trois Chevaux.	Voiture à deux Chevaux.	Voiture à un Cheval.	Somme de Cheval.	Somme d'Asne.
	₶ ß ₰	₶ ß ₰	₶ ß ₰	₶ ß ₰	₶ ß ₰
Déclaration & Arrêt du Conseil de Janvier 1759, Arrêt du Conseil du 13 Septembre 1776 & Lettres Patentes de 1778, Droits Réservés............	». 10. ».	». 7. 6.	». 5. ».	». 1. ».	». ». 6.
Edit d'Août 1781, Dix Sols pour livre, modérés à Six Sols, par Décision du 29 du même mois..	». 3. ».	». 2. 3.	». 1. 6.	». ». 3. $\frac{3}{5}$.	». ». 1. $\frac{4}{5}$.
TOTAL..........	». 13. ».	». 9. 9.	». 6. 6.	». 1. 3. $\frac{3}{5}$.	». ». 7. $\frac{4}{5}$.

Nota. Les Voitures attelées de plus de trois Chevaux, payent à proportion, à raison de chaque Cheval en sus.

Il n'y a de Bois exempts de payer les Droits Réservés, que ceux désignés dans les Lettres Patentes du 4 Août 1778, & qui sont les Bourrées, ou Fagots sans paremens, Ronces, Epines, Puines, &c. La Somme de Cheval paie pour les Droits Réservés le Cinquieme d'une Voiture à un Cheval, & la Somme d'Asne paie le Dixieme.

DROITS SUR LES HUILES.

RÉGLEMENS.	NATURE DES DROITS.	Principal.	Dix Sols pour livre.	TOTAL.
		₶ ß ₰	₶ ß ₰	₶ ß ₰
Déclaration du Roi, de 1716, Edit du mois d'Août 1781, pour le Doublement & les Dix Sols pour livre.	Par livre pesant d'Huile de Poisson, d'Olives, d'Amendes, de Noix & autres Fruits........	». 1. ».	». ». 6.	». 1. 6.
	Par livre d'Huile de Térébentine, Lin, Chenevis, Rabette, Navette & autres Graines.........	». ». 6.	». ». 3.	». ». 9.
	Par livre d'Huile d'Essence, & autres de plus grande valeur que celles sujettes aux Droits d'un Sol..................................	». 2. ».	». 1. ».	». 3. ».
	Si le Droit principal est de plus de 3 ₶, il est dû pour l'acquit..................................	». 5. ».	». 2. 6.	». 7. 6.
	S'il n'est que de 3 ₶, ou d'une moindre somme, jusqu'à vingt sols inclusivement, le Droit d'Acquit est de..................................	». 2. ».	». 1. ».	». 3. ».

Nota. Le Droit d'Acquit n'a pas lieu, lorsque le Droit principal est au-dessous de Vingt Sols.

DROITS SUR LES CUIRS ET PEAUX,

A LA FABRICATION, A L'EXPORTATION ET A L'IMPORTATION.

RÉGLEMENS.	OBJETS sujets aux Droits.	Cuirs et Peaux, à la Fabrication. Principal.	Dix Sols pour livre.	Total.	Cuirs et Peaux, à l'Exportation. Principal.	Dix Sols pour livre.	Total.
		tt ß ₰	tt ß ₰	tt ß ₰	tt ß ₰	tt ß ₰	tt ß ₰
Edit d'Août 1759, 28 Avril & 13 Novembre 1760, pour le principal. Edit d'Août 1781, pour les Dix Sols pour livre.	Bœufs & Vaches, à fort & à œuvre; Veaux, Moutons, Agneaux, Chevreaux, Porcs & Sangliers, tannés & apprêtés en toutes sortes d'apprêts, par livre pesant....	». 2. ».	». 1. ».	». 3. ».	....	....	....
	Chevaux, Mulets, & Asnes.	». 1. ».	». ». 6.	». 1. ».	....	....	....
	Cerfs, Elans & Orignaux.	». 6. ».	». 3. ».	». 9. ».	....	....	....
	Boucs & Chevres........	». 4. ».	». 2. ».	». 6. ».	....	....	....
	Chamois, Dains & Chevreuils..................	». 10. ».	». 5. ».	». 15. ».	....	....	....
	Toutes Peaux non dénommées ci-dessus..........	dix p^r $\frac{0}{0}$	de leur	valeur..	....	....	....
	Cuirs de Bœufs & Vaches, en verd, en demi-apprêt, passant à l'Etranger, la piece.............	....	....	....	6. ». ».	3. ». ».	9. ». ».
	Peaux de Veaux, *idem*, la piece.............	....	....	....	1. ». ».	». 10. ».	1. 10. ».
	Peaux de Moutons, *idem*, la piece.............	....	....	....	». 10. ».	». 5. ».	». 15. ».
	Cuirs & Peaux à l'Importation, ci................	dix p^r $\frac{0}{0}$	de leur	valeur..	....	....	....

N^a. Tous les Cuirs apprêtés & qui ont payé les Droits, les deux tiers du Droit principal seulement sont restitués lorsque lesdits Cuirs passent à l'Etranger, & que l'on a rempli les formalités prescrites.

DROITS SUR LA MARQUE D'OR ET D'ARGENT.

RÉGLEMENS.	OBJETS sujets aux Droits.	PRINCIPAL.	DIX SOLS pour livre.	TOTAL.
		tt ß ₰	tt ß ₰	tt ß ₰
Ordonnance de 1681, art. 1er, & Edit de Mai 1723, pour le principal.	Or, par marc........	33. 12. ».	16. 16. ».	50. 8. ».
Edit d'Août 1781, pour les Dix Sols pour livre.	Argent, par marc.....	2. 16. ».	1. 8. ».	4. 4. ».

DROITS SUR L'AMIDON.

NATURE DES DROITS, ET RÉGLEMENS QUI LES AUTORISENT.	AMIDON, à la Fabrication, par Muid.	AMIDON, Poudre à poudrer, venant de l'Etranger, par livre pesant.
	₶ ß ₰	₶ ß ₰
Edit de 1771, & Arrêt du Conseil, de 1778	7. 10. ».	». 4. ».
Edit d'Août 1781, Dix Sols pour livre	3. 15. ».	». 2. ».
TOTAL	11. 5. ».	». 6. ».

DROITS SUR LES POMMES A FAIRE DU CIDRE, DANS LA VILLE DE DIEPPE.

	NATURE DES DROITS, ET RÉGLEMENS QUI LES AUTORISENT.	POMMES, trois Muids pour un de Cidre.	POIRES, trois Muids pour un de Poiré.
Arrêt du Conseil, du 10 Février 1685; les Fruits à faire Cidre & Poiré, payent les Droits d'Entrée à raison d'un Muid de Boisson pour trois Muids de Fruits.		₶ ß ₰	₶ ß ₰
	Ordonnance de 1680, titre. 1er, art. 24, Subvention	». 13. 6. ».	». 6. 9. ».
	Déclarations des 10 Octobre & 31 Decembre 1689, Jauge & Courtage	». 9. ». ».	». 9. ». ».
	Edit d'Octobre, & Arrêt du Conseil, du 29 Décembre 1705, Inspecteurs	». 5. ». ».	». 2. 6. ».
	Ordonnance de 1680, art. 4, titre 28, 40 ß par Tonneau	2. 5. ». ».	1. 16. ». ».
	Ordonnance de 1680, art. 3, tit. 3, Octrois	». 8. 4. ».	». 8. 4. ».
	TOTAL	4. ». 10. ».	3. 2. 7. ».
	Edit d'Août 1781, Dix Sols pour livre	2. ». 5. ».	1. 11. 3. ½.
	Déclaration de Janv. 1759, Droits Réservés	1. 4. ». ».	». 10. ». ».
	Edit d'Août 1781, Dix Sols pour livre, modérés à Six Sols, par Décision du 29 dudit	». 7. 2. ⅖.	». 3. ». ».
	TOTAL GÉNÉRAL	7. 12. 5. ⅖.	5. 6. 10. ½.

DROITS SUR LES QUITTANCES TIMBRÉES, POUR LA RÉGIE ET POUR LES PARTIES ÉTRANGERES.

	₶ ß ₰
Ordonnance de 1780, titre 33, Déclaration de 1690, Edit de 1748, Déclaration de 1771, & Lettres Patentes de 1780, pour le principal, par quittance de cinq sols	». ». 10.
Edit d'Août 1781, Dix Sols pour livre	». ». 5.
TOTAL	». 1. 3.

Les Congés & Expéditions qui ne sont point des Quittances de Droits, doivent les frais de Timbre, Ordonnance de 1680, titre commun, art. 16, Déclaration de 1771, & Lettres Patentes de 1780, article 10.

OBSERVATION GÉNÉRALE.

Les articles de Droits qui, payés séparément, ne forment pas une somme de 6 deniers, ne doivent pas de Sol pour livre dans ces cas.

DÉNOMINATION DES PARTIES ÉTRANGERES A LA RÉGIE,

sur lesquelles il est dû Dix Sols pour livre au Roi.

LIEUX.	DÉNOMINATION.
DIEPPE..................	Octroi................................... Droits de Quayage......................... Droits de Banage........................... Droits de Boucherie......................... Le tout appartenant à la Ville.

De l'Imprimerie de LAMESLE, Imprimeur des Fermes du Roi, au Bureau général des Aides, Hôtel de Bretonvilliers, Isle Saint Louis. 1781.

TARIF DES DROITS
DÉPENDANS
DE LA RÉGIE GÉNÉRALE,
DUS
DANS LA DIRECTION D'EU.

DROITS SUR LES BOISSONS, A L'ENTRÉE ET AU BRASSAGE, DANS LA VILLE D'EU.

EAU-DE-VIE ET LIQUEUR, par Muid de 144 Pots.

	tt	ß	₰	
Ordonnance de 1680, titre 26, article 3, Subvention.	5.	8.	».	».
Déclarations des 10 Octobre & 31 Décembre 1689, Jauge & Courtage.	2.	5.	».	».
Edit d'Octobre, & Arrêt du Conseil, du 29 Décembre 1705, Inspecteurs.	1.	10.	».	».
TOTAL.	9.	3.	».	».
Edit d'Août 1781, Dix Sols pour livre.	4.	11.	6.	».
Déclaration de Janvier 1759, Droits Réservés.	14.	8.	».	».
Edit d'Août 1781, Dix Sols pour liv. modérés à Six Sols, par Décision du 29 dudit.	4.	6.	4.	4/5.
TOTAL.	32.	8.	10.	4/5.
Nota. Les Droits de 6 tt 15 ß sont dûs, Edit de Décembre 1686, sur l'Eau-de-vie de Vin qui ne les auroit pas acquittés en route.	6.	15.	».	».
Edit d'Août 1781, Dix Sols pour livre.	3.	7.	6.	».
TOTAL GÉNÉRAL.	42.	11.	4.	4/5.

VIN ORDINAIRE ET VIN DE LIQUEUR,

par Muid de 144 Pots.

NATURE DES DROITS, ET RÉGLEMENS QUI LES AUTORISENT.	VIN ordinaire.	VIN de liqueur.
	₶ ß ₰	₶ ß ₰
Ordonnance de 1680, titre 4, art. premier, Anciens & Nouveaux Cinq Sols......	». 14. ». ».	». 14. ». ».
Idem, titre 24, art. 1er, Subvention......	1. 7. ». ».	1. 7. ». ».
Déclarations des 10 Octobre & 31 Déc. 1689. Jauge & Courtage..	». 15. ». ».	». 15. ». ».
Edit d'Octobre, & Arrêt du Conseil, du 29 Déc. 1705, Inspecteurs.	». 10. ». ».	». 10. ». ».
TOTAL......	3. 6. ». ».	3. 6. ». ».
Edit d'Août 1781, Dix Sols pour livre......	1. 13. ». ».	1. 13. ». ».
TOTAL......	4. 19. ». ».	4. 19. ». ».
Déclaration du Roi, de Janvier 1759, Droits Réservés......	1. 10. ». ».	6. ». ». ».
Edit d'Août 1781, Dix Sols pour livre; modérés à Six Sols, par Décision du 29 dudit......	». 9. ». ».	1. 16. ». ».
TOTAL GÉNÉRAL......	6. 18. ». ».	12. 15. ». ».

CIDRE, POIRE ET BIERE,

à l'Entrée & au Brassage, par Muid de 144 Pots.

NATURE DES DROITS, ET RÉGLEMENS QUI LES AUTORISENT.	CIDRE.	POIRÉ.	BIERE.
	₶ ß ₰	₶ ß ₰	₶ ß ₰
Ordonnance de 1680, titre 24, art. 1er, titre 27, art. 6, Subvention.	». 13. 6.	». 6. 9. ».	». 13. 6.
Déclarations des 10 & 31 Décembre 1689, Jauge & Courtage.	». 9. ».	». 9. ». ».	». 9. ».
Edit d'Octobre & Arrêt du Conseil du 29 Déc. 1705, Inspecteurs.	». 5. ».	». 2. 6. ».	». 5. ».
TOTAL......	1. 7. 6.	». 18. 3. ».	1. 7. 6.
Edit d'Août 1781, Dix Sols pour livre......	». 13. 9.	». 9. 1. ½.	». 13. 9.
Déclaration du 3 Janvier 1759, Droits Réservés......	». 10. ».	». 5. ». ».	». 10. ».
Edit d'Août 1781, 10ß p ₶, modérés à 6 ß, par Décision du 29 dudit.	». 3. ».	». 1. 6. ».	». 3. ».
TOTAL......	2. 14. 3.	1. 13. 10. ½.	2. 14. 3.
Ordonnance de 1680, titre 27, Biere à la Fabrication, Contrôle......			1. 10. ».
Edit d'Août 1781, Dix Sols pour livre......			». 15. ».
TOTAL GÉNÉRAL......			4. 19. 3.

DROITS SUR LES BOISSONS, A L'ENTRÉE ET AU BRASSAGE, DANS LA VILLE DE BLANGY.

EAU-DE-VIE ET LIQUEUR, *par Muid de 144 Pots.*

	₶	ß	₰
Ordonnance de 1680, titre 26, art. 3, Subvention	5.	8.	». ».
Déclarations des 10 Octobre & 31 Décembre 1689, Jauge & Courtage	2.	5.	». ».
Edit d'Octobre & Arrêt du Conseil, du 29 Décembre 1705, Inspecteurs	1.	10.	». ».
TOTAL	9.	3.	». ».
Edit d'Août 1781, Dix Sols pour livre	4.	11.	6. ».
Déclaration du Roi, de Janvier 1759, Droits Réservés	14.	8.	». ».
Edit d'Août 1781, Dix Sols p^r ₶, modérés à Six sols, par Décision du 29 dudit mois	4.	6.	4. 4/7
TOTAL	32.	8.	10. 4/7
Nota. Les Droits de 6 ₶ 15 ß sont dûs, Édit de Décembre 1686, sur l'Eau-de-vie de Vin qui ne les auroit pas acquittés en route	6.	15.	». ».
Edit d'Août 1781, Dix Sols pour livre	3.	7.	6. ».
TOTAL GÉNÉRAL	42.	11.	4. 4/7

VIN ORDINAIRE ET VIN DE LIQUEUR, *par Muid de 144 Pots.*

NATURE DES DROITS, ET RÈGLEMENS QUI LES AUTORISENT.	VIN ordinaire. ₶ ß ₰	VIN de liqueur. ₶ ß ₰
Ordonnance de 1680, titre 4, article 1er, Anciens & Nouveaux Cinq Sols	». 14. ».	». 14. ».
Idem, titre 14, article premier, Subvention	1. 7. ».	1. 7. ».
Déclarations des 10 Octobre & 31 Déc. 1689, Jauge & Courtage	». 15. ».	». 15. ».
Edit d'Octobre & Arrêt du Conseil, du 29 Décembre 1705, Inspecteurs	». 10. ».	». 10. ».
TOTAL	3. 6. ».	3. 6. ».
Edit d'Août 1781, Dix Sols pour livre	1. 13. ».	1. 13. ».
TOTAL	4. 19. ».	4. 19. ».
Déclaration du Roi, du 3 Janvier 1759, Droits Réservés	1. 5. ».	6. ». ».
Edit d'Août 1781, Dix Sols pour liv., modérés à Six Sols, par Décision du 29 dudit	». 7. 6.	1. 16. ».
TOTAL GÉNÉRAL	6. 11. 6.	12. 15. ».

CIDRE, POIRÉ ET BIERE,

à l'Entrée & au Brassage, par Muid de 144 Pots.

NATURE DES DROITS, ET RÉGLEMENS QUI LES AUTORISENT.	CIDRE.	POIRÉ.	BIERE.
	₶ ß ₰	₶ ß ₰	₶ ß ₰
Ordonnance de 1680, titre 24, art. 1er, titre 27, art. 6, Subvention.	». 15. 6.	». 6. 9. ».	». 15. 6.
Déclarations des 10 Octobre & 31 Déc. 1689, Jauge & Courtage.	». 9. ».	». 9. ». ».	». 9. ».
Edit d'Octobre & Arrêt du Conseil du 29 Déc. 1705, Inspecteurs.	». 5. ».	». 2. 6. ».	». 5. ».
TOTAL...........	1. 7. 6.	». 18. 3. ».	1. 7. 6.
Edit d'Août 1781, Dix Sols pour livre......................	». 13. 9.	». 9. 1. ½.	». 13. 9.
Déclaration de Janvier 1759, Droits Réservés................	». 10. ».	». 5. ». ».	». 10. ».
Edit d'Août 1781, 10 ß p. ₶ modérés à 6 ß, Décision du 29 dudit..	». 3. ».	». 1. 6. ».	». 3. ».
TOTAL...........	2. 14. 3.	1. 13. 10. ½.	2. 14. 3.
Ordonnance de 1680, titre 27, Contrôle des Bieres à la Fabrication..................			1. 10. ».
Edit d'Août 1781, Dix Sols pour livre..................................			». 15. ».
TOTAL GÉNÉRAL........			4. 19. 3.

DROITS SUR LES BOISSONS, A L'ENTRÉE ET AU BRASSAGE,

DANS LA VILLE DU TRÉPORT.

EAU-DE-VIE ET LIQUEUR, par Muid de 144 Pots.

	₶	ß	₰	
Ordonnance de 1680, titre 26, article 3, Subvention........................	5.	8.	».	».
Déclarations du Roi, des 10 Octobre & 31 Décembre 1689, Jauge & Courtage.	2.	5.	».	».
Edit d'Octobre & Arrêt du Conseil, du 29 Décembre 1705, Inspecteurs........	1.	10.	».	».
TOTAL............	9.	3.	».	».
Edit d'Août 1781, Dix Sols pour livre..................................	4.	11.	6.	».
Déclaration de Janvier 1759, Droits Réservés............................	14.	8.	».	».
Edit d'Août 1781, Dix Sols pour livre, modérés à Six Sols, par Décision du 29 dudit mois..	4.	6.	4	⅘.
TOTAL............	32.	8.	10.	⅘.
Nota. Les Droits de 6 ₶ 15 ß sont dûs, Edit de Décembre 1686, sur l'Eau-de-vie de Vin qui ne les auroit pas acquittés en route............................	6.	15.	».	».
Edit d'Août 1781, Dix Sols pour livre................................	3.	7.	6.	».
TOTAL GÉNÉRAL..........	42.	11.	4	⅘.

VIN ORDINAIRE ET VIN DE LIQUEUR, par Muid de 144 Pots.

NATURE DES DROITS, ET RÉGLEMENS QUI LES AUTORISENT.	VIN ordinaire.	VIN de liqueur.
	₶ ß ₰	₶ ß ₰
Ordonnance de 1680, titre 4, article 1er, Anciens & Nouveaux Cinq Sols	». 14. ». ».	». 14. ». ».
Idem, titre 24, art. premier, Subvention	1. 7. ». ».	1. 7. ». ».
Déclarations des 10 Octobre & 31 Déc. 1689, Jauge & Courtage	». 15. ». ».	». 15. ». ».
Edit d'Octobre & Arrêt du Conseil, du 29 Déc. 1705, Inspecteurs	». 10. ». ».	». 10. ». ».
TOTAL	3. 6. ». ».	3. 6. ». ».
Édit d'Août 1781, Dix Sols pour livre	1. 13. ». ».	1. 13. ». ».
Déclaration de Janvier 1759, Droits Réservés	1. ». ». ».	6. ». ». ».
Edit d'Août 1781, Dix Sols pour livre, modérés à Six Sols, par Décision du 29 dudit mois	». 6. ». ».	1. 16. ». ».
TOTAL	6. 5. ». ».	12. 15. ». ».
Le Vin qui arrive par Mer, comme par Terre, est sujet aux Droits de 4 ₶ 9 ₰; Ordonnance de 1680, titre 1er, art. 1er, ci	4. ». 9. ».	». ». ». ».
Edit d'Août 1781, Dix Sols pour livre	2. ». 4. ½.	». ». ». ».
TOTAL GÉNÉRAL	12. 6. 1. ½.	12. 15. ». ».

CIDRE, POIRÉ ET BIERE,

à l'Entrée & au Brassage, par Muid de 144 Pots.

NATURE DES DROITS, ET RÉGLEMENS QUI LES AUTORISENT.	CIDRE.	POIRÉ.	BIERE.
	₶ ß ₰	₶ ß ₰	₶ ß ₰
Ordonnance de 1680, titre 24, art. 1er, titre 27, art. 6, Subvention	». 13. 6.	». 6. 9. ».	». 13. 6. ».
Déclarations des 10 Octobre & 31 Déc. 1689, Jauge & Courtage	». 9. ».	». 9. ». ».	». 9. ». ».
Edit d'Octobre & Arrêt du Conseil du 29 Déc. 1705, Inspecteurs	». 5. ».	». 2. 6. ».	». 5. ». ».
TOTAL	1. 7. 6.	». 18. 3. ».	1. 7. 6. ».
Edit d'Août 1781, Dix Sols pour livre	». 13. 9.	». 9. 1. ½.	». 13. 9. ».
Déclaration de Janvier 1759, Droits Réservés	». 10. ».	». 5. ». ».	». 10. ». ».
Edit d'Août 1781, Dix Sols pour livre, modérés à Six Sols, par Décision du 29 dudit mois	». 3. ».	». 1. 6. ».	». 3. ». ».
TOTAL	2. 14. 3.	1. 13. 10. ½.	2. 14. 3. ».
Ordonnance de 1680, titre 27, Contrôle à la Fabrication de la Biere			1. 10. ». ».
Edit d'Août 1781, Dix Sols pour livre			». 15. ». ».
TOTAL GÉNÉRAL			4. 19. 3. ».

DROITS SUR LES BOISSONS, A L'ENTRÉE ET AU BRASSAGE,

dans les Bourgs de Criel, Foucarmont, Grandcourt & Montchaux.

EAU-DE-VIE, VIN, CIDRE, POIRÉ ET BIERE,

par Muid de 144 Pots.

NATURE DES DROITS, ET RÉGLEMENS QUI LES AUTORISENT.	EAU-DE-VIE & Liqueur.	VIN ordinaire & de Liqueur.	CIDRE.	POIRÉ.	BIERE.
	₶ ſ ₫	₶ ſ ₫	₶ ſ ₫	₶ ſ ₫	₶ ſ ₫
Ordonnance de 1680, titre 4, article 1er, Anciens & Nouveaux Cinq Sols........	». ». ».	». 14. ».	». ». ».	». ». ».	». ». ».
Ordonnance de 1680, titre 26, art. 3, titre 24, art. 1er & titre 27, art. 6, Subvention...	5. 8. ».	1. 7. ».	». 13. 6.	». 6. 9.	». 13. 6.
Déclarations des 10 Octobre & 31 Décembre 1689, Jauge & Courtage............	2. 5. ».	». 15. ».	». 9. ».	». 9. ».	». 9. ».
Edit d'Octobre & Arrêt du Conseil du 29 Décembre 1705, Inspecteurs...........	1. 10. ».	». 10. ».	». 5. ».	». 2. 6.	». 5. ».
TOTAL............	9. 3. ».	4. 6. ».	1. 7. 6.	». 18. 3.	1. 7. 6.
Edit d'Août 1781, Dix Sols pour livre.....	4. 11. 6.	1. 13. ».	». 13. 9.	». 9. 1½.	». 13. 9.
TOTAL..........	13. 14. 6.	4. 19. ».	2. 1. 3.	1. 7. 4½.	2. 1. 3.
Ordonnance de 1680, titre 27, Droit de Contrôle sur la Biere à la Fabrication...	». ». ».	». ». ».	». ». ».	». ». ».	1. 10. ».
Edit d'Août 1781, Dix Sols pour livre.....	». ». ».	». ». ».	». ». ».	». ». ».	». 15. ».
Les Droits de 6 ₶ 15 ſ sont dûs, Edit de Décembre 1686, sur l'Eau-de-vie de Vin qui ne les auroit pas acquittés en route.......	6. 15. ».	». ». ».	». ». ».	». ». ».	». ». ».
Edit d'Août 1781, Dix Sols pour livre....	3. 7. 6.	». ». ».	». ». ».	». ». ».	». ». ».
TOTAL GÉNÉRAL....	23. 17. ».	4. 19. ».	2. 1. 3.	1. 7. 4½.	4. 6. 3.

OBSERVATIONS GÉNÉRALES.

L'Eau-de-vie rectifiée & l'Esprit-de-Vin sont assujettis, par la Déclaration du Roi, de 1687, l'Eau-de-vie rectifiée au double, & l'Esprit-de-Vin au triple des Droits de 6 ₶ 15 ſ & de Subvention; du reste ces Liqueurs doivent les mêmes Droits que l'Eau-de-vie simple.

Les Nobles & les Ecclésiastiques sont exempts, les premiers pour les Boissons de leur crû & pour leur consommation, de la Subvention; les seconds ne doivent point aussi pour leur consommation, sur les Boissons de crû de Bénéfice, les Nouveaux Cinq Sols, la Subvention, Jauge & Courtage, & les Droits Réservés, en se conformant les uns & les autres aux Réglemens.

Les Droits de 6 ₶ 15 ſ sur l'Eau-de-vie, établis par l'Ordonnance de 1680, titre 26, art. premier, sont exigibles sur les Eaux-de-vie de vin, non seulement aux Entrées des lieux sujets, mais encore dans les autres lieux, lorsqu'ils n'ont pas été payés aux Bureaux de passage, ou en route, Edit de Décembre 1686, & ils comportent les Dix Sols pour livre de l'Edit d'Août 1781, ce qui forme, en principal.......... ₶ ſ ₫ 6. 15. ».

Edit d'Août 1781, Dix Sols pour livre.......... 3. 7. 6.

TOTAL.......... 10. 2. 6.

DROITS A LA SORTIE DU ROYAUME,

NATURE DES DROITS, et Réglemens qui les autorisent.	VIN.
	₶ ß ₰
Ordonnance de 1680, titre 4, article 16, Anciens & Nouveaux Cinq Sols	». 14. ».
Edit d'Août 1781, Dix Sols pour livre	». 7. ».
Total	1. 1. ».

DROITS DE GROS.

Par l'Arrêt du Conseil, de Mars 1751, les Vins destinés pour être consommés dans la Province de Normandie, étant exempts des Droits de Gros au passage, quand ils viennent d'un pays non sujet, on les perçoit lorsqu'ils s'enlevent de Normandie pour aller à l'Etranger, ou dans une autre Province; ils consistent dans le vingtieme du prix de la vente, l'augmentation de 16 ß 3 ₰, & le Droit de Courtage de 10 ß par Muid.

EXEMPLE,

Pour du Vin vendu 150 liv. le Muid.

	₶ ß ₰	₶ ß ₰	₶ ß ₰
Gros ou Vingtieme	7. 10. ».	8. 16. 3. ».	13. 4. 4. ½.
Augmentation	». 16. 3.		
Courtage	». 10. ».		
Edit d'Août 1781, Dix Sols pour livre		4. 8. 1. ½.	

DROITS A LA VENTE ET REVENTE DES BOISSONS,

dans toute l'étendue de la Direction, sous la dénomination de Courtiers-Jaugeurs.

BOISSONS.	RÉGLEMENS qui autorisent la perception des Droits.	1er Enlévement. Quotité de chaque Droit.	1er Enlévement. Total par nature de Boissons.	2e Enlévement. Quotité de chaque Droit.	2e Enlévement. Total par nature de Boissons.
		₶ ß ₰	₶ ß ₰	₶ ß ₰	₶ ß ₰
Eaux-de-vie.	Tarif de 1696, Courtiers-Jaugeurs	1. 10. 8. ».	2. 6. ». ».	1. ». ». ».	1. 10. ». ».
	Edit d'Août 1781, Dix Sols pr liv.	». 15. 4. ».		». 10. ». ».	
Liqueur..	Tarif de 1696, Courtiers-Jaugeurs	1. 18. ». ».	2. 17. ». ».	1. 10. ». ».	2. 5. ». ».
	Edit d'Août 1781, Dix Sols pr liv	». 19. ». ».		». 15. ». ».	
Vin........	Tarif de 1696, Courtiers-Jaugeurs	». 6. 6. ».	». 9. 9. ».	». 2. 6. ».	». 3. 9. ».
	Edit d'Août 1781, Dix Sols pr liv	». 3. 3. ».		». 1. 3. ».	
Cidre, Poiré & Biere....	Tarif de 1696, Courtiers-Jaugeurs	». 3. 3. ».	». 4. 10. ½.	». 1. 3. ».	». 1. 10. ½.
	Edit d'Août 1781, Dix Sols pr liv	». 1. 7. ½.		». ». 7. ½.	

DROITS DUS A LA VENTE EN DÉTAIL DES BOISSONS,

DANS TOUTE L'ÉTENDUE DE LA DIRECTION,

par Muid de 144 Pots.

NATURE DES DROITS, ET RÉGLEMENS QUI LES AUTORISENT.	Eau-de-vie, à 3 livres le Pot.	VIN, à 1 sol la Pinte.	CIDRE, à 5 deniers la Pinte.	POIRÉ, à 6 deniers la Pinte.	BIERE, à 15 sols le Pot.
	₶ ß đ	₶ ß đ	₶ ß đ	₶ ß đ	₶ ß đ
Le Quatrieme sur l'Eau-de-vie est le tiers du prix de la Vente, Ordonnance de 1680, titre 26, art. 3, Edit de Décembre 1686.	144. ». ».	». ». ». ».	». ». ». ».	». ». ». ».	». ». ».
Sur le Vin, Cidre & Poiré, les Droits de Détail sont le Quatrieme, réduit au Cinquieme, Ordonnance de 1680, titre 14, art. 1er & 2[e]	». ». ».	3. 18. ». ».	1. 18. ». ».	1. 18. ». ».	». ». ».
Sur la Biere, le Quatrieme du Prix de la Vente, Parisis, sol & six deniers, Ordonnance de 1680, titre 27, art. 6	». ». ».	». ». ». ».	». ». ». ».	». ». ». ».	19. 11. 3.
Edit d'Août 1781, Dix Sols pour livre, modérés à Huit Sols par Décision du 29 dudit mois	57. 12. ».	1. 11. 2. $\frac{1}{3}$.	». 15. 2. $\frac{1}{3}$.	». 15. 2. $\frac{2}{3}$.	11. 12. 6.
TOTAL	201. 12. ».	5. 9. 2. $\frac{1}{3}$.	2. 13. 2. $\frac{1}{3}$.	2. 13. 2. $\frac{2}{3}$.	40. 13. 9.
Ordonnance de 1680, titre 26, art. 3, titre 23 art. 1er, & titre 27, art. 6, Subvention à la Consommation	5. 8. ».	1. 7. ». ».	». 13. 6. ».	». 6. 9. ».	». 13. 6.
Déclaration du 10 Octobre 1689, Jauge & Courtage	2. 5. ».	». 15. ». ».	». 9. ». ».	». 9. ». ».	». 9. ».
TOTAL	7. 13. ».	2. 2. ». ».	1. 2. 6. ».	». 15. 9. ».	1. 2. 6.
Edit d'Août 1781, Dix Sols pour livre	3. 16. 6.	1. 1. ». ».	». 11. 3. ».	». 7. 10. $\frac{1}{2}$.	». 11. 3.
TOTAL de la Subvention, Jaugé & Courtage, & Dix Sols pour livre	11. 9. 6.	3. 3. ». ».	1. 13. 9. ».	1. 3. 7. $\frac{1}{2}$.	1. 13. 9.
Rapport du Quatrieme	201. 12. ».	5. 9. 2. $\frac{1}{3}$.	2. 13. 2. $\frac{1}{3}$.	2. 13. 2. $\frac{2}{3}$.	40. 13. 9.
TOTAL GÉNÉRAL	213. 1. 6.	8. 12. 2. $\frac{1}{3}$.	4. 6. 11. $\frac{1}{3}$.	3. 16. 9 $\frac{4}{12}$.	42. 6. 6.

N.ª Lorsque le Vin est vendu plus d'un sol la Pinte, les Droits de Quatrieme sont augmentés, à raison de 3 ₶ 18 ß pour chaque sol; & lorsque le Cidre & Poiré sont aussi vendus plus de 6 đ la Pinte, les Droits sont augmentés à raison de 6 ß par chaque denier, art. ci-dessus cités.

Il est encore à observer que les Droits de Jauge & Courtage au Détail, ne se perçoivent dans aucun des lieux où ils sont payés à l'Entrée.

Il est dû au Détail, dans la Ville d'Eu, avec les Droits de Quatrieme & de Subvention, sur le pied du Tableau ci-dessus, un Droit de premiere moitié d'Octroi de 3 ₶ 12 ß par Muid de Vin, 10 ß par Muid de Cidre & Poiré, & 7 ß 6 đ par Muid de Biere, Ordonnance de 1681: ces Droits sont sujets aux Dix Sols pour livre de l'Edit d'Août 1781.

Les Vin, Cidre, Poiré & Biere ne doivent au Détail, dans la Ville du Tréport, que la moitié des Droits de Quatrieme, & la Subvention en entier, Tarif du 15 Mai 1688, l'autre moitié appartient à la Ville, sous le nom de *Grand Octroi*. En conséquence, les Droits ne sont tirés au Tréport, pour le Quatrieme, qu'à raison de la moitié du Prix de la Vente.

Les Droits de Détail sont dus, conformément au Tarif ci-dessus, sur les Boissons arrivant & transportées en Bouteille, Lettres Patentes du 26 Mai 1728, aux exceptions y portées, & qui tombent sur le Vin de Liqueur venant en Caisses, les Vins de Champagne gris, transportés en panier de cent Bouteilles, & les Vins, tant pour la provision des Gens qualifiés qui vont dans leurs Terres, que pour celle de tous autres allant aux Eaux de Forges, en remplissant les formalités prescrites.

Les Eaux-de-vie transportées en Barils au-dessous de soixante Pintes, sont aussi assujetties aux Droits de Détails, Lettres Patentes du 24 Août 1728. Ils sont encore dus par les Bouilleurs & Marchands d'Eau-de-vie en gros, sur les manquans à leur charge, déduction faite du 21ᵉ pour 20, Lettres Patentes citées ci-dessus : & les Soumissionnaires d'Eau-de-vie sont assujettis au paiement du double desdits Droits sur les Eaux-de-vie pour lesquelles ils ne rapportent pas dans les trois mois, Certificat d'arrivée, Lettres Patentes des 4 Juin 1726, & 2 Mars 1728.

DROIT ANNUEL.

		tt ß ϑ	tt ß ϑ
Dans les Villes....	Ordonnance de 1680, titre 29, art. 1er......	8. ». ».	12. ». ».
	Edit d'Août 1781, Dix Sols pour livre.....	4. ». ».	
Dans les autres Lieux.	Ordonnance de 1680, titre 29, art. 1er.......	6. 10. ».	9. 15. ».
	Edit d'Août 1781, Dix Sols pour livre.....	3. 5. ».	

Ce Droit est dû en entier par tous les Marchands en gros, Bouilleurs, Brasseurs, Cabaretiers, Taverniers & autres vendans en détail.

Les Détailleurs de Biere ne doivent que la moitié de l'Annuel, Ordonnance de 1680, titre 29, article 7.

DROITS SUR LES BESTIAUX, A L'ENTRÉE ET AU MASSACRE, dans la Ville d'Eu.

NATURE DES DROITS, ET RÉGLEMENS QUI LES AUTORISENT.	Bœuf & Vache.	Veau & Genisse.	Mouton, Brebis & Chevre.	Porc.	Livre de Viande.
	tt ß ϑ	tt ß ϑ	tt ß ϑ	tt ß ϑ	tt ß ϑ
Edit de Février & Arrêt du Conseil, du 19 Août 1704, Inspecteurs..............................	2. ». ».	». 12. ».	». 4. ».	». ». ».	». ». 2.
Edit d'Août 1781, Dix Sols pour livre..........	1. ». ».	». 6. ».	». 2. ».	». ». ».	». ». 1.
Déclaration du Roi, de 1759, Droits Réservés...	2. ». ».	». 13. 4.	». 5. ».	». 13. 4.	à proport.
Edit d'Août 1781, Dix Sols pour livre, modérés à Six Sols, par Décision du 29 dudit mois......	». 12. ».	». 4. ».	1. 6. ».	». 4. ».	*Idem.*
TOTAL.......	5. 12. ».	1. 15. 4.	». 12. 6.	». 17. 4.	». ». 3.

DROITS SUR LES BESTIAUX, A L'ENTRÉE ET AU MASSACRE, dans la Ville de Blangy.

NATURE DES DROITS, ET RÉGLEMENS QUI LES AUTORISENT.	Bœuf & Vache.	Veau & Genisse.	Mouton, Brebis & Chevre.	Porc.	Livre de Viande.
	tt ß ϑ	tt ß ϑ	tt ß ϑ	tt ß ϑ	tt ß ϑ
Edit de Février & Arrêt du Conseil du 19 Août 1704, Inspecteurs..............................	1. ». ».	». 12. ».	». 4. ».	». ». ».	». ». 2.
Edit d'Août 1781, Dix Sols pour livre..........	1. ». ».	». 6. ».	». 2. ».	». ». ».	». ». 1.
Déclaration de Janvier 1759, Droits Réservés....	1. 10. ».	». 10. ».	». 3. 6.	». 10. ».	à proport.
Edit d'Août 1781, Dix Sols pour livre, modérés à Six Sols, par Décision du 29 dudit mois.....	». 9. ».	». 3. ».	». 1. ». ½	». 3. ».	*Idem.*
TOTAL.......	». 19. ».	1. 11. ».	». 10. 6. ½	». 13. ».	». ». 3.

DROITS SUR LES BESTIAUX, A L'ENTRÉE ET AU MASSACRE,

dans la Ville du Tréport.

NATURE DES DROITS, ET RÉGLEMENS QUI LES AUTORISENT.	Bœuf & Vache.	Veau & Geniſſe.	Mouton, Brebis & Chevre.	Porc.	Livre de Viande.
	₶ ß ₰	₶ ß ₰	₶ ß ₰	₶ ß ₰	₶ ß ₰
Edit de Février & Arrêt du Conſeil du 19 Août 1704, Inſpecteurs.	2. ». ».	». 12. ».	». 4. ». ».	». ». ».	». ». 2.
Edit d'Août 1781, Dix Sols pour livre.	1. ». ».	». 6. ».	». 2. ». ».	». ». ».	». ». 1.
Déclaration de Janvier 1759, Droits Réſervés.	1. ». ».	». 6. 8.	». 3. ». ».	». 6. 8.	à proport.
Edit d'Août 1781, Dix Sols pour livre, modérés à Six Sols, par Déciſion du 29 dudit mois.	». 6. ».	». 2. ».	». ». 10. $\frac{4}{5}$.	». 2. ».	*Idem.*
TOTAL	4. 6. ».	1. 6. 8.	». 9. 10. $\frac{4}{5}$.	». 8. 8.	». ». 3.

DROITS SUR LES BESTIAUX, A L'ENTRÉE ET AU MASSACRE,

dans les Bourgs de Criel, Foucarmont, Grandcourt & Montchaux, dûs dans les Campagnes, avant l'Abattis, par les Bouchers, Maîtres & fils de Maîtres, & à la Vente hors domicile, par tous les autres Bouchers.

NATURE DES DROITS, ET RÉGLEMENS QUI LES AUTORISENT.	Bœuf & Vache.	Veau & Geniſſe.	Mouton, Brebis & Chevre.	Porc.	Livre de Viande.
	₶ ß ₰	₶ ß ₰	₶ ß ₰	₶ ß ₰	₶ ß ₰
Edit de Février & Arrêt du Conſeil du 19 Août 1704, Inſpecteurs.	2. ». ».	». 12. ».	». 4. ».	». ». ».	». ». 2.
Edit d'Août 1781, Dix Sols pour livre.	1. ». ».	». 6. ».	». 2. ».	». ». ».	». ». 1.
TOTAL	3. ». ».	». 18. ».	». 6. ».	». ». ».	». ». 3.

DROITS SUR LE POISSON DE MER,

FRAIS, SEC ET SALÉ, AU TRÉPORT.

Par Edit de 1583, & autres Réglemens ſubſéquens, il eſt dû ſur le Poiſſon venant de l'Étranger ou de pêche Françoiſe, lorſque ce dernier n'eſt pas vendu par le Propriétaire, le Vingtieme du prix de la vente, ou Sol pour livre, & les Dix Sols pour livre de l'Edit d'Août 1781.

Il faut en excepter le Poiſſon que les Pêcheurs & Mariniers ont eux-mêmes pêché, qu'il leur eſt permis de vendre ou faire vendre par leurs femmes & enfans, ſans être obligés de ſe ſervir du miniſtere des Vendeurs, ni de payer le Sol pour livre, Arrêt du Conſeil du 31 Mars 1711, portant Réglement, & du 7 Juin 1763.

Il faut en excepter auſſi les Morues, Harengs, & tous Poiſſons ſalés, que les Marchands, Maîtres de Navire & autres, faiſant le commerce de la pêche, ont pêchés, ou fait pêcher ſur des Vaiſſeaux expédiés des Ports de Normandie & Picardie, qu'ils vendent eux-mêmes, ou font vendre, à leur retour de la pêche, par leurs Aſſociés, Matelots & autres gens de l'équipage des Vaiſſeaux qui y ont été employés, leſquels ſont pareillement déchargés du Sol pour livre ; & ce, ſans diſtinction des parts & portions appartenantes à chacun des Particuliers intéreſſés ou employés à ladite pêche ; Arrêt & Lettres Patentes du 5 Décembre 1690 ; autre Arrêt du Conſeil, du 31 Mars 1711.

DROITS SUR LES BOIS ET FOINS,
DANS LA VILLE D'EU.

NATURE DES DROITS, et Réglemens qui les autorisent.	Voiture à un Cheval.	Voiture à deux Chevaux.	Voiture à trois Chevaux.	Somme de Cheval.	Somme d'Asne.
	₶ ß ₰	₶ ß ₰	₶ ß ₰	₶ ß ₰	₶ ß ₰
Déclaration de Janvier 1759, & Arrêt du Conseil de 1776, Droits Réservés	». 5. ».	». 7. 6.	». 10. ».	». 1. ».	». ». 6.
Edit d'Août 1781, Dix Sols pour livre, modérés à Six Sols, par Décision du 29 du même mois	». 1. 6.	». 2. 3.	». 3. ».	». ». 3. $\frac{3}{5}$.	». ». 1 $\frac{8}{10}$.
TOTAL	». 6. 6.	». 9. 9.	». 13. ».	». 1. 3. $\frac{3}{5}$.	». ». 7 $\frac{8}{10}$.

Nota. Les Voitures attelées de plus de trois Chevaux, payent à proportion, à raison de chaque Cheval en sus.

Il n'y a de Bois exempts de payer les Droits Réservés, que ceux désignés dans les Lettres Patentes du 4 Août 1778, & qui sont les Bourrées ou Fagots sans paremens, d'Epines, Ronces, Puines, &c.

PREMIERE MOITIE D'OCTROIS,
SOUS LE NOM DE FEUX ET BALISES AU TRÉPORT.

NATURE DES DROITS, et Réglemens qui les autorisent.	Navire ou Bateau ponté.	Bateau non ponté.	Chaloupe.	Navire ou Bateau pour la saison du Hareng.	Navire ou Bateau pour la saison du Maquereau.
	₶ ß ₰	₶ ß ₰	₶ ß ₰	₶ ß ₰	₶ ß ₰
Ordonnance de 1681	». 5. ».	». 3. ».	». 1. 6.	1. 10. ».	». 15. ».
Edit d'Août 1781, Dix Sols pour livre	». 2. 6.	». 1. 6.	». ». 9.	». 15. ».	». 7. 6.
TOTAL	». 7. 6.	». 4. 6.	». 2. 3.	2. 5. ».	1. 2. 6.

DROITS SUR LES HUILES,
A LA FABRICATION.

RÉGLEMENS.	NATURE DES DROITS.	Principal.	Dix Sols pour livre.	TOTAL.
		₶ ß ₰	₶ ß ₰	₶ ß ₰
Déclaration du Roi, de 1716, Edit du mois d'Août 1781, pour le Doublement, & les Dix Sols pour livre.	Par livre pesant d'Huile de Poisson, d'Olives, d'Amendes, de Noix & autres Fruits	». 1. ».	». ». 6.	». 1. 6.
	Par livre d'Huile de Térébenthine, Lin, Chenevis, Rabette, Navette & autres Graines	». ». 6.	». ». 3.	». ». 9.
	Par livre d'Huile d'Essence, & autres de plus grande valeur que celles sujettes aux Droits d'un Sol	». 2. ».	». 1. ».	». 3. ».
	Si le Droit principal est de plus de 3 ₶, il est dû pour l'acquit	». 5. ».	». 2. 6.	». 7. 6.
	S'il n'est que de 3 ₶, & d'une moindre somme, jusqu'à vingt sols inclusivement, le Droit d'Acquit est de	». 2. ».	». 1. ».	». 3. ».

Nota. Le Droit d'Acquit n'a pas lieu, lorsque le Droit principal est au-dessous de Vingt Sols.

DROITS SUR LES CUIRS ET PEAUX,

A LA FABRICATION, A L'EXPORTATION ET A L'IMPORTATION,

établis par Edit & Arrêts des Mois d'Août 1759, Juin & Novembre 1760, pour le Principal, avec les Dix Sols pour livre de l'Édit d'Août 1781.

OBJETS SUJETS AUX DROITS.	*Cuirs et Peaux, à la Fabrication.*			*Cuirs et Peaux, à l'Exportation.*			Cuirs & Peaux, à l'Importation.
	Principal.	Dix Sols pour livre.	Total.	Principal.	Dix Sols pour livre.	Total.	
	tt ß ₰	tt ß ₰	tt ß ₰	tt ß ₰	tt ß ₰	tt ß ₰	
Cuirs de Bœufs & Vaches, à fort & à œuvre; Peaux de Veaux, Moutons, Agneaux, Chevreaux, Porcs & Sangliers, tannés & apprêtés en toutes sortes d'apprêts, la livre pesant........	». 2. ».	». 1. ».	». 3. ».	....	....	....	10 p. % de leur valeur.
Chevaux, Mulets, & Asnes...	». 1. ».	». ». 6.	». 1. 6.	....	....	....	
Cerfs, Elans & Orignaux.....	». 6. ».	». 3. ».	». 9. ».	....	....	....	
Boucs & Chevres..............	». 4. ».	». 2. ».	». 6. ».	....	....	....	
Chamois, Dains & Chevreuils..................	». 10. ».	». 5. ».	». 15. ».	....	....	....	
Toutes Peaux non dénommées ci-dessus, dix pour cent de leur valeur..................	*Mémoire.*	....	....	....	....	....	
Cuirs de Bœufs & Vaches, en verd, & en demi-apprêt, passant à l'Etranger, la piece....	....	....	....	6. ». ».	3. ». ».	9. ». ».	
Peaux de Veaux, *idem*, la piece..................	....	....	....	1. ». ».	». 10. ».	1. 10. ».	
Peaux de Moutons, *idem*, la piece..................	....	....	....	». 10. ».	». 5. ».	». 15. ».	

Nᵃ. Tous les Cuirs apprêtés & qui ont payé les Droits, le tiers, en principal seulement, en est restitué, lorsque lesdits Cuirs passent à l'Etranger, en remplissant les formalités.

DROITS SUR LA MARQUE D'OR ET D'ARGENT.

RÉGLEMENS.	OBJETS sujets aux Droits.	Principal.	Dix Sols pour livre.	Total.
		tt ß ₰	tt ß ₰	tt ß ₰
Ordonnance de 1681, tit. 2, art. 1er, & Edit de Mai 1723, pour le Principal.	Or, par marc........	33. 12. ».	16. 16. ».	50. 8. ».
Edit d'Août 1781, pour les Dix Sols pour livre.	Argent, par marc.....	2. 16. ».	1. 8. ».	4. 4. ».

DROITS SUR L'AMIDON ET POUDRE.

NATURE DES DROITS, ET RÉGLEMENS QUI LES AUTORISENT.	AMIDON, à la Fabrication, par Muid.	AMIDON, Poudre à poudrer, venant de l'Etranger, par livre pesant.
	₶ ß ₰	₶ ß ₰
Edit de 1771, & Arrêt du Conseil, de 1778	7. 10. ».	». 4. ».
Edit d'Août 1781, Dix Sols pour livre	3. 15. ».	». 2. ».
TOTAL	11. 5. ».	». 6. ».

DROITS SUR LES QUITTANCES TIMBRÉES,
POUR LA RÉGIE ET POUR LES PARTIES ÉTRANGERES.

	₶ ß ₰
Ordonnance de 1780, titre 33, Déclaration de 1690, Edit de 1748, Déclaration de 1771, & Lettres Patentes de 1780, pour le Principal, par quittance de cinq sols.	». ». 10.
Edit d'Août 1781, Dix Sols pour livre	». ». 5.
TOTAL	». 1. 3.

Les Congés & Expéditions qui ne sont point des Quittances de Droits, doivent les frais de Timbre, Ordonnance de Juillet 1681, titre commun, art. 16, Déclaration de 1771, & Lettres Patentes de 1780, article 10.

OBSERVATION GÉNÉRALE.

Les articles de Droits qui, payés séparément, ne forment pas une somme de 6 deniers, ne doivent pas de Sol pour livre dans ces cas.

DÉNOMINATION DES DROITS ÉTRANGERS A LA RÉGIE,
dont les Dix Sols pour livre sont dus au Roi.

NOMS DES LIEUX.	DÉNOMINATION. DES DROITS.
VILLE D'EU	Deuxieme moitié d'Octrois. Appartenant à la Ville.
VILLE DU TRÉPORT	Deuxieme moitié d'Octrois. Feux & Balises. Appartenant à la Ville.

De l'Imprimerie de LAMESLE, Imprimeur des Fermes du Roi, au Bureau général des Aides, Hôtel de Bretonvilliers, Isle Saint Louis. 1781.

TARIF DES DROITS

Dépendans de la Régie Générale,

DUS DANS LA DIRECTION D'EVREUX.

BOISSONS.

Droits sur les Boissons à l'entrée, aux inventaires & au brassage, dans la Ville d'Evreux.

Eau-de-vie & Liqueur à l'entrée, par muid de 144 pots.

	l.	s.	d.
Ordonnance de 1680, tit. 26 art. 3. Subvention	5 l.	8 s.	"
Déclarations des 10 Octobre & 31 Décembre 1689. Jauge-Courtage.	2.	5.	"
Edit d'Octobre & Arrêt du Conseil du 29 Décembre 1705. Inspecteurs.	1.	10.	"
Total	9.	3.	"
Edit d'Août 1781, 10 sols pour livre	4.	11.	6.
Déclaration de Janvier 1759. Droits réservés	14.	8.	"
Edit d'Août 1781, 10 s. pour livre modérés à 6 s. par décision du 29 dudit	4.	6.	4 ⅘.
Total général . . .	32.	8.	10 ⅘.
L'Eau-de-vie de vin doit en outre les droits de 6 l. 15 s. ordonnés être levés par l'Edit de Décembre 1686, lorsqu'il n'est pas justifié qu'ils ont été acquittés en route, ce qui augmente, pour le principal & les 10 s. pour livre, le total ci-dessus de	10.	2.	6.
Total général . . .	42.	11.	[illegible]

Vin à l'entrée & aux inventaires, par muid de 144 pots.

NATURE DES DROITS ET REGLEMENS QUI LES AUTORISENT.	Vin ordinaire	Vin de liqueur.
	l. s. d.	l. s. d.
Ordonnance de 1680 art. 1 tit. 4, anciens & nouveaux 5 sols. .	" 14. "	" 14. "
Ordonnance de 1680 tit. 24 art. 1. Subvention.	1. 7. "	1. 7. "
Déclarations des 10 Octobre & 31 Décembre 1689, Jauge-Courtage	" 15. "	" 15. "
Edit d'Octobre & Arrêt du Conseil du 29 Décembre 1705, Inspecteurs.	" 10. "	" 10. "
Lettres-Patentes du 2 Août 1777, Octrois municipaux	2. 12. 6.	2. 12. 6.
Total	5. 18. 6.	5. 18. 6.
Edit d'Août 1781, 10 sols pour livre.	2. 19. 3.	2. 19. 3.
Déclaration de Janvier 1759. Droits réservés.	1. 10. "	6. " "
Edit d'Août 1781, 10 sols pour livre modérés à 6 sols, par décision du 29 dudit.	" 9. "	1. 16. "
Total général . . .	10. 16. 9.	16. 14. 9.

Cidre, Poiré & Biere à l'entrée & au brassage, par muid de 144 pots.

Nature des droits, & Réglemens qui les autorisent.	Cidre.	Poiré.	Biere.
	l. s. d.	l. s. d.	l. s. d.
Ordonnance de 1680 tit. 24 art. 1. tit. 27 art. 6. Subvention	″ 13. 6.	″ 6. 9.	″ 13. 6.
Déclarations des 10 Octobre & 31 Décembre 1689. Jauge-Courtage.	″ 9. ″	″ 9. ″	″ 9. ″
Edit d'Octobre & Arrêt du Conseil du 29 Décembre 1705. Inspecteurs.	″ 5. ″	″ 2. 6.	″ 5. ″
Lettres-Patentes du 2 Août 1777. Octrois municipaux.	1. 6. 3.	1. 6. 3.	″ ″ ″
Total.	2. 13. 9.	2. 4. 6.	1. 7. 6.
Edit d'Août 1781, 10 sols pour livre.	1. 6. 10½	1. 2. 3.	″ 13. 9.
Déclaration de Janvier 1759. Droits réservés.	″ 10. ″	″ 5. ″	″ 10. ″
Edit d'Août 1781, 10 s. pour livre modérés à 6 s., par décision du 29 dudit.	″ 3. ″	″ 1. 6.	″ 3. ″
Total.	4. 13. 7½	3. 13. 3.	2. 14. 3.
Ordonnance de 1680 tit. 27 art. 1. Droit de contrôle sur la Biere à la fabrication, fixé à.	....	....	1. 10. ″
Edit d'Août 1781, 10 s. pour livre.	....	....	″ 15. ″
Total général. . .	4. 13. 7½	3. 13. 3.	4. 19. 3.

Droits sur les Boissons à l'entrée, aux inventaires & au brassage, dans la Ville de Nonancourt.

Eau-de-vie & Liqueur par muid de 144 pots.

Ordonnance de 1680, tit. 26 art. 3. Subvention.	5 l. 8 s. ″
Déclarations des 10 Octobre & 31 Décembre 1689. Jauge-Courtage.	2. 5. ″
Edit d'Octobre & Arrêt du Conseil du 29 Décembre 1705. Inspect.	1. 10. ″
Total.	9. 13. ″
Edit d'Août 1781, 10 s. pour livre.	4. 11. 6.
Déclaration de Janvier 1759. Droits réservés.	14. 8. ″
Edit d'Août 1781, 10 s. p. l. modérés à 6 s. par décision du 29 dud.	4. 6. 4 ⅘
Total.	32. 8. 10 ⅗
L'Eau-de-vie de vin doit en outre les droits de 6 l. 15 s. ordonnés être levés par l'Edit de Décembre 1686, lorsqu'il n'est pas justifié qu'ils ont été acquittés en route, ce qui augmente pour le principal & les 10 sols pour livre, le total ci-dessus de.	10. 2. 6.
Total général. . .	42. 11. 4 ⅘

Vin ordinaire & Vin de liqueur à l'entrée & aux inventaires, par muid de 144 pots.

NATURE DES DROITS, ET REGLEMENS QUI LES AUTORISENT.	Vin ordinaire	Vin de liqueur.
	l. s. d.	l. s. d.
Ordonnance de 1680 art. 1 tit. 4. Anciens & nouveaux 5 sols. . .	″ 14. ″	″ 14. ″
Ordonnance de 1680. tit. 24 art. 1. Subvention.	1. 7. ″	1. 7. ″
Déclarations des 10 Octobre & 31 Décembre 1689. Jauge-Courtage	″ 15. ″	″ 15. ″
Edit d'Octobre & Arrêt du Conseil du 29 Déce. 1705. Inspect.	″ 10. ″	″ 10. ″
Total.	3. 6. ″	3. 6. ″
Edit d'Août 1781, 10 sols pour livre.	1. 13. ″	1. 13. ″
Déclaration de Janvier 1759. Droits réservés.	1. 10. ″	6. ″ ″
Edit d'Août 1781, 10 s. p. l. modérés à 6 s. par décision du 29 dud.	″ 9. ″	3. 16. ″
Total général. . .	6. 18. ″	14. 15. ″

Cidre, Poiré & Biere, à l'entrée & au brassage, par muid de 144 pots.

Nature des Droits, & Réglemens qui les autorisent.	Cidre.	Poiré.	Biere.
	l. s. d.	l. s. d.	l. s. d.
Ordonnance de 1680, tit. 24 art. 1. tit. 27 art. 6. Subvention	″ 13. 6.	″ 6. 9.	″ 13. 6.
Déclarations des 10 Octobre & 31 Décembre 1689. Jauge-Courtage	″ 9. ″	″ 9. ″	″ 9. ″
Edit d'Octobre & Arrêt du Conseil du 29 Décembre 1705. Inspecteurs	″ 5. ″	″ 2. 6.	″ 5. ″
Total	1. 7. 6.	″ 18. 3.	1. 7. 6.
Edit d'Août 1781, 10 s. pour livre	″ 13. 9.	″ 9. 1½	″ 13. 9.
Déclaration de Janvier 1759. Droits réservés	″ 10. ″	″ 5. ″	″ 10. ″
Edit d'Août 1781, 10 s. pour livre modérés à 6 s. par décision du 29 dudit	″ 3. ″	″ 1. 6.	″ 3. ″
Total	2. 14. 3.	1. 13. 10½	2. 14. 3.
Ordonnance de 1680, tit. 27 art. 1. A la fabrication de la Biere, contrôle fixé à	. . . .	. . . .	1. 10. ″
Edit d'Août 1781, 10 s. pour livre.	. . . .	. . . .	″ 15. ″
Total Général . . .	2. 14. 3.	1. 13. 10½	4. 19. 3.

Droits sur les Boissons à l'entrée, aux inventaires & au brassage, dans la Ville de Passy.

Eau-de-vie & Liqueur à l'entrée, par muid de 144 pots.

	l.	s.	d.
Ordonnance de 1680, tit. 26 art. 3. Subvention	5 l.	8 s.	″ d.
Déclarations des 10 Octobre & 31 Décembre 1689. Jauge-Courtage	2.	5.	″
Edit d'Octobre & Arrêt du Conseil du 29 Décembre 1705. Inspecteurs.	1.	10.	″
Total.	9.	3.	″
Edit d'Août 1781, 10 sols pour livre	4.	11.	6.
Déclaration de Janvier 1759. Droits réservés	14.	8.	″
Edit d'Août 1781, 10 sols pour livre modérés à 6 sols, par décision du 29 dudit.	4.	6.	4 $\frac{4}{5}$.
Total.	32.	8.	10 $\frac{4}{5}$.
L'Eau-de-vie de vin doit en outre les droits de 6 l. 15 s. ordonnés être levés par l'Edit de Décembre 1686, lorsqu'il n'est pas justifié qu'ils ont été acquittés en route, ce qui augmente pour le principal & les 10 sols pour livre, le total ci-dessus de	10.	2.	6.
Total général. . .	42.	11.	4 $\frac{4}{5}$.

Vin à l'entrée & aux inventaires, par muid de 144 pots.

NATURE DES DROITS, ET REGLEMENS QUI LES AUTORISENT.	Vin ordinaire	Vin de liqueur.
	l. f. d.	l. f. d.
Ordonnance de 1680, tit, 4 art. 1. Anciens & nouveaux 5 fols.	″ 14. ″	″ 14. ″
Ordonnance de 1680, tit. 14 art. 1. Subvention	1. 7. ″	1. 7. ″
Déclarations des 10 Octobre & 31 Décembre 1689. Jauge-Courtage.	″ 15. ″	″ 15. ″
Edit d'Octobre & Arrêt du Confeil du 29 Décembre 1705. Infpecteurs	″ 10. ″	″ 10. ″
Lettres-Patentes du 2 Août 1777. Octrois municipaux.	1 15. ″	1. 15. ″
Total	5. 1. ″	5. 1. ″
Edit d'Août 1781, 10 fols pour livre	2. 10. 6.	2. 10. 6.
Déclaration de Janvier 1759. Droits réfervés.	1. 5. ″	6. ″ ″
Edit d'Août 1781, 10 fols pour livre modérés à fix fols, par décifion du 29 dudit	″ 7. 6.	1. 16. ″
Total général	9. 4. ″	15. 7. 6.

Cidre, Poire & Biere à l'entrée & au braffage, par muid de 144 pots.

Nature des Droits, & Réglemens qui les autorifent.	Cidre.	Poiré.	Biere.
	l. f. d.	l. f. d.	l. f. d.
Ordonnance de 1680, tit, 24 art. 1, tit. 27 art. 6. Subvention	″ 13. 6.	″ 6. 9.	″ 13. 6.
Déclarations des 10 Octobre & 31 Décembre 1689. Jauge-Courtage	″ 9. ″	″ 9. ″	″ 9. ″
Edit d'Octobre & Arrêt du Confeil du 29 Décembre 1705. Infpecteurs	″ 5. ″	″ 2. 6.	″ 5. ″
Lettres-Patentes du 2 Août 1777. Octrois municipaux.	″ 17. 6.	″ 17. 6.	″ ″ ″
Total	2. 5. ″	1. 15. 9.	1. 7. 6.
Edit d'Août 1781, 10 fols pour livre.	1. 2. 6.	″ 17. 10½	″ 13. 9.
Déclaration de Janvier 1759. Droits réfervés.	″ 10. ″	″ 5. ″	″ 10. ″
Edit d'Août 1781, 10 fols pour livre modérés à 6 fols, par décifion du 29 dudit	″ 3. ″	″ 1. 6.	″ 3. ″
Total	4. ″ 6.	3. ″ 1½	2. 14. 3.
Ordonnance de 1680, art. 1 tit. 27. A la fabrication de la Biere, contrôle fixé à.	....	....	1. 10. ″
Edit d'Août 1781, 10 fols pour livre	....	....	″ 15. ″
Total général	4. ″ 6.	3. ″ 1½	4. 19. 3.

Droits sur les Boissons à l'entrée, aux inventaires & au brassage dans le Bourg de Saint André.

Eau-de-vie & Liqueur à l'entrée, par muid de 144 pots.

	l.	f.	d.
Ordonnance de 1680, tit. 26 art. 3. Subvention.	5	8	#
Déclarations des 10 Octobre & 31 Décembre 1689. Jauge-Courtage.	2.	5.	#
Édit d'Octobre & Arrêt du Conseil du 29 Décembre 1705. Inspecteurs.	1.	10.	#
Total	9.	3.	#
Édit d'Août 1781, 10 sols pour livre.	4.	11.	6.
Déclaration de Janvier 1759. Droits réservés.	14.	8.	#
Édit d'Août 1781, 10 sols pour livre modérés à 6 sols, par décision du 29 dudit	4.	6.	4 4/5.
Total général	32.	8.	10 4/5.
L'Eau-de-vie de vin doit en outre les droits de 6 l. 15 f. ordonnés être levés par Édit de Décembre 1686, lorsqu'il n'est pas justifié qu'ils ont été acquittés en route, ce qui augmente, pour le principal & 10 sols pour livre, le total ci-dessus de	10.	2.	6.
Total	42.	11.	4 4/5.

Vin à l'entrée & aux inventaires, par muid de 144 pots.

NATURE DES DROITS, ET REGLEMENS QUI LES AUTORISENT.	Vin ordinaire	Vin de liqueur.
	l. f. d.	l. f. d.
Ordonnance de 1680, tit. 4. art. 1. Anciens & nouveaux 5 sols.	# 14. #	# 14. #
Ordonnance de 1680, tit. 24 art. 1. Subvention.	1. 7. #	1. 7. #
Déclarations des 10 Octobre & 31 Décembre 1689. Jauge-Courtage.	# 15. #	# 15. #
Édit d'Octobre & Arrêt du Conseil du 29 Décembre 1705. Inspecteurs.	# 10. #	# 10. #
Total	3. 6. #	3. 6. #
Édit d'Août 1781, 10 sols pour livre	1. 13. #	1. 13. #
Déclaration de Janvier 1759. Droits réservés.	1. # #	6. # #
Édit d'Août 1781, 10 sols pour livre modérés à 6 sols, par décision du 29 dudit.	# 6. #	1. 16. #
Total général	6. 5. #	12. 15. #

Cidre, Poiré & Biere à l'entrée & au braſſage, par muid de 144 pots.

Nature des Droits, & Réglemens qui les autoriſent.	Cidre.	Poiré.	Biere.
	l. ſ. d.	l. ſ. d.	l. ſ. d.
Ordonnance de 1680, art. 1 tit. 24. art. 6 tit. 27. Subvention.	″ 13. 6.	″ 6. 9.	″ 13. 6.
Déclarations des 10 Octobre & 31 Décembre 1689. Jauge-Courtage	″ 9. ″	″ 9. ″	″ 9. ″
Edit d'Octobre & Arrêt du Conſeil du 29 Décembre 1705. Inſpecteurs.	″ 5. ″	″ 2. 6.	″ 5. ″
Total	1. 7. 6.	″ 18. 3.	1. 7. 6.
Edit d'Août 1781, dix ſols pour livre.	″ 13. 9.	″ 9. 1½	″ 13. 9.
Déclaration de Janvier 1759. Droits réſervés	″ 10. ″	″ 5. ″	″ 10. ″
Edit d'Août 1781, dix ſols pour livre modérés à ſix ſols par déciſion du 29 dudit mois.	″ 3. ″	″ 1. 6.	″ 3. ″
Total	2. 14. 3.	1. 13. 10½	2. 14. 3.
Ordonnance de 1680, art. 1 tit. 27. A la fabrication de la Biere, contrôle fixé à	....	....	1. 10. ″
Edit d'Août 1781, dix ſols pour livre	....	....	″ 15. ″
Total général . . .	2. 14. 3.	1. 13. 10½	4. 19. 3.

Droits ſur les Boiſſons à l'entrée, aux inventaires & au braſſage dans les Bourgs d'Avrilly, Yvry, Groſſœuvre, Ezy & Villiers.

Nature des Droits, & Réglemens qui les autoriſent.	Eau-de-vie & liqueur.	Vin ordinaire	Vin de liqueur.	Cidre.	Poiré.	Biere.
	l. ſ. d.	l. ſ. d.	l. ſ. d.	l. ſ. d.	l. ſ. d.	l. ſ. d.
Ordonnance de 1680, tit. 4 art. 1. Anciens & nouveaux 5 ſols.....................	″ ″ ″	″ 14. ″	″ 14. ″	″ ″ ″	″ ″ ″	″ ″ ″
Ordonn. de 1680, tit. 26. art. 3 tit. 24. art. 1. tit. 27 art. 6. Subvention................	5. 8. ″	1. 7. ″	4. 7. ″	″ 13. 6.	″ 6. 9.	″ 13. 6.
Déclarations des 10 Oct. & 31 Déc. 1689. Jauge-Courtage	2. 5. ″	″ 15. ″	″ 15. ″	″ 9. ″	″ 9. ″	″ 9. ″
Edit d'Octobre & Arrêt du Conſeil du 29 Décembre 1705. Inſpecteurs................	1. 10. ″	″ 10. ″	″ 10. ″	″ 5. ″	″ 2. 6.	″ 5. ″
Total......	9. 3. ″	3. 6. ″	3. 6. ″	1. 7. 6.	″ 18. 3.	1. 7. 6.
Édit d'Août 1780. 10 ſ. p. l.	4. 11. 6.	1. 13. ″	1. 13. ″	″ 13. 9.	″ 9. 1½	″ 13. 9.
Total......	13. 14. 6.	4. 19. ″	4. 19. ″	2. 1. 3.	1. 7. 4½	2. 1. 3.
L'Eau-de-vie de vin doit en outre les droits de 6 l. 15 ſ., ordonnés être levés par l'Edit de Décembre 1686, lorſqu'il n'eſt pas juſtifié qu'ils ont été acquittés en route, ce qui augmente, pour le principal & les 10 ſ. pour livre, le total ci-deſſus de................	10. 2. 6.	″ ″ ″	″ ″ ″	″ ″ ″	″ ″ ″	″ ″ ″
Ordonn. de 1680, tit. 27 art. 1. A la fabrication de la biere, contrôle fixé à......	....	....	....	....	....	1. 10. ″
Édit d'Août 1781. 10 ſ. p. l.	....	....	....	....	....	″ 15. ″
Total général...	23. 17. ″	4. 19. ″	4. 19. ″	2. 1. 3.	1. 7. 4½	4. 6. 3.

OBSERVATIONS GÉNÉRALES.

L'Eau-de-vie rectifiée & l'Esprit-de-vin sont assujettis par la Déclaration du Roi de 1687, à payer, sçavoir : l'Eau-de-vie rectifiée le double, & l'Esprit-de-vin le triple des droits de 6 l. 15 s. & de subvention, & ces Liqueurs paient les autres droits comme l'Eau-de-vie simple.

Les droits de 6 l. 15 s. sur l'Eau-de-vie, établis par l'Ordonnance de 1680, art. 1 tit. 26, rapportés aux droits d'entrée ci-dessus, sont dûs sur les Eaux-de-vie de vin, non-seulement aux entrées des lieux sujets, mais encore dans tous les autres lieux, lorsqu'ils n'ont pas été payés aux Bureaux de passage ou en route. Édit de Décembre 1686, & ils comportent les dix sols pour livre de l'Édit d'Août 1781, ce qui forme

en principal.	6 l. 15 s. // d.
Dix sols pour livre	3. 7. 6.
Total	10. 2. 6.

Les Nobles sont exempts, pour leur consommation seulement, sur les Boissons de leur cru, & les Ecclésiastiques aussi pour leur consommation seulement, sur les Boissons de cru de bénéfice, les premiers de la subvention, les seconds de la subvention, des nouveaux 5 sols, de la Jauge-Courtage & des droits réservés.

Droits de sortie hors du Royaume.

Ordonnance de 1680, art. 16 tit. 4. Anciens & nouveaux 5 sols.	// l. 14 s. // d.
Édit d'Août 1781, 10 sols pour livre	// 7. //
Total	1. 1. //

Nota. Il se perçoit à la sortie du Royaume, des droits de Jauge-Courtage sur le vin & l'eau-de-vie, avec les dix sols pour livre ; mais ils ont été réunis à la ferme générale.

Droits de Gros.

Par l'Arrêt du Conseil de Mars 1753, le vin destiné pour être consommé dans la Province de Normandie étant exempt des droits de gros au passage quand il vient d'un pays non sujet, on les perçoit lorsqu'il s'enleve de Normandie pour aller à l'Etranger, ou dans une autre Province : ils consistent dans le vingtiéme du prix de la vente, l'augmentation de 16 s. 3 d. & le droit de courtage de 10 s. par muid.

Exemple pour du vin vendu 150 liv. le muid.

		l. s. d.	l. s. d.
Gros ou vingtiéme.	7. 10. //	8. 16. 3.	13. 4. 4½
Augmentation.	// 16. 3.		
Courtage	// 10. //		
Edit d'Août 1781, 10 sols pour livre		4. 8. 1½	

Droits à la vente & revente des Boissons dans l'étendue de la Direction dépendante de l'Election d'Evreux, sous la dénomination de Courtiers-Jaugeurs, par muid de 144 pots.

NATURE des BOISSONS.	NATURE DES DROITS, & Réglemens qui les autorisent.	Ier. Enlevement. Quotité de chaque droit	Ier. Enlevement. Total par chaque nature de boissons.	IIe. Enlevement. Quotité de chaque droit	IIe. Enlevement. Total par chaque nature de boissons.
		l. s. d.	l. s. d.	l. s. d.	l. s. d.
Eau-de-vie..	Tarif de 1696. Courtiers-Jaugeurs........................	1. 10. 8.	2. 6. ″	1. ″ ″	1. 10. ″
	Édit d'août 1781, dix sols pour livre........................	″ 15. 4.		″ 10. ″	
Liqueur......	Tarif de 1696. Courtiers-Jaugeurs........................	1. 18. ″	2. 17. ″	1. 10. ″	2. 5. ″
	Édit d'août 1781, 10 sols pour livre........................	″ 19. ″		″ 15. ″	
Vin........	Tarif de 1696. Courtiers-Jaugeurs........................	″ 9. ″	″ 13. 6.	″ 5. ″	″ 7. 6.
	Édit d'août 1781, 10 sols pour livre........................	″ 4. 6.		″ 2. 6.	
Cidre, Poiré & Biere.....	Tarif de 1696. Courtiers-Jaugeurs........................	″ 4. 6.	″ 6. 9.	″ 2. 6.	″ 3. 9.
	Édit d'août 1781, 10 sols pour livre........................	″ 2. 3.		″ 1. 3.	

Droits à la vente & revente des Boissons, dans les Paroisses dépendantes de l'Election du Pont-de-l'Arche, sous la dénomination de Courtiers-Jaugeurs.

NATURE des BOISSONS.	NATURE DES DROITS, & Réglemens qui les autorisent.	Ier. Enlévement. Quotité de chaque droit	Ier. Enlévement. Total par chaque nature de boissons.	IIe. Enlévement. Quotité de chaque droit	IIe. Enlévement. Total par chaque nature de boissons.
		l. s. d.	l. s. d.	l. s. d.	l. s. d.
Eau-de-vie..	Tarif de 1696. Courtiers-Jaugeurs........................	1. 10. 8.	2. 6. ″	1. ″ ″	1. 10. ″
	Édit d'août 1781, 10 sols pour livre........................	″ 15. 4.		″ 10. ″	
Liqueur......	Tarif de 1696. Courtiers-Jaugeurs........................	1. 18. ″	2. 17. ″	1. 10. ″	2. 5. ″
	Édit d'août 1781, 10 sols pour livre........................	″ 19. ″		″ 15. ″	
Vin........	Tarif de 1696. Courtiers-Jaugeurs........................	″ 6. 6.	″ 9. 9.	″ 2. 6.	″ 3. 9.
	Édit d'août 1781, 10 sols pour livre........................	″ 3. 3.		″ 1. 3.	
Cidre, Biere & Poiré.....	Tarif de 1696. Courtiers-Jaugeurs........................	″ 3. 3.	″ 4. 10½	″ 1. 3.	″ 1. 10½
	Édit d'août 1781, 10 sols pour livre........................	″ 1. 7½		″ ″ 7½	

Droits

Droits dûs à la vente en détail des Boissons, dans toute l'étendue de la Direction, par muid de 144 pots.

NATURE DES DROITS, & Réglemens qui les autorisent.	Eau-de-vie à 3 l. le pot.	Vin à 1 s. la pinte.	Cidre à 6 den. la pinte.	Poiré à 6 den. la pinte.	Biere à 12 sols le pot.
	l. s. d.	l. s. d.	l. s. d.	l. s. d.	l. s. d.
Le quatriéme sur l'eau-de-vie est le tiers du prix de la vente. Ordonnance de 1680. Edit de Décembre 1686, ci..	144. ″ ″	″ ″ ″	″ ″ ″	″ ″ ″	″ ″ ″
Sur le vin, cidre & poiré, les droits de détail sont le quatriéme réduit au cinquiéme. Ordonnance de 1680, tit. 14 art. 1 & 2........................	″ ″ ″	3.18. ″	1.18. ″	1.18. ″	″ ″ ″
Sur la biere, le quatriéme du prix de la vente, parisis, sol & six deniers Ordonnance de 1680, tit. 27 art. 6....	....	....	....	....	29. 1.3.
Edit d'Août 1781, 10 sols pour livre modérés à 8 sols, par décision du 29 dudit..............................	57.12. ″	1.11. 2⅖	″ 15. 2⅖	″ 15. 2⅖	11.12.6.
Total.......	201.12. ″	5. 9. 2⅖	2.13. 2⅖	2.13. 2⅖	40.13.9.
Subvention à la consommation, tit. 26 art. 3 de l'Ordonnance de 1680. Edit de Décembre 1686 pour l'eau-de-vie, même Ordonnance, tit. 23 art. 1. pour les vins, cidre & poiré, & tit. 27 art. 6 pour la biere.........................	5. 8. ″	1. 7. ″	″ 13. 6.	″ 6. 9.	″ 13.6.
Déclaration du Roi du 10 Octobre 1689. Jauge-Courtage...............	2. 5. ″	″ 15. ″	″ 9. ″	″ 9. ″	″ 9. ″
Total........	7.13. ″	2. 2. ″	1. 2. 6.	″ 15. 9.	1. 2.6.
Edit d'Août 1781. 10 sols pour livre.	3.16.6	1. 1. ″	″ 11. 3.	″ 7.10½	″ 11.3.
Total de la Subvention, Jauge-Courtage & 10 sols pour livre............	11. 9.6	3. 3. ″	1.13. 9.	1. 3. 7½	1.13.9.
Rapport du quatriéme & 8 s. p. l....	201.12. ″	5. 9. 2⅖	2.13. 2⅖	2.13. 2⅖	40.13.9.
Total général...	213. 1.6	8.12. 2⅖	4. 6.11⅖	3.16. 9 9/10	42. 7.6.

Nota. Lorsque le vin est vendu plus d'un sol la pinte, les droits de quatriéme sont augmentés à raison de 3 l. 18 s. pour chacun sol; & lorsque les cidre & poiré sont aussi vendus plus de six deniers la pinte, les droits sont augmentés à raison de 6 d. pour chacun denier. Art. ci-dessus cités.

Les droits de détail sont également dûs, conformement au tarif ci-dessus, sur les boissons arrivant & transportées en bouteilles. Lettres-Patentes du 25 Mai 1728, aux exceptions y portées, & qui tombent sur le vin de liqueur venant en caisses, les vins de Champagne gris en paniers de cent Bouteilles, & les vins, tant pour la provision des gens qualifiés qui vont dans leurs terres, que pour celle de tous autres allant aux eaux de Forges, en observant les formalités prescrites.

Il est encore à observer que les droits de Jauge-Courtage au détail, ne se perçoivent dans aucun des lieux où ils sont payés à l'entrée.

Les eaux-de-vie transportées en barils au-dessous de soixante pintes, sont aussi assujetties aux droits de détail. Lettres-patentes du 24 Août 1728; ils sont encore dûs par les Bouilleurs & Marchands en gros d'eau-de-vie, sur les manquants à leurs charges, déduction faite du vingt-uniéme pour vingt. Lettres-Patentes citées ci-dessus: & les soumissionnaires d'eau-de-vie sont assujettis au paiement du double des droits sur les eaux-de-vie & liqueurs pour lesquelles ils ne rapportent pas dans les trois mois certificat d'arrivée. Lettres-Patentes des 4 Juin 1726 & 2 Mars 1728.

Il se perçoit de plus à Evreux pour premiere moitié d'octroi :

Par muid de vin.	3 l. ″ s. ″ d.	4 l. 10 s. ″ d.
Edit d'Août 1781, 10 sols pour livre.	1 10. ″	
Par muid de Cidre & Poiré.	″ 10. ″	″ 15. ″
Edit d'Août 1781, 10 sols pour livre. . . .	″ 5. ″	

DROIT ANNUEL.

Dans les Villes. . . .	Ordonnance de 1680. tit. 29. art. 1.	8 l. ″ s. ″ d.	12 l. ″ s. ″ d.
	Édit d'Août 1781, 10 sols pour livre. .	4 ″ ″	
Dans les autres lieux.	Ordonnance de 1680. tit. 29. art. 1.	6. 10. ″	9. 15. ″
	Édit d'Août 1781, 10 sols pour livre. .	3. 5. ″	

Ce droit est dû en entier par tous les Marchands en gros, Bouilleurs, Brasseurs, Cabaretiers, Taverniers & autres vendans en détail, & les détailleurs de Biere ne doivent que la moitié de l'Annuel. Ordonnance de 1680, tit. 29 art. 7.

BESTIAUX, DENRÉES ET MARCHANDISES.

Droits sur les Bestiaux à l'entrée & au massacre, dans la Ville d'Evreux.

NATURE DES DROITS, & Réglemens qui les autorisent.	Bœuf.	Vache & Taureau.	Veau & Genisse.	Mouton & Chevre.	Porc.	Livre de viande	Livre de Porc.
	l. s. d.	l. s. d.	l. s. d.	l. s. d.	l. s. d.	l. s. d.	l. s. d.
Édit de Fév. 1704. Inspect.	2. ″ ″	2. ″ ″	″ 12. ″	″ 4. ″	″ ″ ″	″ ″ 2.	″ ″ ″
Ord. de 1681. 1ere. moit. d'oct.	″ 10. ″	″ 5. ″	″ 1. ″.	″ 1. ″	″ 1. 6.	à proportion.	
Total.	2. 10. ″	2. 5. ″	″ 13. ″	″ 5. ″	″ 1. 6.	″ ″ 2.	*idem.*
Édit d'Août 1781. 10 s. p. l.	1. 5. ″	1. 2. 6.	″ 6. 6.	″ 2. 6.	″ ″ 9.	″ ″ 1.	*idem.*
Déclaration de Janv. 1759. Droits réservés.	2. ″ ″	2. ″ ″	″ 13. 4.	″ 5. ″	″ 13. 4.	à proportion.	
Édit d'Août 1781. 10 s. p. l. moderés à 6 s. par décision du 29 dudit.	″ 12. ″	″ 12. ″	″ 4. ″	″ 1. 6.	″ 4. ″	*idem.*	*idem.*
Total général. . .	6. 7. ″	5. 19. 6.	1. 16. 10.	″ 14. ″	″ 19. 7.	″ ″ 3.	*idem.*

Droits sur les Bestiaux à l'entrée & au massacre, dans la Ville de Nonancourt.

NATURE DES DROITS, & Réglemens qui les autorisent.	Bœuf & Vache.	Veau & Genisse.	Mouton & Chevre.	Porc.	Livre de viande	Livre de Porc.
	l. s. d.	l. s. d.	l. s. d.	l. s. d.	l. s. d.	l. s. d.
Édit de Février 1704. Inspecteurs.	2. ″ ″	″ 12. ″	″ 4. ″	″ ″ ″	″ ″ 2.	″ ″ ″
Edit d'Août 1781, 10 s. p. livre. .	1. ″ ″	″ 6. ″	″ 2. ″	″ ″ ″	″ ″ 1.	″ ″ ″
Déclaration de Janv. 1759. Droits réservés.	2. ″ ″	″ 13. 4.	″ 5. ″	″ 13. 4.	à proportion.	
Edit d'Août 1781, 10 s. pour livre modérés à 6 s. par décision du 29 dud.	″ 12. ″	″ 4. ″	″ 1. 6.	″ 4. ″	*idem.*	*idem.*
Total.	5. 12. ″	1. 15. 4.	″ 12. 6.	″ 17. 4.	″ ″ 3.	. . . . . .

De plus, dans le Fauxbourg du Moulin-neuf & Pont-de-Verneuil, jusqu'au Cimetiere seulement, & le Fauxbourg du Bourg Gautier, jusqu'au Quai Puteau seulement.

SÇAVOIR :

NATURE DES DROITS, & Réglemens qui les autorisent.	Vache & Genisse.	Veau.	Mouton.	Porc.	Cheval, Bourique ou Mulet vendus en foire ou marché.
	l. s. d.	l. s. d.	l. s. d.	l. s. d.	l. s. d.
Lettres-Patentes du 2 Août 1777. Octrois municipaux	″ 4. 5.	″ 2. 3.	″ ″ 6.	″ 2. 3.	″ 4. 5.
Édit d'Août 1781, 10 s. pour livre..	″ 2. 2½	″ 1. 1½	″ ″ 3.	″ 1. 1½	″ 2. 2½.
Total........	″ 6. 7½.	″ 3. 4½	″ ″ 9.	″ 3. 4½	″ 6. 7½.

Droits sur les Bestiaux à l'entrée & au massacre, dans la Ville de Pacy.

NATURE DES DROITS, & Réglemens qui les autorisent.	Bœuf & Vache.	Veau. & Genisse.	Mouton, Brebis & Chevre.	Porc.	Livre de viande	Livre de Porc.
	l. s. d.	l. s. d.	l. s. d.	l. s. d.	l. s. d.	l. s. d.
Édit de Février 1704. Inspecteurs.	2. ″ ″	″ 12. ″	″ 4. ″	......	″ ″ 2.	″ ″ ″
Édit d'Août 1781, 10 s. p. livre..	1. ″ ″	″ 6. ″	″ 2. ″	......	″ ″ 1.	″ ″ ″
Déclaration de Janv. 1759. Droits réservés..........................	1. 10. ″	″ 10. ″	″ 3. 6.	″ 10. ″	à proportion.	
Édit d'Août 1781, 10 s. pour livre modérés à 6 s. par décision du 29 dud.	″ 9. ″	″ 3. ″	″ 1. ″ ½	″ 3. ″	*idem.*	*idem.*
Total........	4. 19. ″	1. 11. ″	″ 10. 6½	″ 13. ″	″ ″ 3.	......

Droits sur les Bestiaux à l'entrée & au massacre, dans le Bourg de Saint André.

NATURE DES DROITS, & Réglemens qui les autorisent.	Bœuf & Vache.	Veau & Genisse.	Mouton, Brebis & Chevre.	Porc.	Livre de viande	Livre de Porc.
	l. s. d.	l. s. d.	l. s. d.	l. s. d.	l. s. d.	l. s. d.
Édit de Février 1704. Inspecteurs.	2. ″ ″	″ 12. ″	″ 4. ″	......	″ ″ 2.	″ ″ ″
Édit d'Août 1781, 10 s. pour livre.	1. ″ ″	″ 6. ″	″ 2. ″	......	″ ″ 1.	″ ″ ″
Déclaration de Janv. 1759. Droits réservés..........................	1. ″ ″	″ 6. 8.	″ 3. ″	″ 6. 8.	à proportion.	
Édit d'Août 1781, dix s. pour livre modérés à 6 s. par décision du 29 dud.	″ 6. ″	″ 2. ″	″ ″ 10½	″ 2. ″	*idem.*	*idem.*
Total........	4. 6. ″	1. 6. 8.	″ 9. 10½	″ 8. 8.	″ ″ 3.	......

Droits dûs sur les Bestiaux à l'entrée & au massacre, dans les Bourgs d'Avrilly, Yvry, Grossœuvre, Ezy, Villiers; dans les Campagnes, par les Bouchers, Maîtres & fils de Maîtres, avant l'abbatis; & lors des ventes hors domicile, par tous les autres Bouchers.

Nature des Droits, & Réglemens qui les autorisent.	Bœuf ou Vache.	Veau ou Genisse.	Mouton, Brebis & Chevre.	Livre de viande
	l. s. d.	l. s. d.	l. s. d.	l. s. d.
Édit de Février 1704. Inspecteurs.	2. ″ ″	″ 12. ″	″ 4. ″	″ ″ 2.
Édit d'Août 1781, 10 sols pour livre.	1. ″ ″	″ 6. ″	″ 2. ″	″ ″ 1.
Total.	3. ″ ″	″ 18. ″	″ 6. ″	″ ″ 3.

Droits sur les Bois & Foins, dans les Villes d'Evreux & Nonancourt.

NATURE DES DROITS, & Réglemens qui les autorisent.	Voiture à un Cheval.	Voiture à deux Chevaux	Voiture à trois Chevaux	Somme de Cheval.	Somme d'Ane.
	l. s. d.	l. s. d.	l. s. d.	l. s. d.	l. s. d.
Déclaration de Janvier 1759 & Arrêt du Conseil du 13 Septembre 1776. Droits réservés.	″ 5. ″	″ 7. 6.	″ 10. ″	″ 1. ″	″ ″ 6.
Edit d'Août 1781, 10 sols pour livre modérés à 6 sols, par décision du 29 dudit.	″ 1. 6.	″ 2. 3.	″ 3. ″	″ ″ 3½.	″ ″ 1½
Total.	″ 6. 6.	″ 9. 9.	″ 13. ″	″ 1. 3½.	″ ″ 7½.

Chaque voiture attelée de plus de trois Chevaux, paye, en sus de ce qui est marqué ci-dessus, par chaque Cheval à proportion; & il n'y a de Bois exempts, que ceux désignés dans les Lettres-Patentes du 4 Août 1778, & qui sont les bourées & fagots sans paremens, de ronces, épines, puines, &c.

Il est dû à Nonancourt, dans le Fauxbourg de Moulin-neuf & Porte de Verneuil, &c. jusqu'au Cimetiere seulement, & le Fauxbourg du Bourg Gautier, jusqu'au Quai Puteau, pour Octrois municipaux. Lettres-Patentes d'Août 1777;

SÇAVOIR:

NATURE DES DENRÉES.	Principal	10 s. p. l.	Total.
	l. s. d.	l. s. d.	l. s. d.
A l'entrée de ladite Ville & Fauxbourgs, par cent de bottes de foin.	″ 2. 3.	″ 1. 1½	″ 3. 4½
Par charretée de bois à brûler.	″ 6. 2.	″ 3. 1.	″ 9. 3.
Par charge de bois sur Cheval ou Bourique.	″ ″ 6.	″ ″ 3.	″ ″ 9.
Par corde de bois.	″ 6. 2.	″ 3. 1.	″ 9. 3.
Par charretée de bois à bâtir, ou de carreaux, lattes, merrains, cercles, oziers, ouvrages de bois de forêts, & autres.	1. 1. ″	″ 10. 6.	1. 11. 6.
Par chaque charge de menus bois, sur chaque Cheval ou Bourique.	″ 1. 5.	″ ″ 8½	″ 2. 1½

Droits sur les Bois & Foins dans la ville de Pacy.

NATURE DES DROITS, & Réglemens qui les autorisent.	Charretée ou corde de bois.	Cent de bottes de Foin.	Charretée de Charbon.	Sommes de bois, foin & charbon.
Lettres-Patentes du mois d'Août 1777.	l. f. d.	l. f. d.	l. f. d.	l. f. d.
Octrois municipaux.	″ 4. 5.	″ 1. 9.	″ 10. 6.	à proportion
Édit d'Août 1781, 10 sols pour livre.	″ 1. 2 ½.	″ ″ 10½	″ 5. 3.	*idem.*
Déclaration de Janvier 1759, & Arrêt du Conseil du 13 Septembre 1776. Droits réservés, Voiture de trois Chevaux.	″ 10. ″	″ 10. ″	″ ″ ″	″ 1. ″
Édit d'Août 1781, 10 sols pour livre, modérés à 6 sols, par décision du 29 dudit.	″ 3. ″	″ 3. ″	″ ″ ″	″ ″ 3¼.
Total.	″ 19. 7 ½.	″ 15. 9½	″ 15. 9.	″ 1. 3¼.

Il n'y a de bois exempts de payer les droits réservés, que ceux désignés dans les Lettres-Patentes du 4 Août 1778, & qui sont les bourées & fagots sans paremens, de ronces, épines, puines, &c. Les sommes de Cheval & sommes d'Ane, paient pour les droits réservés le cinquiéme & le dixiéme d'une voiture à un cheval.

On observe encore qu'une voiture de bois ou de foin qui ne seroit attelée que d'un cheval, ne payeroit que cinq sols en principal de droits réservés & les six sols pour livre, ce qui fait six sols six deniers; une voiture attelée de deux chevaux paye sept sols six deniers de principal & neuf sols neuf deniers, six sols pour livre compris; au-dessus de trois chevaux, chaque cheval augmente le droit à proportion.

Octrois municipaux sur les Denrées, dans la Ville de Nonancourt.

Il est dû dans ladite Ville, dans le Faubourg du Moulin-neuf & porte de Verneuil, &c. jusqu'au Cimetiere seulement, & le Faubourg du Bourg Gautier, jusqu'au Quai Puteau, pour Octrois municipaux. Lettres-Patentes d'Août 1777.

SÇAVOIR:

OBJETS SUJETS AUX DROITS, par les Lettres-Patentes du 2 Août 1777.	Principal	10 f. p. l.	Total.
	l. f. d.	l. f. d.	l. f. d.
Par charretée de Charbon.	1. 8. ″	″ 14. ″	2. 2. ″
Par charge de Charbon sur cheval ou bourique.	″ 2. 3.	″ 1. 1½	″ 3. 4½
Par charretée de Chaux.	″ 8. 9.	″ 4. 4½	″ 13. 1½
Par charge de Chaux, sur cheval ou bourique.	″ ″ 11.	″ ″ 5½	″ 1. 4½
Par charretée de Fer, tant en barre qu'en œuvre.	1. 8. ″	″ 14. ″	2. 2. ″
Par charge de Fer sur cheval ou bourique.	″ 2. 3.	″ 1. 1½	″ 3. 4½
Par charretée de Chanvre à Cordier.	″ 14. ″	″ 7. ″	1. 1. ″
Par chaque charge de Chanvre sur cheval ou bourique.	″ ″ 11.	″ ″ 5½	″ 1. 4½
Par chaque panier de Beurre, Fromages, Herbes, Œufs, Fruits, Racines, Volaille, Gibier, Poisson de mer frais ou salé, & autres pareilles denrées, portées en marché ou foires.	″ ″ 6.	″ ″ 3.	″ ″ 9.
Par chaque cent de Laine.	″ 4. 5.	″ 2. 2½	″ 6. 7½
Pour le faix à col de fil de Chanvre ou de Lin.	″ ″ 6.	″ ″ 3.	″ ″ 9.
Par millier d'Echalats.	″ 1. 9.	″ ″ 10½	″ 2. 7½
Par chaque Marchand Forain étallant les jours de marchés ou foires.	″ 2. 9.	″ 1. 4½	″ 4. 1½
Par le petit Marchand sans étale.	″ ″ 11.	″ ″ 5½	″ 1. 4½

Droits sur les Huiles à la fabrication.

REGLEMENS.	NATURE DES DROITS.	Principal	10 s. pour livre.	Total.
Déclaration du Roi de 1716. Edit du Roi du mois d'Août 1781, pour le doublement & les 10 sols pour livre.	Par livre pesant d'huile de poisson, d'olive, d'amende, de noix & autres fruits	l. s. d. // 1. //	l. s. d. // // 6.	l. s. d. // 1. 6.
	Par livre d'huile de thérébentine, lin, chanvre, rabette, navette, & autres graines	// // 6.	// // 3.	// // 9.
	Par livre d'huile d'essence, & autres de plus grande valeur que celles sujettes aux droits d'un sol	// 2. //	// 1. //	// 3. //
	Si le droit principal est de plus de 3 liv. il est payé pour l'acquit	// 5. //	// 2. 6.	// 7. 6.
	S'il n'est que de 3 liv., & de moindre somme jusqu'à 20 sols inclusivement, ce droit d'acquit est de	// 2. //	// 1. //	// 3. //
	Et au-dessous de 20 s. il n'en est pas dû.			

Droits sur les Cuirs & Peaux à la fabrication, à l'exportation & à l'importation établis par Edits des mois d'Août 1759, 28 Juin & 13 Novembre 1760, pou[r] le principal, & par Edit d'Août 1781, pour les 10 sols pour livre.

OBJETS SUJETS AUX DROITS.	CUIRS ET PEAUX à la fabrication.			CUIRS ET PEAUX à l'exportation.			Cuirs & Peau[x] à l'importation.
	Principal.	10 s. pour l.	Total.	Principal	10 s. p. l.	Total.	
Bœufs, & Vaches à fort & à œuvre, Veaux, Moutons, Agneaux, Chevreaux, Porcs & Sangliers tannés & aprêtés, en toutes sortes d'aprêt, la livre pesant	l. s. d. // 2. //	l. s. d. // 1. //	l. s. d. // 3. //	......	......	......	10 p. % de leur val. & 10 s. p. l.
Chevaux, Mulets, Anes, *idem*	// 1. //	// // 6.	// 1. 6.	......	......	......	*idem.*
Cerfs, Elans, Orignaux, *idem*	// 6. //	// 3. //	// 9. //	......	......	......	*idem.*
Boucs & Chevres, *idem.*	// 4. //	// 2. //	// 6. //	......	......	......	*idem.*
Chamois, Dains & Chevreuils, *idem*	// 10. //	// 5. //	// 15. //	......	......	......	*idem.*
Toutes Peaux non dénommées ci-dessus	10 p. % de leur val.	& 10 s. p. livre.	*mémoire.*	......	......	......	*idem.*
Cuirs de Bœufs & Vaches en verd, en demi-aprêt, passant à l'étranger, la piéce	....	....	....	l. s. d. 6. // //	l. s. d. 3. // //	l. s. d. 9. // //	....
Peau de Veaux *idem.* la piéce	....	....	....	1. // //	// 10. //	1. 10. //	....
Peaux de Moutons *idem.* la piéce	....	....	....	// 10. //	// 5. //	// 15. //	....

Nota. Tous les Cuirs aprêtés & qui ont payé les droits, les deux tiers du principal en sont restitués, lorsque lesdits Cuirs passent à l'Etranger, en remplissant les formalités prescrites.

Droits sur la Marque d'Or & d'Argent.

RÉGLEMENS.	OBJETS SUJETS AUX DROITS.	Principal	10 s. p. l.	Total.
Ordonnance de 1681. tit. 2. art. 2. & Edit de Mai 1723, pour le principal. Edit d'Août 1781, pour les 10 s. pour livre..	Or, par marc......................	l. s. d. 33. 12. //	l. s. d. 16. 16. //	l. s. d. 50. 8. //
	Argent, par marc................	2. 16. //	1. 8. //	4. 4. //

Droits sur l'Amidon & Poudre à poudrer.

RÉGLEMENS.	Amidon à la fabrication, par muid.	Amidon & Poudre venant de l'étranger, par livre.
Edit de 1771, & Arrêt du Conseil du 10 Décembre 1778..........................	7 l. 10 s. // d.	// l. 4 s. // d.
Edit d'Août 1781, dix sols pour livre.........	3. 15. //	// 2. //
Total......................	11. 5. //	// 6. //

Droits sur les quittances Timbrées pour la Régie & pour les parties Etrangeres.

Ordonnance de 1680, tit. 33. Déclaration de 1690. Edit de 1748. Déclaration de 1771, & Lettres-Patentes de 1780, art. 10.	Par quittance de 5 s. & au-dessus...	// l. // s. 10 d.
	Edit d'Août 1781, 10 s. pour livre....	// // 5.
	Total...........	// 1. 3.

Nota. Les congés & expéditions qui ne sont point des quittances de droits, doivent les frais de timbre. Ordonnance de Juillet 1781, tit. commun art. 16. Déclaration de 1771 & art. 10 des Lettres-Patentes de 1780.

OBSERVATION GÉNÉRALE.

Tous les articles de droits qui, payés séparément, ne forment pas une somme de six deniers en principal, ne doivent pas de sols pour livre dans ces cas.

Dénomination des Droits étrangers à la Régie, sur lesquels il est dû au Roi les dix sols pour livre.

VILLES ou BOURGS.	DÉNOMINATION.	OBSERVATIONS.
Evreux	2 ½. d'Octrois au détail & au massacre des Bestiaux. Droits de Péages.	Ces Droits appartiennent à la Ville.
Pacy	Droits de Coutumes & Havages.	Ces Droits appartiennent à l'Hôpital de Pacy.
Nonancourt.	Droits de Coutumes.	Ces Droits appartiennent à l'Hôtel-de-Ville.
	Droits de Coutumes & de petites Coutumes.	Ces Droits appartiennent à M. de Chataunoy, Seigneur, à titre d'engagement.
	Droits de Coutumes.	Ces Droits appartiennent à M. l'Evêque d'Evreux, comme faisant partie du revenu de son Evêché.
	Droits de Coutumes.	Ces Droits appartiennent à l'Hôpital de Nonancourt, perceptibles les jours des foires de la Magdeleine, S. Barthelemy, S. Luc, S. Martin, à Nonancourt, & S. Mathieu à Avrilly.

De l'Imprimerie de P. M. DELAGUETTE, rue de la Vieille-Draperie. 1781.

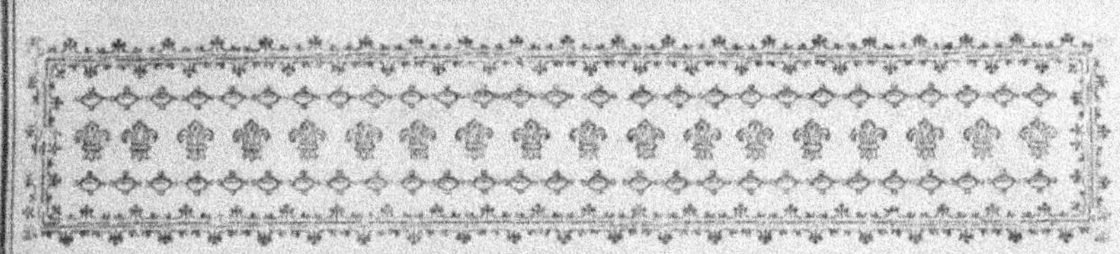

TARIF DES DROITS
DÉPENDANS
DE LA RÉGIE GÉNÉRALE,
DUS DANS LA DIRECTION
DE GISORS.

DROITS SUR LES BOISSONS, A L'ENTRÉE ET AU BRASSAGE, DANS LA VILLE DE GISORS.

EAU-DE-VIE ET LIQUEUR, par Muid de 144 Pots.

	tt	ß	&
Ordonnance de 1680, titre 26, article 5, Subvention........................	5.	8.	».
Déclarations des 10 Octobre & 31 Décembre 1689, Jauge & Courtage........	2.	5.	».
Edit d'Octobre, & Arrêt du Conseil, du 29 Décembre 1705, Inspecteurs.......	1.	10.	».
TOTAL..........	9.	3.	».
Edit d'Août 1781, Dix Sols pour livre..	4.	11.	6.
Déclaration de Janvier 1759, Droits Réservés..................................	14.	8.	».
Edit d'Août 1781, Dix Sols pour liv. modérés à Six Sols, par Décision du 29 dudit..	4.	6.	4. $\frac{4}{5}$.
TOTAL............	32.	8.	10. $\frac{4}{5}$.
Nota. Les Droits de 6 tt 15 ß sont dûs, Edit de Décembre 1686, sur l'Eau-de-vie de Vin qui ne les auroit pas acquittés en route..............................	6.	15.	».
Edit d'Août 1781, Dix Sols pour livre..	3.	7.	6.
TOTAL GÉNÉRAL........	42.	11.	4. $\frac{4}{5}$.

VIN ORDINAIRE ET VIN DE LIQUEUR,
par Muid de 144 Pots.

NATURE DES DROITS, ET RÉGLEMENS QUI LES AUTORISENT.	VIN ordinaire.	VIN de liqueur.
	tt ß ₫	tt ß ₫
Ordonnance de 1680, titre 4, art. premier, Anciens & Nouveaux Cinq Sols	». 14. ». ».	». 14. ».
Idem, titre 24, art. 1er, Subvention	1. 7. ». ».	1. 7. ».
Déclarations des 10 Octobre & 31 Déc. 1689, Jauge & Courtage	». 15. ». ».	». 15. ».
Edit d'Octobre, & Arrêt du Conseil, du 29 Déc. 1705, Inspecteurs	». 10. ». ».	». 10. ».
Lettres Patentes d'Août 1777, Octrois municipaux	1. 1. ». ».	1. 1. ».
Déclaration du 23 Juillet 1619, Ordonnance de 1680, titre 3, art. 3, premiere moitié d'Octrois	». 13. 9. ».	». 13. 9.
TOTAL	5. ». 9. ».	5. ». 9.
Edit d'Août 1781, Dix Sols pour livre	2. 10. 4. ½.	2. 10. 4. ½.
Déclaration du Roi, de Janvier 1759, Droits Réservés	1. 10. ». ».	6. ». ».
Edit d'Août 1781, Dix Sols pour livre, modérés à Six Sols, par Décision du 29 dudit	». 9. ». ».	1. 16. ».
TOTAL	9. 10. 1. ½.	15. 7. 1. ½.
Le Vin arrivé pour l'Étape, doit de plus, une premiere moitié d'Octrois de Cinq Sols, & les Dix Sols pour livre, ce qui fait	». 7. 6. ».	». ». ».
TOTAL GÉNÉRAL	9. 17. 7. ½.	15. 7. 1. ½.

CIDRE, POIRÉ ET BIERE, *par Muid de 144 Pots.*

NATURE DES DROITS, ET RÉGLEMENS QUI LES AUTORISENT.	CIDRE.	POIRÉ.	BIERE.
	tt ß ₫	tt ß ₫	tt ß ₫
Ordonnance de 1680, titre 24, art. 1er, titre 27, art. 6, Subvention	». 13. 6.	». 6. 9.	». 13. 6.
Déclarations des 10 & 31 Décembre 1689, Jauge & Courtage	». 9. ».	». 9. ».	». 9. ».
Edit d'Octobre & Arrêt du Conseil du 29 Déc. 1705, Inspecteurs	». 5. ».	». 2. 6.	». 5. ».
Lettres Patentes d'Août 1777, Octrois Municipaux	». 10. 6.	». 10. 6.	». 10. 6.
Déclaration du 23 Juillet 1619, Ordonnance de 1680, titre 3, art. 3, Premiere moitié d'Octrois	». 7. 6.	». 7. 6.	». 7. 6.
TOTAL	[illegible]. 5. 6.	1. 16. 3.	2. 5. 6.
Edit d'Août 1781, Dix Sols pour livre	1. 2. 9.	». 18. 1. ½.	1. 2. 9.
Déclaration du 3 Janvier 1759, Droits Réservés	». 10. ».	». 5. ».	». 10. ».
Edit d'Août 1781, 10ß p' tt, modérés à 6 ß, par Décision du 29 dudit	». 3. ».	». 1. 6.	». 3. ».
TOTAL	[illegible]. 1. 3.	3. ». 10. ½.	4. 1. 3.
Les Cidres & Poirés arrivés pour l'Étape, doivent chacun pour premiere moitié d'Octrois, 5ß. & 10ß p' tt, ce qui fait	». 7. 6.	». 7. 6.	». ». ».
Ordonnance de 1680, titre 1er, art. 27, Contrôle sur la Biere à la Fabrication	». ». ».	». ». ».	1. 10. ».
Edit d'Août 1781, Dix Sols pour livre	». ». ».	». ». ».	». 15. ».
TOTAL GÉNÉRAL	[illegible]. 8. 9.	[illegible]. 8. 4. ½.	6. 6. 3.

DROITS SUR LES BOISSONS, A L'ENTRÉE ET AU BRASSAGE,

DANS LA VILLE DE CHAUMONT.

EAU-DE-VIE ET LIQUEUR, par Muid de 144 Pots.

	₶	ß	₰
Ordonnance de 1680, titre 26, art. 3, Subvention	5.	8.	».
Déclarations des 10 Octobre & 31 Décembre 1689, Jauge & Courtage	2.	5.	».
Edit d'Octobre & Arrêt du Conseil, du 29 Décembre 1705, Inspecteurs	1.	10.	».
TOTAL	9.	3.	».
Edit d'Août 1781, Dix Sols pour livre	4.	11.	6.
Déclaration du Roi, de Janvier 1759, Droits Réservés	14.	8.	».
Edit d'Août 1781, Dix Sols p^r ₶, modérés à Six sols, par Décision du 29 dudit mois	4.	6.	4. $\frac{1}{3}$
TOTAL	32.	8.	10. $\frac{1}{3}$
Nota. Les Droits de 6 ₶ 15 ß sont dûs, Édit de Décembre 1686, sur l'Eau-de-vie de Vin qui ne les auroit pas acquittés en route	6.	15.	».
Edit d'Août 1781, Dix Sols pour livre	3.	7.	6.
TOTAL GÉNÉRAL	42.	11.	4. $\frac{1}{3}$

VIN ORDINAIRE ET VIN DE LIQUEUR, par Muid de 144 Pots.

NATURE DES DROITS, ET RÉGLEMENS QUI LES AUTORISENT.	VIN ordinaire.			VIN de liqueur.		
	₶	ß	₰	₶	ß	₰
Ordonnance de 1680, titre 4, article 1er, Anciens & Nouveaux Cinq Sols	».	14.	».	».	14.	».
Idem, titre 24, article premier, Subvention	1.	7.	».	1.	7.	».
Déclarations des 10 Octobre & 31 Déc. 1689, Jauge & Courtage	».	15.	».	».	15.	».
Edit d'Octobre & Arrêt du Conseil, du 29 Décembre 1705, Inspecteurs	».	10.	».	».	10.	».
Lettres Patentes d'Août 1777, Octrois Municipaux	1.	15.	».	1.	15.	».
TOTAL	5.	1.	».	5.	1.	».
Edit d'Août 1781, Dix Sols pour livre	2.	10.	6.	2.	10.	6.
Déclaration du Roi, du 3 Janvier 1759, Droits Réservés	1.	10.	».	6.	».	».
Edit d'Août 1781, Dix Sols pour liv., modérés à Six Sols, par Décision du 29 dudit	».	9.	».	1.	16.	».
TOTAL GÉNÉRAL	9.	10.	6.	15.	7.	6.

CIDRE, POIRÉ ET BIERE, par Muid de 144 Pots.

NATURE DES DROITS, ET RÉGLEMENS QUI LES AUTORISENT.	CIDRE.	POIRÉ.	BIERE.
	₶ ß ₰	₶ ß ₰	₶ ß ₰
Ordonnance de 1680, titre 24, art. 1er, titre 27, art. 6, Subvention.	». 13. 6.	». 6. 9.	». 13. 6.
Déclarations des 10 Octobre & 31 Déc. 1689, Jauge & Courtage.	». 9. ».	». 9. ».	». 9. ».
Edit d'Octobre & Arrêt du Conseil du 29 Déc. 1705, Inspecteurs.	». 5. ».	». 2. 6.	». 5. ».
Lettres Patentes d'Août 1777, Octrois Municipaux...........	». 17. 6.	». 17. 6.	». ». ».
TOTAL.............	2. 5. ».	1. 15. 9.	1. 7. 6.
Edit d'Août 1781, Dix Sols pour livre......................	1. 2. 6.	». 17. 10. ½.	». 13. 9.
Déclaration de Janvier 1759, Droits Réservés................	». 10. ».	». 5. ».	». 10. ».
Edit d'Août 1781, 10ß p.r ₶ modérés à 6 ß, par Décision du 29 dud.	». 3. ».	». 1. 6.	». 3. ».
TOTAL.............	4. ». 6.	3. » 1. ½.	2. 14. 3.
Ordonnance de 1680, titre 27, art. 1er, Contrôle des Bieres à la Fabrication..........			1. 10. ».
Edit d'Août 1781, Dix Sols pour livre..			». 15. ».
TOTAL GÉNÉRAL........			4. 19. 3.

DROITS SUR LES BOISSONS, A L'ENTRÉE ET AU BRASSAGE,

DANS LA VILLE DE MAGNY.

EAU-DE-VIE, VIN ORDINAIRE ET DE LIQUEUR, par Muid de 144 Pots.

NATURE DES DROITS, ET RÉGLEMENS QUI LES AUTORISENT.	EAU-DE-VIE.	VIN ordinaire.	VIN de liqueur.
	₶ ß ₰	₶ ß ₰	₶ ß ₰
Ordon. de 1680, tit. 4, art. 1er, Anciens & Nouveaux Cinq Sols.	». ». ».	». 14. ».	». 14. ».
Ordonnance de 1680, titre 24, art. 1er, tit. 26, art. 3, Subvention.	5. 8. ».	1. 7. ».	1. 7. ».
Déclarations des 10 Octobre & 31 Déc. 1689, Jauge & Courtage..	2. 5. ».	». 15. ».	». 15. ».
Edit d'Octobre & Arrêt du Conseil du 29 Déc. 1705, Inspecteurs..	1. 10. ».	». 10. ».	». 10. ».
Lettres Patentes d'Août 1777, Octrois Municipaux.........	1. 8. ».	». 14. ».	». 14. ».
TOTAL.............	10. 11. ».	4. ». ».	4. ». ».
Dix Sols pour livre, Edit d'Août 1781......................	5. 5. 6.	2. ». ».	2. ». ».
Déclaration de Janvier 1759, Droits Réservés..............	14. 8. ».	1. 10. ».	6. ». ».
Edit d'Août 1781, 10 ß p.r ₶, modérés à 6 ß, par Décis. du 29 dudit.	4. 6. 4⅘.	». 9. ».	1. 16. ».
TOTAL.............	34. 10. 10⅘.	7. 19. ».	13. 16. ».
Nota. Les Droits de 6 ₶ 15 ß sont dûs, Édit de Décembre 1786, sur l'Eau-de-vie de Vin, qui ne les auroit pas acquittés en route, ainsi que les Dix Sols pour livre de l'Édit d'Août 1781.........	10. 2. 6.	». ». ».	». ». ».
TOTAL GÉNÉRAL.......	44. 13. 4⅘.	7. 19. ».	13. 16. ».

CIDRE, POIRÉ ET BIERE, *par Muid de 144 Pots.*

NATURE DES DROITS, ET RÉGLEMENS QUI LES AUTORISENT.	CIDRE.	POIRÉ.	BIERE.
	₶ ß ₰	₶ ß ₰	₶ ß ₰
Ordonnance de 1680, titre 24, art. 1er, titre 27, art. 6, Subvention.	». 13. 6.	». 6. 9.	». 13. 6.
Déclarations des 10 Octobre & 31 Déc. 1689, Jauge & Courtage.	». 9. ».	». 9. ».	». 9. ».
Edit d'Octobre & Arrêt du Conseil du 29 Déc. 1705, Inspecteurs.	». 5. ».	». 2. 6.	». 5. ».
Lettres Patentes d'Août 1777, Octrois Municipaux…………	». 7. ».	». 7. ».	». ». ».
TOTAL…………	1. 14. 6.	1. 5. 3.	1. 7. 6.
Edit d'Août 1781, Dix Sols pour livre…………………	». 17. 3.	». 12. 7½.	». 13. 9.
Déclaration de Janvier 1759, Droits Réservés…………	». 10. ».	». 5. ».	». 10. ».
Edit d'Août 1781, 10 ß p^r ₶, modérés à 6 ß, par Décis. du 29 dudit.	». 3. ».	». 1. 6.	». 3. ».
TOTAL…………	3. 4. 9.	2. 4. 4½.	2. 14. 3.
Ordonnance de 1680, titre 27, Contrôle à la Fabrication de la Biere…………			1. 10. ».
Edit d'Août 1781, Dix Sols pour livre…………			». 15. ».
TOTAL GÉNÉRAL……			4. 19. 3.

DROITS SUR LES BOISSONS, A L'ENTRÉE ET AU BRASSAGE,

DANS LE BOURG D'ÉTRÉPAGNY.

BOISSONS, *par Muid de 144 Pots.*

NATURE DES DROITS, & Réglemens qui les autorisent.	EAU-DE-VIE.	VIN ordinaire.	VIN de Liqueur.	CIDRE.	POIRÉ.	BIERE.
	₶ ß ₰	₶ ß ₰	₶ ß ₰	₶ ß ₰	₶ ß ₰	₶ ß ₰
Ordonnance de 1680, tit. 4, art. 1er, Anciens & Nouveaux 5 f.	». ». ».	». 14. ».	». 14. ».	». ». ».	». ». ».	». ». ».
Idem de 1680, titre 26, art. 3, titre 24, art. 1er, titre 27, art. 6, Subvention…………	5. 8. ».	1. 7. ».	1. 7. ».	». 13. 6.	». 6. 9.	». 13. 6.
Déclarations des 10 Oct. & 31 Déc. 1689, Jauge & Courtage.	2. 5. ».	». 15. ».	». 15. ».	». 9. ».	». 9. ».	». 9. ».
Edit d'Oct. & Arrêt du Conseil du 29 Déc. 1705, Inspecteurs.	1. 10. ».	». 10. ».	». 10. ».	». 5. ».	». 2. 6.	». 5. ».
TOTAL…………	9. 3. ».	3. 6. ».	3. 6. ».	1. 7. 6.	». 18. 3.	1. 7. 6.
Edit d'Août 1781, 10 ß p^r ₶.	4. 11. 6.	1. 13. ».	1. 13. ».	». 13. 9.	». 9. 1½.	». 13. 9.
Déclaration de Janvier 1759, Droits Réservés…………	14. 8. ».	1. 5. ».	6. ». ».	». 10. ».	». 5. ».	». 10. ».
Edit d'Août 1781, 10 ß p^r ₶, modérés à 6 f. par Décision du 29 dudit mois…………	4. 6. 4 4/7.	». 7. 6.	1. 16. ».	». 3. ».	». 1. 6.	». 3. ».
TOTAL…………	32. 8. 10 4/7.	6. 11. 6.	12. 15. ».	2. 14. 3.	1. 13. 10½.	2. 14. 3.
Nº. Les Droits de 6 ₶ 15 ß sont dûs, Edit de Déc. 1686, sur l'Eau-de-vie de Vin qui ne les auroit pas acquittés en route, & les 10 ß p^r ₶ de l'Edit de 1781, ce qui fait…………	10. 2. 6.	…………	…………	…………	…………	…………
Ord. de 1680, tit. 27, art. 1er, Contrôle sur la Biere à la Fabrication…………	…………	…………	…………	…………	…………	1. 10. ».
Edit d'Août 1781, 10ß p^r ₶..	…………	…………	…………	…………	…………	». 15. ».
TOTAL GÉNÉRAL..	42. 11. 4 4/7.	6. 11. 6.	12. 15. ».	2. 14. 3.	1. 13. 10½.	4. 19. 3.

DROITS SUR LES BOISSONS, A L'ENTREE ET AU BRASSAGE,

DANS LE BOURG D'ÉCOS.

BOISSONS, par Muid de 144 Pots.

NATURE DES DROITS, & Réglemens qui les autorisent.	EAU-DE-VIE.	VIN ordinaire.	VIN de Liqueur.	CIDRE.	POIRÉ.	BIERE.
	₶ ß ₰	₶ ß ₰	₶ ß ₰	₶ ß ₰	₶ ß ₰	₶ ß ₰
Ordonnance de 1680, titre 24, art. 1er. Anciens & Nouv. 5 f.	». ». ».	». 14. ».	». 14. ».	». ». ».	». ». ».	». ». ».
Idem de 1680, titre 26, art. 5, titre 24, art. 1er, titre 27, art. 6, Subvention.	5. 8. ».	1. 7. ».	1. 7. ».	». 13. 6.	». 6. 9.	». 13. 6.
Déclarations des 10 Oct. & 31 Déc. 1689, Jauge & Courtage.	2. 5. ».	». 15. ».	». 15. ».	». 9. ».	». 9. ».	». 9. ».
Edit d'Oct. & Arrêt du Conseil du 29 Déc. 1705, Inspecteurs.	1. 10. ».	». 10. ».	». 10. ».	». 5. ».	». 2. 6.	». 5. ».
TOTAL.	9. 3. ».	3. 6. ».	3. 6. ».	1. 7. 6.	». 18. 3.	1. 7. 6.
Edit d'Août 1781, 10 ß p^r ₶.	4. 11. 6.	1. 13. ».	1. 13. ».	». 13. 9.	». 9. $1\frac{1}{2}$.	». 13. 9.
Déclaration des 3 Janvier 1759, Droits Réservés.	14. 8. ».	1. ». ».	6. ». ».	». 10. ».	». 5. ».	». 10. ».
Edit d'Août 1781, 10 ß p^r ₶, modérés à 6 ß par Décision du 29 dudit mois.	4. 6. $4\frac{4}{7}$.	». 6. ».	1. 16. ».	». 3. ».	». 1. 6.	». 3. ».
TOTAL.	32. 8. $10\frac{4}{7}$.	6. 5. ».	12. 15. ».	2. 14. 3.	1. 13. $10\frac{1}{2}$.	2. 14. 3.
N^a. Les Droits de 6 ₶ 15 ß sont dûs, Edit de Déc. 1680, sur l'Eau-de-vie de Vin qui ne les auroit pas acquittés en route, & les 10 ß p^r ₶ de l'Edit de 1781, ce qui fait.	10. 2. 6.	....	....	....	....	....
Ord. de 1680, titre 27, art. 1er, Contrôle sur la Biere à la Fabrication.	....	....	....	....	....	1. 10. ».
Edit d'Août 1781, 10 ß p^r ₶.	....	....	....	....	....	». 15. ».
TOTAL GÉNÉRAL.	42. 11. $4\frac{4}{7}$.	6. 5. ».	12. 15. ».	2. 14. 3.	1. 13. $10\frac{1}{2}$.	4. 19. 3.

DROITS SUR LES BOISSONS, A L'ENTRÉE ET AU BRASSAGE,

DANS LES BOURGS DE LA BOSSE, MAINNEVILLE ET IVRY-LE-TEMPLE.

BOISSONS, par Muid de 144 Pots.

NATURE DES DROITS, & Réglemens qui les autorisent.	EAU-DE-VIE.	VIN ordinaire.	VIN de liqueur.	CIDRE.	POIRÉ.	BIERE.
	₶ ß ₰	₶ ß ₰	₶ ß ₰	₶ ß ₰	₶ ß ₰	₶ ß ₰
Ordonnance de 1680, titre 4, art. 1er, Anciens & Nouveaux 5 f.	». ». ».	». 14. ».	». 14. ».	». ». ».	». ». ».	». ». ».
Id. de 1680, titre 26, art. 3, titre 24, art. 1er & titre 27, art. 6, Subvent.	5. 8. ».	1. 7. ».	1. 7. ».	». 13. 6.	». 6. 9.	». 13. 6.
Déclarations des 10 Octobre & 31 Déc. 1689, Jauge & Courtage	2. 5. ».	». 15. ».	». 15. ».	». 9. ».	». 9. ».	». 9. ».
Edit d'Octobre & Arrêt du Conseil du 29 Déc. 1705, Inspecteurs	1. 10. ».	». 10. ».	». 10. ».	». 5. ».	». 2. 6.	». 5. ».
TOTAL	9. 3. ».	3. 6. ».	3. 6. ».	1. 7. 6.	». 18. 3.	1. 7. 6.
Edit d'Août 1781, Dix Sols pr liv.	4. 11. 6.	1. 13. ».	1. 13. ».	». 13. 9.	». 9. 1½.	». 13. 9.
TOTAL	13. 14. 6.	4. 19. ».	4. 19. ».	2. 1. 3.	1. 7. 4½.	2. 1. 3.
Les Droits de 6 ₶ 15 ß sont dûs, Edit de Déc. 1686, sur l'Eau-de-vie de Vin qui ne les auroit pas acquittés en route, & les 10 ß pr ₶ de l'Edit de 1781, ce qui fait	10. 2. 6.	....	....	....	....	....
Ordonn. de 1680, titre 27, art. 1er, Contrôle sur la Biere à la Fabricat.	....	....	....	....	....	1. 10. ».
Edit d'Août 1781, Dix Sols pr livre.	....	....	....	....	....	». 15. ».
TOTAL GÉNÉRAL	23. 17. ».	4. 19. ».	4. 19. ».	2. 1. 3.	1. 7. 4½.	4. 6. 3.

OBSERVATIONS GÉNÉRALES.

L'Eau-de-vie rectifiée & l'Esprit-de-Vin sont assujettis, par la Déclaration du Roi, de 1687, l'Eau-de-vie rectifiée au double, & l'Esprit-de-Vin au triple des Droits de 6 ₶ 15 ß & de Subvention; du reste ces Liqueurs doivent les mêmes Droits que l'Eau-de-vie simple.

Les Droits de 6 ₶ 15 ß sur l'Eau-de-vie, établis par l'Ordonnance de 1680, titre 26, art. premier, sont exigibles sur les Eaux-de-vie de vin, non seulement aux Entrées des lieux sujets, mais encore dans les autres lieux, lorsqu'ils n'ont pas été payés aux Bureaux de passage, ou en route, Edit de Décembre 1686; & ils comportent les Dix Sols pour livre de l'Edit d'Août 1781, ce qui forme, en principal

	₶ ß ₰
d'Août 1781, ce qui forme, en principal	6. 15. ».
Edit d'Août 1781, Dix Sols pour livre	3. 7. 6.
TOTAL	10. 2. 6.

Les Nobles & les Ecclésiastiques sont exempts, les premiers pour les Boissons de leur crû & pour leur consommation, de la Subvention; les seconds ne doivent point, aussi pour leur consommation, sur les Boissons de crû de Bénéfice, les Nouveaux Cinq Sols, la Subvention, la Jauge & Courtage, & les Droits Réservés, en se conformant les uns & les autres aux Réglemens.

DROITS A LA SORTIE DU ROYAUME.

NATURE DES DROITS, ET RÉGLEMENS QUI LES AUTORISENT.	VIN.
	₶ ß ₰
Ordonnance de 1680, titre 4, article 16, Anciens & Nouveaux Cinq Sols	». 14. ».
Edit d'Août 1781, Dix Sols pour livre	». 7. ».
TOTAL	1. 1. ».

DROITS DE GROS.

Par l'Arrêt du Conseil, de Mars 1755, les Vins destinés pour être consommés dans la Province de Normandie, étant exempts des Droits de Gros au passage, quand ils viennent d'un pays non sujet, on les perçoit lorsqu'ils s'enlevent de Normandie pour aller à l'Etranger, ou dans une autre Province; ils consistent dans le vingtieme du prix de la vente, l'augmentation de 16ß 3₰, & le Droit de Courtage de 10 ß par Muid.

EXEMPLE, pour du Vin vendu 150 liv. le Muid.

	₶ ß ₰	₶ ß ₰	₶ ß ₰
Gros ou Vingtieme	7. 10. ».	8. 16. 3. ».	13. 4. 4. ½.
Augmentation	». 16. 3.		
Courtage	». 10. ».		
Edit d'Août 1781, Dix Sols pour livre		4. 8. 1. ½.	

DROITS DE RIVIERE,

SUR LES VINS descendans la Seine, ou déchargés de la Seine à terre, & qui s'acquittent aux Bureaux établis à cet effet.

	₶ ß ₰
L'Ordonnance de 1680, titre 30 article 1er, fixe ce Droit à 3 ₶ par Muid, à cause du parisis, douze & six deniers pour livre, ci	3. ». ».
Edit d'Août 1781, Dix Sols pour livre	1. 10. ».
TOTAL PAR MUID	4. 10. ».

DROITS A LA VENTE ET REVENTE DES BOISSONS,

DANS LA VILLE DE GISORS, par Muid de 144 Pots.

BOISSONS.	RÉGLEMENS qui autorisent la perception DES DROITS.	1er ENLÉVEMENT. Quotité de chaque Droit.	1er ENLÉVEMENT. Total par nature de Boissons.	2e ENLÉVEMENT. Quotité de chaque Droit.	2e ENLÉVEMENT. Total par nature de Boissons.
		₶ ß ₰	₶ ß ₰	₶ ß ₰	₶ ß ₰
EAUX-DE-VIE.	Tarif de 1696, Courtiers-Jaugeurs	1. 10. 8.	2. 6. ».	1. ». ».	1. 10. ».
	Edit d'Août 1781, Dix Sols pr liv.	». 15. 4.		». 10. ».	
LIQUEUR..	Tarif de 1686, Courtiers-Jaugeurs	1. 18. ».	2. 17. ».	1. 10. ».	2. 5. ».
	Edit d'Août 1781, Dix Sols pr liv.	». 19. ».		». 15. ».	
VIN........	Tarif de 1696, Courtiers-Jaugeurs	». 9. ».	». 13. 6.	». 5. ».	». 10. 6.
	Edit d'Août 1781, Dix Sols pr liv.	». 4. 6.		». 2. 6.	
	Ordonn. de 1681, titre 3, art. 3, & Déclaration de Juillet 1619, 1ere moitié d'Octroi à la Revente...	». ». ».		». 2. ».	
	Edit d'Août 1781, Dix Sols pr liv.	». ». ».		». 1. ».	
CIDRE, POIRÉ & BIERE....	Tarif de 1696, Courtiers-Jaugeurs	». 4. 6.	». 6. 9.	». 2. 6.	». 6. 9.
	Edit d'Août 1781, Dix Sols pr liv.	». 2. 3		». 1. 3.	
	Ordonn. de 1681, titre 3, art. 3, & Déclaration de Juillet 1619, 1re moitié d'Octroi à la Revente...	». ». ».		». 2. ».	
	Edit d'Août 1781, Dix Sols pr liv.	». ». ».		». 1. ».	

DROITS A LA VENTE ET REVENTE DES BOISSONS,
dans toute l'étendue de la Direction de Gisors, par Muid de 144 Pots.

BOISSONS.	RÉGLEMENS qui autorisent la perception DES DROITS.	1er ENLÈVEMENT. Quotité de chaque Droit.	1er ENLÈVEMENT. Total par nature de Boissons.	2e ENLÈVEMENT. Quotité de chaque Droit.	2e ENLÈVEMENT. Total par nature de Boissons.
		₶ ß ₰	₶ ß ₰	₶ ß ₰	₶ ß ₰
EAUX-DE-VIE.	Tarif de 1696, Courtiers-Jaugeurs	1. 10. 8.	2. 6. »	1. ». ».	1. 10. »
	Edit d'Août 1781, Dix Sols p^r liv.	». 15. 4.		». 10. ».	
LIQUEUR..	Tarif de 1696, Courtiers-Jaugeurs	1. 18. ».	2. 17. »	1. 10. ».	2. 5. »
	Edit d'Août 1781, Dix Sols p^r liv.	». 19. ».		». 15. ».	
VIN........	Tarif de 1696, Courtiers-Jaugeurs	». 9. ».	». 13. 6.	». 15. ».	». 7. 6.
	Edit d'Août 1781, Dix Sols p^r liv.	». 4. 6.		». 2. 6.	
CIDRE, POIRÉ & BIERE....	Tarif de 1696, Courtiers-Jaugeurs	». 4. 6.	». 6. 9.	». 2. 6.	». 3. 9.
	Edit d'Août 1781, Dix Sols p^r liv.	». 2. 3.		». 1. 3.	

DROITS DUS A LA VENTE EN DÉTAIL DES BOISSONS,
DANS TOUTE L'ÉTENDUE DE LA DIRECTION,
par Muid de 144 Pots.

NATURE DES DROITS, ET RÉGLEMENS QUI LES AUTORISENT.	Eau-de-vie, à 3 livres le Pot.	VIN, à 1 sol la Pinte.	CIDRE, à 6 deniers la Pinte.	POIRÉ, à 6 deniers la Pinte.	BIERE, à 12 sols le Pot.
	₶ ß ₰	₶ ß ₰	₶ ß ₰	₶ ß ₰	₶ ß ₰
Le Quatrieme sur l'Eau-de-vie est le tiers du prix de la Vente, Ordonnance de 1680, titre 26, art. 3, Edit de Décembre 1686.	144. ». ».	». ». ».	». ». ».	». ». ».	». ». ».
Sur le Vin, Cidre & Poiré, les Droits de Détail sont le Quatrieme, réduit au Cinquieme, Ordonnance de 1680, titre 14, art. 1er & 2e..........................	». ». ».	3. 18. ».	1. 18. ».	1. 18. ».	». ». ».
Sur la Biere, le Quatrieme du Prix de la Vente, Parisis, sol & six deniers, Ordonnance de 1680, titre 27, art. 6..........	». ». ».	». ». ».	». ». ».	». ». ».	29. 1. 3.
Edit d'Août 1781, Dix Sols pour livre, modérés à Huit Sols, par Décision du 29 dudit mois..........................	57. 12. ».	1. 11. $2\frac{2}{5}$.	». 15. $2\frac{2}{5}$.	». 15. $2\frac{2}{5}$.	11. 12. 6.
TOTAL.......	201. 12. ».	5. 9. $2\frac{2}{5}$.	2. 13. $2\frac{2}{5}$.	2. 13. $2\frac{2}{5}$.	40. 13. 9.
Ordonnance de 1680, titre 26, art. 3, titre 23, art. 1er, & titre 27, art. 6, Subvention à la Consommation..................	5. 8. ».	1. 7. ».	». 13. 6.	». 6. 9.	». 13. 6.
Déclaration du 10 Octobre 1689, Jauge & Courtage..........................	2. 5. ».	». 15. ».	». 9. ».	». 9. ».	». 9. ».
TOTAL.......	7. 13. ».	2. 2. ».	1. 2. 6.	». 15. 9.	1. 2. 6.
Edit d'Août 1781, Dix Sols pour livre....	3. 16. 6.	1. 1. ».	». 11. 3.	». 7. $10\frac{1}{2}$.	». 11. 3.
Rapport du 4me & Huit Sols pour livre....	201. 12. ».	5. 9. $2\frac{2}{5}$	2. 13. $2\frac{2}{5}$.	2. 13. $2\frac{2}{5}$.	40. 13. 9.
TOTAL........	213. 1. 6.	8. 12. $2\frac{2}{5}$.	4. 6. $11\frac{2}{5}$.	3. 16. $9\frac{9}{10}$.	42. 7. 6.
Nª. Il se perçoit à Gisors, sur le Vin, Cidre, Poiré & Biere, une 1ere moitié d'Octroi de 2 sols par Muid; Ordonn. de 1681, titre 3, article 3, & Déclaration de Juillet 1619...	». ». ».	». 2. ».	». 2. ».	». 2. ».	». 2. ».
Edit d'Août 1781, Dix Sols pour livre.....	». ». ».	». 1. ».	». 1. ».	». 1. ».	». 1. ».
TOTAL GÉNÉRAL...	213. 1. 6.	8. 15. $2\frac{2}{5}$.	4. 9. $11\frac{2}{5}$.	3. 19. $9\frac{9}{10}$.	42. 10. 6.

N.ᵃ Lorsque le Vin est vendu plus d'un sol la Pinte, les Droits de Quatrieme sont augmentés, à raison de 3 ₶ 18 ß pour chaque sol; & lorsque le Cidre & Poiré sont aussi vendus plus de 6 ₰ la Pinte, les Droits sont augmentés à raison de 6 ß par chaque denier, art. ci-dessus cités.

Les Droits de Détail sont dus, conformément au Tarif ci-dessus, sur les Boissons arrivant & transportées en Bouteille, Lettres Patentes du 25 Mai 1728, aux exceptions y portées, & qui tombent sur le Vin de Liqueur venant en Caisses, les Vins de Champagne gris, transportés en panier de cent Bouteilles, & les Vins, tant pour la provision des Gens qualifiés qui vont dans leurs Terres, que pour celle de tous autres allant aux Eaux de Forges, en remplissant les formalités prescrites.

Il est encore à observer que les Droits de Jauge & Courtage au Détail, ne se perçoivent dans aucun des lieux où ils sont payés à l'Entrée.

Les Eaux-de-vie transportées en Barils au-dessous de soixante Pintes, sont aussi assujetties aux Droits de Détails, Lettres Patentes du 24 Août 1728. Ils sont encore dus par les Bouilleurs & Marchands d'Eau-de-vie en gros, sur les manquans à leur charge, déduction faite du 21ᵉ pour 20, Lettres Patentes citées ci-dessus; & les Soumissionnaires d'Eau-de-vie sont assujettis au paiement du double desdits Droits, sur les Eaux-de-vie pour lesquelles ils ne rapportent pas dans les trois mois, Certificat d'arrivée, Lettres Patentes des 4 Juin 1726, & 2 Mars 1728.

DROIT ANNUEL.

		₶ ß ₰	₶ ß ₰
Dans les Villes.....	Ordonnance de 1680, titre 29, art. 1ᵉʳ......	8. ». ».	12. ». ».
	Edit d'Août 1781, Dix Sols pour livre.....	4. ». ».	
Dans les autres Lieux.	Ordonnance de 1680, titre 29, art. 1ᵉʳ.......	6. 10. ».	9. 15. ».
	Edit d'Août 1781, Dix Sols pour livre.....	3. 5. ».	

Ce Droit est dû en entier par tous les Marchands en gros, Bouilleurs, Brasseurs, Cabaretiers, Taverniers & autres vendans en detail.

Les Détailleurs de Biere ne doivent que la moitié de l'Annuel, Ordonnance de 1680, titre 29, article 7.

DROITS SUR LES BESTIAUX, A L'ENTRÉE ET AU MASSACRE,
ainsi qu'aux Foires & Marchés de la Ville de Gisors.

NATURE DES DROITS, & Réglemens qui les autorisent.	*A l'Entrée & au Massacre.*						*aux Foires & Marchés.*	
	Bœuf & Vache.	Veau & Genisse.	Mouton, Brebis & Chevre.	Porc.	Livre de Viande.	Livre de Porc.	Bœuf & Vache.	Mouton & Porc.
	₶ ß ₰	₶ ß ₰	₶ ß ₰	₶ ß ₰	₶ ß ₰	₶ ß ₰	₶ ß ₰	₶ ß ₰
Edit de Février & Arrêt du Conseil du 19 Août 1705, Inspecteurs..........	2. ». ».	».12. ».	». 4. ».	». ». ».	». ». 2.	». ». ».	». ». ».	». ». ».
Déclaration de Juill. 1619, & Ordonnance de 1680, titre 3, art. 3, premiere moitié d'Octrois......	». 3. 9.	». ». ».	». 1. 9.	». 1. 9.	à proportion.		». 3. 9.	». 1. 9.
TOTAL.........	2. 3. 9.	».12. ».	». 5. 9.	». 1. 9.	». ». 2.	». ». ».	». 3. 9.	». 1. 9.
Edit d'Août 1781, Dix Sols pour livre........	1. 1.10½.	». 6. ».	». 2.10½.	». ».10½.	». ». 1.	». ». ».	». 1.10½.	». ».10½.
Déclaration de Janv. 1759, Droits Réservés.......	2. ». ».	».13. 4.	». 5. ».	».13. 4.	à proportion.		». ». ».	». ». ».
Edit d'Août 1781, 10 s. p' ₶, modérés à 6 s. par Décision du 29 dudit mois..	».12. ».	». 4. ».	». 1. 6.	». 4. ».	*Idem.*		». ». ».	». ». ».
TOTAL GÉNÉRAL..	5.17. 7½.	1.15. 4.	».15. 1½.	».19.11½.	». ». 3.	». ». ».	». 5. 7½.	». 2. 7½.

DROITS SUR LES BESTIAUX, A L'ENTRÉE ET AU MASSACRE, dans la Ville de Chaumont.

NATURE DES DROITS, & Réglemens qui les autorisent.	Bœuf ou Vache.	Veau.	Genisse.	Mouton & Brebis.	Chevre.	Porc.	Livre de Viande.	Livre de Porc.
	tt ß ₰	tt ß ₰	tt ß ₰	tt ß ₰	tt ß ₰	tt ß ₰	tt ß ₰	tt ß ₰
Edit de Février & Arrêt du Conseil du 19 Août 1705, Inspecteurs.	2. ». ».	».12. ».	».12. ».	». 4. ».	». 4. ».	». ». ».	». ». 2.	». ». ».
Lettres Patentes du 2 Août 1777, Octrois Municipaux.	1. 8. ».	». 7.11.	». ». ».	». 4. 5.	». ». ».	». ». ».	à propor.	». ». ».
TOTAL.	3. 8. ».	».19.11.	».12. ».	». 8. 5.	». 4. ».	». ». ».	». ». 2.	». ». ».
Edit d'Août 1781, Dix Sols pour livre.	1.14. ».	». 9.11½.	». 6. ».	». 4. 2½.	». 2. ».	». ». ».	». ». 1.	». ». ».
Déclaration de Janv. 1759. Droits Réservés.	2. ». ».	».13. 4.	».13. 4.	». 5. ».	». 5. ».	».13. 4.	à proportion.	
Edit d'Août 1781, 10 ſ. p tt, modérés à 6 ſ. par Décision du 29 dudit mois.	».12. ».	». 4. ».	». 4. ».	». 1. 6.	». 1. 6.	». 4. ».	*Idem.*	
TOTAL GÉNÉRAL.	7.14. ».	2. 7. 2½.	1.15. 4.	».19. 1½.	».12. 6.	».17. 4.	». ». 3.	». ». ».

DROITS SUR LES BESTIAUX, A L'ENTRÉE ET AU MASSACRE, dans la Ville de Magny.

NATURE DES DROITS, ET RÉGLEMENS QUI LES AUTORISENT.	Bœuf & Vache.	Veau & Genisse.	Mouton, Brebis & Chevre.	Porc.	Livre de Viande.	Livre de Porc.
	tt ß ₰	tt ß ₰	tt ß ₰	tt ß ₰	tt ß	
Edit de Février & Arrêt du Conseil, du 19 Août 1705, Inspecteurs.	2. ». ».	».12. ».	». 4. ».	». ». ».	». ». 2	......
Edit d'Août 1781, Dix Sols pour livre.	1. ». ».	». 6. ».	». 2. ».	». ». ».	». ». 1	......
Déclaration de Janv. 1759, Droits Réservés.	2. ». ».	».13. 4.	». 5. ».	».13. 4.	à proportion.	
Edit d'Août 1781, Dix Sols pour livre, modérés à Six Sols, par Décision du 29 dudit.	».12. ».	». 4. ».	». 1. 6.	». 4. ».	*Idem.*	
TOTAL.	5.12. ».	1.15. 4.	».12. 6.	».17. 4.	». ». 3.	......

DROITS SUR LES BESTIAUX, A L'ENTRÉE ET AU MASSACRE, dans le Bourg d'Etrépagny.

NATURE DES DROITS, ET RÉGLEMENS QUI LES AUTORISENT.	Bœuf & Vache.	Veau & Genisse.	Mouton, Brebis & Chevre.	Porc.	Livre de Viande.	Livre de Porc.
	tt ß ₰	tt ß ₰	tt ß ₰	tt ß ₰	tt ß ₰	
Edit de Février & Arrêt du Conseil du 19 Août 1705, Inspecteurs.	2. ». ».	».12. ».	». 4. ».	». ». ».	». ». 2.	......
Edit d'Août 1781, Dix Sols pour livre.	1. ». ».	». 6. ».	». 2. ».	». ». ».	». ». 1.	......
Déclaration de Janv. 1759, Droits Réservés.	1.10. ».	».10. ».	». 3. 6.	».10. ».	à proportion.	
Edit d'Août 1781, Dix Sols pour livre, modérés à Six Sols, par Décision du 29 dudit.	». 9. ».	». 3. ».	». 1. ». ½	». 3. ».	*Idem.*	
TOTAL.	[illegible].19. ».	1.11. ».	».10. 6. ½	».13. ».	». ». 3.	......

DROITS SUR LES BESTIAUX, A L'ENTRÉE ET AU MASSACRE, dans le Bourg d'Écos.

NATURE DES DROITS, ET RÉGLEMENS QUI LES AUTORISENT.	Bœuf & Vache.	Veau & Genisse.	Mouton, Brebis & Chevre.	Porc.	Livre de Viande.
	₶ ß ₰	₶ ß ₰	₶ ß ₰	₶ ß ₰	₶ ß ₰
Edit de Février & Arrêt du Conseil du 19 Août 1705, Inspecteurs	2. ». ».	». 12. ».	». 4. ».	». ». ».	». ». 2.
Edit d'Août 1781, Dix Sols pour livre	1. ». ».	». 6. ».	». 2. ».	». ». ».	». ». 1.
Déclaration de Janvier 1759, Droits Réservés	1. ». ».	». 6. 8.	». 3. ».	». 6. 8.	à proport.
Edit d'Août 1781, Dix Sols pour livre, modérés à Six Sols, par Décision du 29 dudit mois	». 6. ».	». 2. ».	». ». 10⅘.	». 2. ».	*Idem.*
TOTAL	4. 6. ».	1. 6. 8.	». 9. 10⅘.	». 8. 8.	». ». 3.

DROITS SUR LES BESTIAUX, A L'ENTRÉE ET AU MASSACRE, dans les Bourgs de Mainneville, la Bosse & Ivry-le-Temple, dûs dans les Campagnes, avant l'Abattis, par les Bouchers, Maîtres & fils de Maîtres, & à la Vente hors domicile, par tous les autres Bouchers.

NATURE DES DROITS, ET RÉGLEMENS QUI LES AUTORISENT.	Bœuf & Vache.	Veau & Genisse.	Mouton, Brebis & Chevre.	Livre de Viande.
	₶ ß ₰	₶ ß ₰	₶ ß ₰	₶ ß ₰
Edit de Février & Arrêt du Conseil du 19 Août 1705, Inspecteurs	2. ». ».	». 12. ».	». 4. ».	». ». 2.
Edit d'Août 1781, Dix Sols pour livre	1. ». ».	». 6. ».	». 2. ».	». ». 1.
TOTAL	3. ». ».	». 18. ».	». 6. ».	». ». 3.

DROITS SUR LES BOIS ET FOIN, CHARBONS, RIBLETTES, FAGOTS ET BOURRÉES, dans la Ville de Gisors.

NATURE DES DROITS, & Réglemens qui les autorisent.	Corde de Bois à brûler.	Bois œuvré & à œuvrer.	Cent de Fagots.	Cent de Riblettes.	Cent de Bottes de Foin.	Chartetée de Charbon.	Somme de Charbon.	Somme de Bois, Fagots & Bourrées, sur un Cheval.
	₶ ß ₰	₶ ß ₰	₶ ß ₰	₶ ß ₰	₶ ß ₰	₶ ß ₰	₶ ß ₰	₶ ß ₰
Lettres Patentes du 2 Août 1777, Octrois Municipaux	». 14. ».	». ». ».	». 14. ».	». 7. ».	». 14. ».	». 10. 6.	». 1. 5.	». 1. 5.
Edit d'Août 1781, Dix Sols pour livre	». 7. ».	». ». ».	». 7. ».	». 3. 6.	». 7. ».	». 5. 3.	». ». 8½.	». ». 8½.
Déclaration de Janv. 1759 & Arrêt du Conseil de Septembre 1776, Droits Réservés, par Voiture attelée de 3 Chevaux	». 10. ».	». 10. ».	». 10. ».	». 10. ».	». 10. ».	». ». ».	». ». ».	». 1. ».
Edit d'Août 1781, 10 ß p ₶, modérés à 6 f. par Décision du 29 dudit mois	». 3. ».	». 3. ».	». 3. ».	». 3. ».	». 3. ».	». ». ».	». ». ».	». ». 3½.
TOTAL	1. 14. ».	». 13. ».	1. 14. ».	1. 3. 6.	1. 14. ».	». 15. 9.	». 2. 1½.	». 3. 5⅒.

Nota. Une Voiture de Bois ou de Foin, qui ne feroit attelée que d'un Cheval, ne payeroit que 5 sols en principal des Droits Réservés, & les 6 sols pour liv. ce qui fait 6 sols 6 den. Une Voiture attalée de deux Chevaux, paie 7 sols 6 den. de principal, & 9 sols 9 den. 6 sols pour livre compris. Au dessus de trois Chevaux, chaque Cheval augmente le Droit à proportion. Chaque Somme de Cheval, en Bois ou Foin, paie le cinquieme d'une Voiture à un Cheval; & chaque Somme d'Ane le dixieme; Arrêt du Conseil de 1776.

On observe encore qu'il n'y a de Bois exempts des Droits Réservés, que ceux désignés dans les Lettres Patentes du 4 Août 1778, qui sont les Bourrées ou Fagots sans paremens, d'Epines, Puines, Ronces, &c.

DROITS sur les Bois, Foins, Paille, Charbons, Fagots et Bourrées, dans la Ville de Chaumont.

Nature des Droits, & Réglemens qui les autorisent.	Bois œuvré & à œuvrer.	Corde de Bois à brûler.	Cent de Fagots.	Cent de Bourrées.	Cent de Bottes de Foin.	Cent de Bottes de Paille.	Somme de Bois & Foin.	Sac de Charbon.
	₶ ß ₰	₶ ß ₰	₶ ß ₰	₶ ß ₰	₶ ß ₰	₶ ß ₰	₶ ß ₰	₶ ß ₰
Lettres Patentes du 2 Août 1777, Octrois Municipaux	». ». ».	1. 8. »	1. 8. »	1. 1. »	1. 8. »	1. 8. »	». 2. 10.	». 3. 6.
Edit d'Août 1781, Dix Sols pour livre	». ». ».	». 14. »	». 14. »	». 10. 6.	». 14. »	». 14. »	». 1. 5.	». 1. 9
Déclaration de Janvier 1759, & Arrêt du Conseil de Septemb. 1776, Droits Réservés, par Voiture attelée de 3 Chevaux	». 10. »	». 10. »	». 10. »	». 10. »	». 10. »	». ». »	». 1. »	». ». »
Edit d'Août 1781, 10 ß p^r ₶, modérés à 6 ß, par Décision du 29 dudit	». 3. »	». 3. »	». 3. »	». 3. »	». 3. »	». ». »	». ». 3. $\frac{3}{5}$	». ». »
Total	». 13. »	2. 15. »	2. 15. »	2. 4. 6.	2. 15. »	2. 2. »	». 5. 6. $\frac{3}{5}$	». 5. 3.

Nota. Une Voiture de Bois ou Foin, qui ne seroit attelée que d'un Cheval, ne payeroit que 5 ß en principal de Droits Réservés, & les 6 s. pour livre, ce qui fait 6 s. 6 d. Une Voiture attelée de deux Chevaux, paie 7 s. 6 d. de principal, & 9 s. 9 d. 6 s. pour livre compris. Au dessus de trois Chevaux, chaque Cheval augmente le droit à proportion; chaque Somme de Cheval, en Bois ou Foin, paie le cinquieme d'une Voiture à un Cheval, & chaque Somme d'Asne le dixieme. Arrêt du Conseil de 1776.

On observe encore qu'il n'y a de Bois exempts des Droits Réservés, que ceux désignés dans les Lettres Patentes du 4 Août 1778, qui sont les Bourrées ou Fagots sans paremens, d'Epines, Puines, Ronces, &c.

DROITS SUR LES BOIS ET FOINS, dans la Ville de Magny.

NATURE DES DROITS, et Réglemens qui les autorisent.	Voiture à trois Chevaux.	Voiture à deux Chevaux.	Voiture à un Cheval.	Somme de Cheval.	Somme d'Asne.
	₶ ß ₰	₶ ß ₰	₶ ß ₰	₶ ß ₰	₶ ß ₰
Déclaration de Janvier 1759, & Arrêt du Conseil de 1776, Droits Réservés	». 10. »	». 7. 6.	». 5. »	». 1. »	». ». 6.
Edit d'Août 1781, Dix Sols pour livre, modérés à Six Sols, par Décision du 29 du même mois	». 3. »	». 2. 3.	». 1. 6.	». ». 3. $\frac{3}{5}$	». ». 1 $\frac{4}{5}$.
Total	». 13. »	». 9. 9.	». 6. 6.	». 1. 3. $\frac{3}{5}$	». ». 7 $\frac{9}{10}$.

Nota Les Voitures attelées de plus de trois Chevaux, payent à proportion, à raison de chaque Cheval en sus.

Il n'y a de Bois exempts de payer les Droits Réservés, que ceux désignés dans les Lettres Patentes du 4 Août 1778, & qui sont les Bourrées ou Fagots sans paremens, d'Epines, Ronces, Puines, &c.

DROITS SUR LES HUILES,
A LA FABRICATION.

RÉGLEMENS.	NATURE DES DROITS.	Principal.	Dix Sols pour livre.	TOTAL.
		₶ ß ₰	₶ ß ₰	₶ ß ₰
Déclaration du Roi, de 1716, Edit du mois d'Août 1781, pour le Doublement, & les Dix Sols pour livre.	Par livre pesant d'Huile de Poisson, d'Olives, d'Amendes, de Noix & autres Fruits........	». 1. »	». ». 6.	». 1. 6.
	Par livre d'Huile de Térébenthine, Lin, Chenevis, Rabette, Navette & autres Graines.........	». ». 6.	». ». 3.	». ». 9.
	Par livre d'Huile d'Essence, & autres de plus grande valeur que celles sujettes aux Droits d'un Sol........................	». 2. »	». 1. »	». 3. »
	Si le Droit principal est de plus de 3 ₶, il est dû pour l'acquit........................	». 5. »	». 2. 6.	». 7. 6.
	S'il n'est que de 3 ₶, & d'une moindre somme, jusqu'à vingt sols inclusivement, le Droit d'Acquit est de........................	». 2. »	». 1. »	». 3. »

Nota. Le Droit d'Acquit n'a pas lieu, lorsque le Droit principal est au-dessous de Vingt Sols.

DROITS SUR LES CUIRS ET PEAUX,
A LA FABRICATION, A L'EXPORTATION ET A L'IMPORTATION,

établis par Edit & Arrêts des Mois d'Août 1759, Juill. & Novembre 1760, pour le Principal, avec les Dix Sols pour livre de l'Édit d'Août 1781.

OBJETS SUJETS AUX DROITS.	CUIRS ET PEAUX, *à la Fabrication.*			CUIRS ET PEAUX, *à l'Exportation.*			CUIRS & Peaux, à l'Importation.
	Principal.	Dix Sols pour livre.	TOTAL.	Principal.	Dix Sols pour livre.	TOTAL.	
	₶ ß ₰	₶ ß ₰	₶ ß ₰	₶ ß ₰	₶ ß ₰	₶ ß ₰	
Cuirs de Bœufs & Vaches, à for & à œuvre; Peaux de Veaux Moutons, Agneaux, Chevreaux Porcs & Sangliers, tannés & apprêtés en toutes sortes d'apprêts, la livre pesant........	». 2. »	». 1. »	». 3. »	....	....	....	10 p^r % de leur valeur.
Chevaux, Mulets, & Asnes...	». 1. »	». ». 6.	». 1. 6.	....	....	....	
Cerfs, Elans & Orignaux.....	». 6. »	». 3. »	». 9. »	....	....	....	
Boucs & Chevres..............	». 4. »	». 2. »	». 6. »	....	....	....	
Chamois, Dains & Chevreuils..................	». 10. »	». 5. »	». 15. »	....	....	....	
Toutes Peaux non dénommées ci-dessus, dix pour cent de leur valeur..................	*Mémoire.*	....	....	....	....	....	
Cuirs de Bœufs & Vaches, en verd, & en demi-apprêt, passant à l'Etranger, la piece....	....	....	....	6. ». »	3. ». »	9. ». »	
Peaux de Veaux, *idem*, la piece..................	....	....	....	1. ». »	». 10. »	1. 10. »	
Peaux de Moutons, *idem*, la piece..................	....	....	....	». 10. »	». 5. »	». 15. »	

Les Deux Tiers du Droit, en principal seulement, de tous les Cuirs apprêtés, & qui ont payé les Droits, sont restitués, lorsque lesdits Cuirs passent à l'Etranger, & que l'on a rempli les formalités prescrites.

DROITS SUR LA MARQUE D'OR ET D'ARGENT.

RÉGLEMENS.	OBJETS sujets aux Droits.	PRINCIPAL.	DIX SOLS pour livre.	TOTAL.
		₶ ß ₰	₶ ß ₰	₶ ß ₰
Ordonnance de 1681, tit. 2, art. 1er, & Edit de Mai 1723, pour le Principal.	Or, par marc......	33. 12. ».	16. 16. ».	50. 8. ».
Edit d'Août 1781, pour les Dix Sols pour livre.	Argent, par marc.....	2. 16. ».	1. 8. ».	4. 4. ».

DROITS SUR L'AMIDON ET POUDRE.

NATURE DES DROITS, ET RÉGLEMENS QUI LES AUTORISENT.	AMIDON, à la Fabrication, par Muid.	AMIDON, Poudre à poudrer, venant de l'Étranger, par livre pesant.
	₶ ß ₰	₶ ß ₰
Edit de 1771, & Arrêt du Conseil, de 1778.....................	7. 10. ».	». 4. ».
Edit d'Août 1781, Dix Sols pour livre.........................	3. 15. ».	». 2. ».
TOTAL.........	11. 5. ».	». 6. ».

OFFICES SUPPRIMÉS A MAGNY.

MESUREURS DE GRAINS.

Il est dû deux deniers par Boisseau, mesure de Paris, de Froment, Méteil & Seigle, & un denier par Boisseau d'Avoine & autres menus Grains.

Na Ce Droit est abonné, par Arrêt du Conseil, du 10 Mai 1772.

DROITS SUR LES QUITTANCES TIMBRÉES,

POUR LA RÉGIE ET POUR LES PARTIES ÉTRANGERES.

	₶ ß ₰
Ordonnance de 1780, titre 33, Déclaration de 1690, Edit de 1748, Déclaration de 1771, & Lettres Patentes de 1780, pour le Principal, par quittance de cinq sols. et au dessus	». ». 10.
Edit d'Août 1781, Dix Sols pour livre..	». ». 5.
TOTAL..............	». 1. 3.

Les Congés & Expéditions qui ne sont point des Quittances de Droits, doivent les frais de Timbre, Ordonnance de Juillet 1681, titre commun, art. 16, Déclaration de 1771, & Lettres Patentes de 1780, article 10.

OBSERVATION GÉNÉRALE.

Les articles de Droits qui, payés séparément, ne forment pas une somme de 6 deniers, ne doivent pas de Sol pour livre dans ces cas.

DÉNOMINATION DES DROITS ÉTRANGERS A LA RÉGIE,

dont les Dix Sols pour livre sont dus au Roi.

NOMS DES LIEUX.	DÉNOMINATION DES DROITS.
GISORS............	Deuxieme moitié d'Octrois, sur les Boissons aux Entrées Journalieres, au Brassage, à l'Etape, à la Revente en gros & en détail, appartenant à la ville de Gisors. Deuxieme moitié d'Octrois sur les Bestiaux, aux Foires, Marchés, & au Massacre, appartenant à ladite Ville. DROITS de Travers, *idem.* PASSE-DE-BOUT sur les Boissons, *idem.*
MAGNY............	DROIT d'Aunage, appartenant à Mme la Marquise de Valliere.

De l'Imprimerie de LAMESLE, Imprimeur des Fermes du Roi, au Bureau général des Aides, Hôtel de Bretonvilliers, Isle Saint Louis. 1781.

TARIF GÉNÉRAL DES DROITS DE LA RÉGIE GÉNÉRALE, DUS DANS LA DIRECTION DU HAVRE.

VILLE DU HAVRE.

BOISSONS.

Droits à l'Entrée sur les BOISSONS.

Eau-de-Vie & Liqueur, Vin ordinaire & Vin de Liqueur, par muid de 144 pots.

Nature des Droits, & Règlements qui les autorisent.	Eau-de-vie & Liqueur.	Vin ordinaire.	Vin de Liqueur.
	l. s. d.	l. s. d.	l. s. d.
Ordonn. de 1680, tit. 26, art. premier, droits de 6 livres 15 sols........................	6. 15. 〃	〃 〃 〃	〃 〃 〃
Idem. de 1680, tit. 26, art. 7, 18 den. par pot, fixés par muid à........................	12. 〃 〃	〃 〃 〃	〃 〃 〃
Idem. de 1680, tit. 2, art. prem. 9 l. par tonneau..	〃 〃 〃	4. 〃 9.	4. 〃 9.
Idem. de 1680, tit. 4, art. 1er. anciens & nouv. 5 s...	〃 〃 〃	〃 14. 〃	〃 14. 〃
Idem. de 1680, tit. 24, art. premier, subvention..	〃 〃 〃	1. 7. 〃	1. 7. 〃
Déclarations des 10 Octobre & 31 Décemb. 1689, jauge-courtage........................	2. 5. 〃	〃 15. 〃	〃 15. 〃
Edit d'Oct. & Arrêt du Conseil du 29 Déc. 1705, Inspecteurs........................	1. 10. 〃	〃 10. 〃	〃 10. 〃
Total...	22. 10. 〃	7. 6. 9.	7. 6. 9.
Edit d'Août 1781, 10 sols pour livre............	11. 5. 〃	3. 13. 4. ½	3. 13. 4. ½
Arrêt du Conseil & Lettres-Patentes des 30 Oct. 1758 & 20 Janvier 1759, droits réservés.....	57. 12. 〃	9. 〃 〃	9. 〃 〃
Edit d'Août 1781, dix sols pour livre, modérés à 6 sols par décision du 29 dudit............	17. 5. 7.	2. 14. 〃	2. 14. 〃
Total...	108. 12. 7.	22. 14. 1. ½	22. 14. 1. ½
Sur l'Eau-de-vie qui auroit payé en route les droits de 6 l. 15 sols, il seroit déduit pour lesdits droits & 10 sols pour livre........................	10. 2. 6.	〃 〃 〃	〃 〃 〃
Si le Vin avoit aussi payé en route les droits de 9 l. par tonneau, ils ne seroient pas exigibles, & il y auroit à déduire pour principal & 10 s. pour l..	〃 〃 〃	6. 1. 1. ½	6. 1. 1. ½
Reste...	98. 10. 1.	16. 13. 〃	16. 13. 〃

Droits à l'Entrée & au Braſſage ſur les CIDRE, POIRÉ & BIERE, *par muid de 144 pots, & ſur les* FRUITS *à faire Cidre & Poiré, à raiſon de trois muids de Fruits par muid de Boiſſon.*

Nature des Droits, & Réglements qui les autoriſent.	Cidre & Pommes.	Poiré & Poires.	Biere.
	l. ſ. d.	l. ſ. d.	l. ſ. d.
Ordon. de 1680, tit. 28, art. 4, Arrêt du Conſeil du 12 Mai 1705, 40 ſols par tonneau, fixés à..	2. 5. "	1.16. "	" " "
Ordon. de 1680, tit. 24, art. premier, Arrêt du Conſeil du 12 Mai 1705, & tit. 27, art. 6 de l'Ordon. ſubvention.........................	" 13. 6.	" 6. 9.	" 13. 6.
Déclarations des 10 Octobre & 31 Décembre 1689, Jauge-Courtage	" 9. "	" 9. "	" 9. "
Edit d'Octobre & Arrêt du Conſeil du 29 Décembre 1705, Inſpecteurs.........................	" 5. "	" 2. 6.	" 5. "
Total...	3.12. 6.	2.14. 3.	1. 7. 6.
Edit d'Août 1781, 10 ſols pour livre.........	1.16. 3.	1. 7. 1.½	" 13. 9.
Arrêt du Conſeil du 30 Décemb. 1758, & Lettres-Patentes du 20 Janvier 1759, droits réſervés..	1.10. "	1.10. "	4. " "
Edit d'Août 1781, 10 ſ. pour l. modérés à 6 ſ. par déciſion du 29 dudit.........................	" 9. "	" 9. "	1. 4. "
Total...	7. 7. 9.	6. " 4.½	7. 5. 3.
Ordon. de 1680, tit. 27, art. prem. à la fabrication de la Biere, Contrôle.........................	" " "	" " "	1.10. "
Edit d'Août 1781, dix ſols pour livre.........	" " "	" " "	" 15. "
Total général...	7. 7. 9.	6. " 4.½	9.10. 3.

Nota. On perçoit en ſus les droits de Courtiers, ſuivant le Tarif ci-après ſur les Boiſſons venant de l'Etranger ou du pays redimé.

Droits de Paſſe-debout.

Nature des Droits & Réglements qui les autoriſent.	Eau-de-Vie.	Vin.	Cidre.	Poiré.
	l. ſ. d.	l. ſ. d.	l. ſ. d.	l. ſ. d.
Ordonnan. de 1680, art. premier tit. 26, droits de 6 livres 15 ſols...........	6.15. "	" " "	" " "	" " "
Ordon. de 1680, tit. 2, art. premier, 9 livres par tonneau..............	" " "	4. " 9.	" " "	" " "
Ordonn. de 1680, tit. 28, 40 ſols par tonneau, & 20 ſ. par muid de cidre, 20 ſ. par tonneau & 20 ſ. par muid de Poiré..	" " "	" " "	2. 5. "	1.16. "
Total...	6.15. "	4. " 9.	2. 5. "	1.16. "
Edit d'Août 1781, 10 ſols pour livre....	3. 7. 6.	2. " 4.½	1. 2. 6.	" 18. "
Total général...	10. 2. 6.	6. 1. 1.½	3. 7. 6.	2.14. "

VILLE DE MONTIVILLIERS.

Droits à l'Entrée sur les BOISSONS.

EAU-DE-VIE & LIQUEUR, VIN ordinaire & VIN de Liqueur, par muid de 144 pots.

Nature des Droits, & Réglements qui les autorisent.	Eau-de-vie. & Liqueur.	Vin ordinaire.	Vin de Liqueur.
	l. s. d.	l. s. d.	l. s. d.
Ordonnance de 1680, art. premier, tit. 26, Edit de Décemb. 1686, droit de 6 15 sols.........	6.15. "	" " "	" " "
Ordon. de 1680, tit. 4, art. 1. anciens & nouv. 5 s..	" " "	" 14. "	" 14. "
Ordon. de 1680, tit. 24, art. premier, pour le Vin, tit. 26, art. 3, pour l'Eau-de-vie, subvention	5. 8. "	1. 7. "	1. 7. "
Déclarations des 10 Octob. & 31 Décemb. 1689, Jauge-courtage..........................	2. 5. "	" 15. "	" 15. "
Edit d'Oct. & Arrêt du Conseil du 29 Déc. 1705, Inspecteurs..............................	1.10. "	" 10. "	" 10. "
Lettres-Patentes du 2 Août 1777. Octrois municipaux..............................	" " "	1.15. "	1.15. "
Total...	15.18. "	5. 1. "	5. 1. "
Edit d'Août 1781, 10 sols pour livre..........	7.19. "	2.10. 6.	2.10. 6.
Déclaration de Janvier 1759, droits réservés....	14. 8. "	1.10. "	6. " "
Edit d'Août 1781, 10 sols pour liv. modérés à 6 sols par décision du 29 dudit................	4. 6. 4.$\frac{4}{5}$	" 9. "	1.16. "
Total général...	42.11. 4.$\frac{4}{5}$	9.10. 6.	15. 7. 6.
Sur l'Eau-de-vie qui auroit payé en route le droit de 6 l. 15 s. il y auroit à déduire pour ces droits & les 10 sols pour livre...................	10. 2. 6.	" " "	" " "
Reste...	32. 8 10.$\frac{4}{5}$	9.10. 6.	15. 7. 6.

Droits à l'entrée & au brassage.

CIDRE, POIRÉ & BIERE, par muid de 144 pots.

Nature des Droits, & Réglements qui les autorisent.	Cidre.	Poiré.	Biere.
	l. s. d.	l. s. d.	l. s. d.
Ordon. de 1680, tit. 24, art. premier, tit. 26, art. 7, subvention	" 13. 6.	" 6. 9.	" 13. 6.
Déclarations des 10 Octobre & 31 Décemb. 1689, Jauge-courtage...........................	" 9. "	" 9. "	" 9. "
Edit d'Octob. & Arrêt du Conseil du 29 Déc. 1705, Inspecteurs........................	" 5. "	" 2. 6.	" 5. "
Lettres-patentes du 2 Août 1777, octrois municipaux.......................................	" 17. 6.	" 8. 9.	" " "
Total...	2. 5. "	1. 7. "	1. 7. 6.
Edit d'Août 1781, 10 sols pour livre...........	1. 2. 6.	" 13. 6.	" 13. 9.
Déclaration de Janvier 1759, droits réservés.....	" 10. "	" 5. "	" 10. "
Edit d'Août 1781, 10 sols pour livre, modérés à 6 s. par décision du 29 dudit..............	" 3. "	" 1. 6.	" 3. "
Total...	4. " 6.	2. 7. "	2.14. 3.
Ordon. de 1680, tit. 27, art premier, biere à la fabrication, contrôle....................	" " "	" " "	1.10. "
Edit d'Août 1781, 10 sols pour livre...........	" " "	" " "	" 15. "
Total général...	4. " 6.	2. 7. "	4.19. 3.

VILLES DE FÉCAMP ET HARFLEUR.

Droits à l'Entrée sur les BOISSONS.

EAU-DE-VIE & LIQUEUR, VIN ordinaire & VIN de Liqueur, par muid de 144 pots.

Nature des Droits, & Réglements qui les autorisent.	Eau-de-vie. & Liqueur.	Vin ordinaire.	Vin de Liqueur.
	l. s. d.	l. s. d.	l. s. d.
Ordon. de 1680, art. premier, tit. 26, & Edit de Décemb. 1686, droit de 6 l. 15 s.	6.15. 〃	〃 〃 〃	〃 〃 〃
Ordon. de 1680, tit. 2, art. premier, 9 livres par tonneau	〃 〃 〃	4. 〃 9.	4. 〃 9.
Ordon. de 1680, tit. 4, art. premier, anciens & nouveaux 5 sols	〃 〃 〃	〃 14. 〃	〃 14. 〃
Ordon. de 1680, tit. 26, art. 3, pour l'Eau-de-vie, tit 24, art. premier, pour le Vin, subv.	5. 8. 〃	1. 7. 〃	1. 7. 〃
Déclarations des 10 Octob. & 31 Décemb. 1689, Jauge-courtage	2. 5. 〃	〃 15. 〃	〃 15. 〃
Edit d'Oct. & Arrêt du Conseil du 29 Déc. 1705, Inspecteurs	1.10. 〃	〃 10. 〃	〃 10. 〃
Total...	15.18. 〃	7. 6. 9.	7. 6. 9.
Edit d'Août 1781, 10 sols pour livre	7.19. 〃	3.13. 4.½	3.13. 4.½
Déclaration de Janvier 1759, droits réservés	14. 8. 〃	1.10. 〃	6. 〃 〃
Edit d'Août 1781, 10 sols pour livre, modérés à 6 sols, par décision du 29 dudit	4. 6. 4.½	〃 9. 〃	1.16. 〃
Total général...	42.11. 4.½	12.19. 1.½	18.16. 1.½
Nota. Si l'Eau-de-vie avoit payé le droit de 6 l. 15 sols, il y auroit à déduire pour ce droit & les 10 sols pour livre	10. 2. 6.	〃 〃 〃	〃 〃 〃
Si le Vin avoit payé en route les 4 liv. 9 den., il faudroit déduire pour principal & 10 s. pour l.	〃 〃 〃	6. 1. 1.½	6. 1. 1.½
Reste...	32. 8.10.½	6.18. 〃	12.15. 〃

Nota. On perçoit en sus les droits de Courtiers suivant le Tarif ci-après, sur les Boissons venant de l'Étranger ou du pays redimé.

Droits de Passe-debout par muid de 144 pots.

Nature des Droits, & Réglements qui les autorisent.	Eau-de-vie.	Vin.
	l. s. d.	l. s. d.
Ordon. de 1680, art. premier, tit. 26, Edit de Décemb. 1686, droit de 6 liv. 15 sols, sur l'Eau-de-vie de vin	6.15. 〃	〃 〃 〃
Ordon. de 1680, art. 35, tit. premier, 9 l. par tonneau	〃 〃 〃	4. 〃 9.
Total...	6.15. 〃	4. 〃 9.
Edit d'Août 1781, 10 sols pour livre	3. 7. 6.	2. 〃 4.½
Total général...	10. 2. 6.	6. 1. 1.½

Cidre, Poiré & Biere à l'entrée & au brassage, par muid de 144 pots.

Nature des droits & réglements qui les autorisent.	Cidre.			Poiré.			Biere.		
	l.	s.	d.	l.	s.	d.	l.	s.	d.
Ordonnance de 1680, tit. 24, art. 1 & tit. 27, art. 6, subvention	″	13.	6.	″	6.	9.	″	13.	6.
Déclarations des 10 Octob. & 31 Décemb. 1689, Jauge & courtage	″	9.	″	″	9.	″	″	9.	″
Edit d'Octob. & Arrêt du Conseil du 29 Déc. 1705, Inspecteurs	″	5.	″	″	2.	6.	″	5	″
Total...	1.	7.	6.	″	18.	3.	1.	7.	6.
Edit d'Août 1781, dix sols pour livre	″	13.	9.	″	9.	$1\frac{1}{2}$	″	13.	9
Déclaration du Roi, de Janvier 1759, droits réservés	″	10.	″	″	5.	″	″	10.	″.
Edit d'Août 1781, 10 s. pour l. modérés à 6 s., par décision du 29 du même mois	″	3.	″	″	1.	6	″	3.	″
Total...	2.	14.	3.	1.	13.	$10\frac{1}{2}$	2.	14.	3.
Ordonnance de 1680, tit. 27, art. 1, biere à la fabrication, contrôle fixé à	″	″	″	″	″	″	1.	10.	
Edit d'Août 1781, dix sols pour livre	″	″	″	″	″	″	″	15.	″
Total général...	2.	14.	3	1.	13.	10	4.	19.	3.

BOURGS DE GODARVILLE, GONNEVILLE, CRIQUETOT & SAINT-ROMAIN.

Droits à l'entrée sur les BOISSONS.

Eau-de-Vie & Liqueur, Vin ordinaire & Vin de Liqueur, par muid de 144 pots.

Nature des Droits, & Réglements qui les autorisent.	Eau-de-vie & Liqueur.			Vin ordinaire.			Vin de Liqueur.		
	l.	s.	d.	l.	s.	d.	l.	s.	d.
Ordonnance de 1680, tit. 26, art. 1 & Edit de Décembre 1686, droit de 6 l. 15 s.	6.	15.	″	″	″	″	″	″	″
Idem, tit. 4, art. 1, anciens & nouveaux 5 sols.	″	″	″	″	14.	″	″	14.	″
Idem, tit. 26, art. 3 pour l'Eau-de-vie, tit. 24, art. 1 pour le vin, Subvention	5.	8.	″	1.	7.	″	1.	7.	″
Déclarat. des 10 Octobre & 31 Décembre 1689, Jauge & Courtage	2.	5.	″	″	15.	″	″	15.	″
Edit d'Octobre & Arrêt du Conseil du 29 Décembre 1705, Inspecteurs	1.	10.	″	″	10.	″	″	10.	″
Total...	15.	18.	″	3.	6.	″	3.	6.	″
Edit d'Août 1781, dix sols pour livre	7.	19.	″	1.	13.	″	1.	13.	″
Déclar. du Roi de Janvier 1759, droits réservés.	14.	8.	″	1.	″	″	6.	″	″
Edit d'Août 1781, dix sols pour l. modérés à 6 s. par décision du 29 dudit	4.	6.	$4\frac{1}{4}$	″	6.	″	1.	16.	″
Total général...	42.	11.	$4\frac{1}{4}$	6.	5.	″	12.	15.	″
Nota. Si l'Eau-de-vie avoit payé les droits de 6 l. 15 s. & qu'il en fût justifié, il seroit à déduire pour lesd. droits, 10 s. pour liv. compris, ci	10.	2.	6.	″	″	″	″	″	″
Reste.....	32.	8.	$10\frac{1}{4}$	6.	5.	″	12.	15.	″

CIDRE, POIRÉ & BIERE, à l'entrée & au brassage, par muid de 144 pots.

Nature des droits & réglements qui les autorisent.	Cidre.	Poiré.	Biere.
	l. f. d.	l. f. d.	l. f. d.
Ordonnance de 1680, tit. 24, art. prem., art. 6, tit. 27, subvention........................	″ 13. 6.	″ 6. 9.	″ 13. 6.
Déclarations des 10 Octob. & 31 Décemb. 1689, Jauge-courtage........................	″ 9. ″.	″ 9. ″	″ 9. ″
Edit d'Octob. & Arrêt du Conseil du 29 Décemb. 1705, Inspecteurs........................	″ 5. ″.	″ 2. 6.	″ 5. ″
Total...	1. 7. 6.	″ 18. 3.	1. 7. 6.
Edit d'Août 1781, 10 f. pour livre..............	″ 13. 9.	″ 9. 1 $\frac{1}{2}$	″ 13. 9.
Déclaration de Janvier 1759, droits réservés....	″ 10. ″.	″ 5. ″	″ 10. ″
Edit d'Août 1781, 10 f. pour l. modérés à 6 sols, par décision du 29 du même mois................	″ 3. ″.	″ 1. 6.	″ 3. ″
Total...	2. 14. 3.	1. 13. 10 $\frac{1}{2}$	2. 14. 3.
Ordonnance de 1680, tit. 27, art. premier, biere à la fabrication, contrôle fixé à................	″ ″ ″	″ ″ ″	1. 10. ″
Edit d'Août 1781, 10 f. pour livre............	″ ″ ″	″ ″ ″	″ 15. ″
Total général...	2. 14. 3.	1. 13 10 $\frac{1}{2}$	4. 19. 3.

Droits à l'entrée & au brassage sur les BOISSONS dans les Bourgs de BREAUTÉ & BENARVILLE, par muid de 144 pots.

Nature des Droits, & Réglements qui les autorisent.	Eau-de-vie. & Liqueur.	Vin ordinaire & de liqueur.	Cidre.	Poiré.	Biere.
	l. f. d.	l. f. d.	l. f. d.	l. f. d.	l. f. d.
Ordon. de 1680, art. prem. tit. 26, Edit de Déc. 1686, droits de 6 liv. 15 fols....	6. 15. ″	″ ″ ″	″ ″ ″	″ ″ ″	″ ″ ″
Ordon. de 1680, tit. 4, art. prem. anciens & nouv. 5 f...	″ ″ ″	″ 14. ″	″ ″ ″	″ ″ ″	″ ″ ″
Ordon. de 1680, tit. 24, art. prem. tit. 26, art. 3, tit. 27, art. 6, Subvent...	5. 8. ″	1. 7. ″	″ 13. 6.	″ 6. 9.	″ 13. 6.
Déclar. des 10 Oct. & 31 Déc. 1689, Jauge-court...	2. 5. ″	″ 15. ″	″ 9. ″	″ 9. ″	″ 9. ″
Edit d'Oct. & Arrêt du Conseil de 1705, Inspect...	1. 10. ″	″ 10. ″	″ 5. ″	″ 2. 6.	″ 5. ″
Total...	15. 18. ″	3. 6. ″	1. 7. 6.	″ 18. 3.	1. 7. 6.
Edit d'Août 1781, 10 f. pour l..................	7. 19. ″	1. 13. ″	″ 13. 9.	″ 9. 1. $\frac{1}{2}$	″ 13. 9.
Total...	23. 17. ″	4. 19. ″	2. 1. 3.	1. 7. 4. $\frac{1}{2}$	2. 1. 3.
Ordon. de 1680, tit. 27, art. prem. biere à la fabrication..................	″ ″ ″	″ ″ ″	″ ″ ″	″ ″ ″	1. 10. ″
Edit d'Août 1781, 10 sols pour liv..................	″ ″ ″	″ ″ ″	″ ″ ″	″ ″ ″	″ 15. ″
Total...	23. 17. ″	4. 19. ″	2. 1. 3.	1. 7. 4. $\frac{1}{2}$	4. 6. 3.
Si l'eau-de-vie avoit payé les 6 l. 15 f. il y auroit à déduire pour ces droits & les 10 sols pour l............	10. 2. 6.	″ ″ ″	″ ″ ″	″ ″ ″	″ ″ ″
Reste...	13. 14. 6.	4. 19. ″	2. 1. 3.	1. 7. 4. $\frac{1}{2}$	4. 6. 3.

OBSERVATIONS GÉNÉRALES.

Par Déclaration du 9 Décembre 1687, il est dû sur l'eau-de-vie rectifiée, le double, & sur l'esprit-de-vin, le triple des droits dûs sur l'eau-de-vie simple, créés antérieurement audit Edit, & qui sont la subvention & les 6 l. 15 f.; mais ces Liqueurs ne doivent les autres droits que comme l'eau-de-vie simple.

Les droits de 6 liv. 15 sols sur l'eau-de-vie établis par l'Ordonnance de 1680, art. 1er.

tit. 26, rapportés aux droits d'entrées ci-dessus, sont exigibles sur les eaux-de-vie de vin, non-seulement aux entrées des lieux sujets, mais encore dans tous les autres lieux, lorsqu'ils n'ont pas été payés aux Bureaux de passage ou en route; Edit de Décembre 1686, & ils comportent les 10 s. pour l. de l'Edit d'Août 1781, ce qui forme en principal 6 l. 15 s. " d.

10 s. pour liv. . . .	3.	7.	6.
Total. . .	10.	2.	6.

On observe encore que les Nobles sont exempts, pour les boissons provenantes de leur cru, & les Bénéficiers, pour celles du cru de leur bénéfice, tous pour leur consommation seulement, les premiers de la subvention; les seconds de la subvention, des nouveaux 5 sols, de la jauge-courtage & des droits réservés, en remplissant les formalités prescrites.

Droits de sortie du Royaume, par muid de 144 pots.

Ordonnance de 1680, titre 4, article 16, anciens & nouveaux 5 sols.......	"	14 "
Edit d'Août 1781, 10 sols pour livre..	"	7 "
Total...	1.	1 "

Nota. Il se perçoit aussi, à la sortie du Royaume, des droits de jauge & courtage sur le vin & l'eau-de-vie, à raison de 3 liv. 7 s. 6 den. par muid d'eau-de-vie, & de 1 liv. 1 s. 6 d. par muid de vin, y compris les 10 sols pour liv. mais ils ont été réunis à la Ferme Générale.

Droits de Gros, *par muid de 144 pots.*

Par l'Arrêt du Conseil de 1753, les vins destinés pour être consommés dans la Province de Normandie étant exempts de payer au passage les droits de Gros, lorsque ces vins viennent d'un pays non sujet, on les perçoit lorsqu'ils s'enlevent de Normandie pour aller à l'Etranger, ou pour passer dans une autre Province. Ils consistent dans le vingtième du prix de la vente, l'augmentation de 16 s. 3 den. & le droit de courtage de 10 s. par muid.

Exemple pour du Vin *vendu 150 liv. le muid de 144 pots.*

Gros ou vingtième du prix de la vente.	7. 10. "	8. 16. 3.	13. 4. 4½
Augmentation........................	" 16. 3.		
Courtage............................	" 10. "		
Edit d'Août 1781, 10 sols pour livre.....		4. 8. 1½	

Droits dus à la vente & revente des Boissons dans toute l'étendue de la Direction du Havre, *sous la dénomination de Courtiers-Jaugeurs, par muid de 144 pots.*

Nature des boissons.	Nature des Droits & Réglements qui les autorisent.	1er. Enlevement. quotité de chaque droit.	1er. Enlevement. Tot. des droits sur chaque espèce de boiss.	2e. Enlevement. quotité de chaque droit.	2e. Enlevement. Tot. des droits sur chaque espèce de boiss.
		liv. s. d.	liv. s. d.	liv. s. d.	liv. s. d.
Eau-de-vie.	Courtiers-Jaug. Tarif de 1696	1.10.8.	2. 6 "	1. " "	1. 10. "
	10 s. pour liv. Edit d'Août 1781	" 15.4.		" 10 "	
Liqueur.	Courtiers-Jaug. Tarif de 1695.	1.18."	2.17 "	1. 10 "	2. 5."
	10 s. pour liv. Edit d'Août 1781.	" 19."		" 15 "	
Vin.	Courtiers-Jaug. Tarif de 1696	" 6.6.	" 9.9.	" 2.6.	" 3.9.
	10 s. pour liv. Edit d'Août 1781.	" 3.3.		" 1.3.	
Cidre. Biere & Poiré.	Courtiers-Jaug. Tarif de 1696.	" 3.3.	" 4.10½	" 1.3.	" 1.10½
	10 s. pour liv. Edit d'Août 1781.	" 1.7½		" " 7½	

Droits dûs à la vente en détail des Boissons, dans toute l'étendue de la Direction, à l'exception des Villes du HAVRE, MONTIVILLIERS & HARFLEUR, *par muid de 144 pots.*

Nat. des droits & rég. qui les autorisent.	Eau-de-vie à 3 l. le pot.	Vin à 1 sol la pinte.	Cidre à 6 d. la pinte.	Poiré à 6 d. la pinte.	Biere à 12 s. le pot.
	l. s. d.	l. s. d.	l. s. d.	l. s. d.	l. s. d.
Le quatrième sur l'eau-de-vie est le tiers du prix de la vente, Ordonnance de 1680, tit. 26, art. 3, & Edit de Décemb. 1686....	144. ″ ″	″ ″ ″	″ ″ ″	″ ″ ″	″ ″ ″
Sur le vin, cidre & poiré, les droits de détail sont le quatrième réduit au cinquième, Ordonnance de 1680, tit. 14, art. 1 & 2...	″ ″ ″	3.18. ″	1.18. ″	1.18. ″	″ ″ ″
Sur la biere, le quatrième du prix de la vente, parisis, sol & 6 d., Ordonnance de 1680, tit. 27, art. 1 & 2.	″ ″ ″	″ ″ ″	″ ″ ″	″ ″ ″	29. 1. 3.
Edit d'Août 1781, 10 s. pour liv. modérés à 8 s. par décision du 29 dudit...........	57.12. ″	1.11. 2 2/5	″ 15. 2 2/5	″ 15. 2 2/5	11.12. 6.
Total....	201.12. ″	5. 9. 2 2/5	2.13. 2 2/5	2.13. 2 2/5	40.13. 9.
Subvention à la consommation, tit. 26, art. 3, pour l'eau-de-vie, tit. 23, art. 1, pour vin, cidre & poiré, & tit. 27, art. 6, pour la biere, Ordonnance de 1680..........	5. 8. ″	1. 7. ″	″ 13. 6.	″ 6. 9.	″ 13. 6.
Jauge & courtage, Déclaration du Roi du 10 Octobre 1689.	2. 5. ″	″ 15. ″	″ 9. ″	″ 9. ″	″ 9. ″
Total....	7.13. ″	2. 2. ″	1. 2. 6.	″ 15. 9.	1. 2. 6.
Edit d'Août 1781, 10 sols pour livre....	3.16. 6.	1. 1. ″	″ 11. 3.	″ 7.10 1/2	″ 11. 3.
Total....	11. 9. 6.	3. 3. ″	1.13. 9.	1. 3. 7 1/2	1.13. 9.
Rapport du quatrième & 8 s. pour l...	201.12. ″	5. 9. 2 2/5	2.13. 2 2/5	2.13. 2 2/5	40.13. 9.
Total général....	213. 1. 6.	8.12. 2 2/5	4. 6.11 2/5	3.16. 9 9/10	42. 7. 6.

Nota. Lorsque le Vin est vendu plus d'un sol la pinte, les droits de quatrième sont augmentés à raison de 3 l. 18 s. pour chaque s. & lorsque les cidre & poiré sont aussi vendus plus de 6 d. la pinte. Ces droits sont augmentés à raison de 6 s. par chacun den. Art. ci-dessus cités.

Il est encore à observer que le droit de jauge-courtage au détail ne se perçoit dans aucun des lieux où il est payé à l'entrée.

Droits de Détail sur les BOISSONS *dans la Ville du* HAVRE.

Nature des droits, & Réglements qui les autorisent.	Vin.
	l. s. d.
Il ne s'y perçoit d'autre droit au détail, qu'une premiere moitié d'octroi sur le Vin, Arrêt du 29 Déc. 1663. Ce droit est de 18 liv. par muid de 144 pots...	18. ″ ″
Edit d'Août 1781, 10 sols pour livre..............................	9. ″ ″
Total...	27. ″ ″

Droits de détail sur les Boissons dans la Ville de MONTIVILLIERS, *par muid de 144 pots.*

Nature des Droits & Réglements qui les autorisent.	Eau-de-vie à 3 l. le pot.	Vin à 12 s. le pot.	Cidre à 5 s. le pot.	Biere à 4 s. le pot.	Poiré à 3 s. le pot.
	liv. s. d.	liv. s. d.	liv. s. d.	liv. s. d.	liv. s. d.
Ordonnance de 1680, quatrième dont les autorités sont citées au Tableau précédent des droits de détail.	144. ″ ″	23. 8. ″	9. 2. ″	9.13. 9.	5.10. ″
Edit d'Août 1781, 10 s. pour liv. modérés à 8 s. par décision du 29 dudit	57.12. ″	9. 7. $2\frac{2}{5}$	3.12. $9\frac{3}{5}$	3.17. 6.	2. 4. ″
TOTAL	201.12. ″	32.15. $2\frac{2}{5}$	12.14. $9\frac{3}{5}$	13.11. 3.	7.14. ″
Edit de 1663, & tit. 3 de l'Ord. de 1681, première moitié d'octroi.	″ ″ ″	1. 5. 6.	″ 5. 2.	″ 5. 2.	″ 5. 2.
Subvention à la consommation, tit. 26, art. 3 de l'Ordonnance de 1680, Edit de Décembre 1686 pour l'eau-de-vie; même Ordonnance, tit. 23, art. 1, pour le vin, cidre & poiré, & tit. 27, art. 6, pour la biere.	5. 8. ″	1. 7. ″	″ 13. 6.	″ 13. 6.	″ 6. 9.
Total	5. 8. ″	2.12. 6.	″ 18. 8.	″ 18. 8.	″ 11.11.
Edit d'Août 1781. 10 s. pour l.	2.14. ″	1. 6. 3.	″ 9. 4.	″ 9. $3\frac{1}{2}$	″ 5.$11\frac{1}{2}$
Total de la première moitié d'octroi, de la subvention & 10 sols pour livre	8. 2. ″	3.18. 9.	1. 8. ″	1. 7.$10\frac{1}{2}$	″ 17.$10\frac{1}{2}$
Rapport du 4me & 8 s. pour liv.	201.12. ″	32.15. $2\frac{2}{5}$	12.14. $9\frac{3}{5}$	13.11. 3.	7.14. ″
Total général	209.14. ″	36.13.$11\frac{2}{5}$	14. 2. $9\frac{3}{5}$	14.19. $1\frac{1}{2}$	8.11.$10\frac{1}{2}$

Droits de détail sur les Boissons dans la Ville de HARFLEUR, *par muid de 144 pots.*

Les droits de quatrième sont dus, & se tirent d'après les règles établies au tableau ci-dessus mais avec les droits de subvention, & un droit fixe nommé *Tarif talon*, & il est défalqué du quatrième un dixième du prix de la vente qui appartient à la Ville, comme seconde moitié d'octroi, retranché du principal des droits de quatrième.

EXEMPLE.

Nature des droits & reglements qui les autorisent.	Eau-de-vie à 3 l. le pot.	Vin à 12 s. le pot.	Cidre à 5 s. le pot.	Biere à 4 s. le pot.	Poiré à 3 s. le pot.
	l. s. d.	l. s. d.	l. s. d.	l. s. d.	l. s. d.
4me & augmentation; Ordonn. de 1680, tit. 26, art. 3; Edit de Décembre 1686	144. // //	// // //	// // //	// // //	// // //
Quatrième réduit au cinquième; Ordonnance de 1680, tit. 14, art. 1 & 2, tit. 27, art. 6, défalcation faite du dixième du prix de la vente qui, au prix de 12 s. sur le vin, est de 8 l. 12 s. 9 d. ⅗; au prix de 5 s. sur le cidre, 3 l. 12 s.; au prix de 4 s. sur la biere, 2 l. 17 s. 7 d. 2/10, & au prix de 3 s. sur le poiré, 2 l. 3 s. 2 d. ⅖ par muid, reste pour la première moitié du quatrième appartenant au Roi, ci	// // //	14.15. 2⅗	5.10. //	6.16. 1 3/10	3. 6. 9.⅗
Edit d'Août 1781, 10 s. pour l. modérés à 8 s. par décis. du 29 dud. .	57.12.//	5.18. 1⅘	2. 4. //	2.14. 5 4/10	1. 6. 8.⅗
Total de la première moitié du quatrième, & 8 s. pour liv. appartenant au Roi	201.12.//	20.13. 4⅖	7.14. //	9.10. 6 7/10	4.13. 6.⅕
Tarif talon, Arrêt du 24 Janv. 1638, & Lettres-Patent. du 28 Janv. suivant.	7. 4.//	5.10. //	1.14. 2.	1.14. 2.	// 17. 6.
Subvention à la consommation, tit. 26, art. 3 de l'Ord. de 1680, Edit de Déc. 1686, pour l'eau-de-vie, même Ordon. tit. 23, art. 1, pour les vin, cidre & poiré, & tit. 27, art. 6, pour la biere.	5. 8.//	1. 7. //	// 13. 6.	// 13. 6.	// 6. 9.
Total...	12.12.//	6.17. //	2. 7. 8.	2. 7. 8.	1. 4. 3.
Edit d'Août 1781, 10 s. pour liv.	6. 6.//	3. 8. 6.	1. 3.10.	1. 3.10.	// 12. 1.½
Total du Tarif talon, subvention & 10 s. pour liv.	18.18.//	10. 5. 6	3.11. 6.	3.11. 6.	1.16. 4.½
Rapport du 4e & de la première moitié dud. droit, appartenante au Roi, & 8 s. pour liv.	201.12.//	20.13. 4⅖	7.14. //	9.10. 6 7/10	4.13. 6.⅕
Total général...	220.10.//	30.18.10⅖	11. 5. 6.	13. 2. // 7/10	6. 9.10 7/10

Les droits de détail sont également dus, conformément aux Tarifs ci-dessus, sur les boissons arrivantes & transportées en bouteilles. Lettres-patentes du 25 Mai 1728, aux exceptions y portées, & qui tombent sur le vin de liqueur venant en caisse; les vins de Champagne gris qui viennent en paniers de 100 bouteilles, & les vins tant pour la provision des gens qualifiés qui vont dans leurs terres, que pour celle de tous autres allants aux Eaux de Forges, en observant les formalités prescrites.

Les eaux-de-vie transportées en barils au-dessous de 60 pintes, sont aussi assujetties aux droits de détail. Lettres-patentes du 24 Août 1728 : ils sont encore dûs par les Bouilleurs & Marchands en gros d'eau-de-vie sur les manquants à leurs charges; déduction faite du

21 pour 20. Lettres-patentes citées ci-dessus. Et les soumissionnaires d'eau-de-vie sont assujettis au paiement du double desdits droits, sur les eaux-de-vie pour lesquelles ils ne rapportent pas dans les trois mois certificat d'arrivée. Lettres-patentes des 4 Juin 1726 & 2 Mars 1728.

DROIT ANNUEL.

Nature des droits & réglements qui les autorisent.	Dans les Villes.	Dans les autres lieux.
	l. f. d.	l. f. d.
Ordonnance de 1680, titre 29, article premier, droit annuel.	8. ″ ″	6. 10. ″
Edit d'Août 1781, 10 sols pour livre......................	4. ″ ″	3. 5. ″
Total général....	12. ″ ″	9. 15. ″

Ce droit est dû en entier par tous les Marchands en gros, Bouilleurs, Brasseurs, Cabaretiers, Taverniers & autres vendants en détail, & les revendeurs de biere ne doivent que la moitié de l'annuel. Ordonnance de 1680, tit. 29, art. 7.

BESTIAUX.

Droits sur les BESTIAUX, *à l'entrée & au massacre dans la Ville du* HAVRE.

Nature des Droits & Réglements qui les autorisent.	Bœuf & Vache.	Veau & Genisse.	Mouton & Chèvre.	Porc.	Livre de viande.
	liv. f. d.	liv. f. d.	liv. f. d.	liv. f. d.	liv. f. d.
Inspecteurs. Edit de Fév. & Arrêt du Conseil du 19 Août 1704......	2. ″ ″	″ 12. ″	″ 4. ″	″ ″ ″	″ ″ 2.
10 f. pour liv. Edit d'Août 1781...	1. ″ ″	″ 6. ″	″ 2. ″	″ ″ ″	″ ″ 1.
Arrêt du Conf. & Lett.-Pat. des 30 Déc. 1758, & 20 Janv. 1759. D. ref.	1. ″ ″	″ 5. ″	″ 3. 4.	″ 10. ″	à proport.
Edit d'Août 1781. 10 f. pour liv. modérés à 6 f. par décision du 29 dudit..........................	″ 6. ″	″ 1. 6.	″ 1. ″	″ 3. ″	idem.
Total général.....	4. 6. ″	1. 4. 6.	″ 10. 4.	″ 13. ″	″ ″ 3.

Droits sur les Bestiaux à l'entrée & au massacre dans les Villes de MONTIVILLIERS, HARFLEUR & FÉCAMP.

Nature des droits & reglements qui les autorisent.	Bœuf ou Vache.	Veau ou Genisse.	Mouton, Brebis ou Chevre.	Porc.	Livre de Viande.	Livre de Porc.
	l. f. d.	l. f. d.	l. f. d.	l. f. d.	l. f. d.	l. f. d.
Edit de Février 1704, Inspecteurs, ...	2. ″ ″	″12. ″	″ 4. ″	″ ″ ″	″ ″ 2.	″ ″ ″
Edit d'Août 1781, 10 f. pour l....	1. ″ ″	″ 6. ″	″ 2. ″	″ ″ ″	″ ″ 1.	″ ″ ″
Déclaration de Janvier 1759, Droits réservés,............	2. ″ ″	″13. 4.	″ 5. ″	″13. 4.	*à proportion.*	
Edit d'Août 1781, 10 sols pour l. modérés à 6 sols par décision du 29 dud. mois..............	″ 12. ″	″ 4. ″	″ 1. 6.	″ 4. ″	*à proportion.*	
Total général....	5. 12. ″	1. 15. 4.	″12. 6.	″17. 4.	″ ″ 3.	*à proport.*

Droits sur les Bestiaux à l'entrée & au massacre, dans les Bourg de GODARVILLE, GONNEVILLE, CRIQUETOT *&* SAINT-ROMAIN.

Nature des Droits & Réglements qui les autorisent.	Bœuf & Vache.	Veau & Genisse.	Mouton & Chèvre.	Porc.	Livre de viande.
	liv. s. d.	liv. s. d.	liv. s. d.	liv. s. d.	liv. s. d.
Inspecteurs. Edit de Fév. & Arrêt du Conseil du 19 Août 1704......	2. " "	" 12. "	" 4. "	" " "	" " 2.
10 s. pour liv. Edit d'Août 1781...	1. " "	" 6. "	" 2. "	" " "	" " 1.
Droits réservés. Déclaration de Janvier 1759.................	1. " "	" 6. 8.	" 3. "	" 6. 8.	à proport.
Edit d'Août 1781. 10 s. pour liv. modérés à 6 s. par décision du 29 dudit......................	" 6. "	" 2. "	" " $10\frac{1}{10}$	" 2. "	idem.
Total général.....	4. 6. "	1. 6. 8.	" 9. $10\frac{1}{10}$	" 8. 8.	" " 3.

Droits sur les Bestiaux à l'entrée & au massacre, dans les Bourgs de BRÉAUTÉ *&* BÉNARVILLE, *dûs dans la Campagne par les Bouchers, Maîtres & Fils de Maîtres, avant l'abattis; & à la vente hors domicile, par tous les autres Bouchers.*

Nature des Droits & Réglements qui les autorisent.	Bœuf & Vache.	Veau & Genisse.	Mouton, Brebis & Chèvre.	Livre de viande.
	liv. s. d.	liv. s. d.	liv. s. d.	liv. s. d.
Inspecteurs. Edit de Février & Arrêt du Conseil, du 19 Août 1704.................	2. " "	" 12. "	" 4. "	" " 2.
Edit d'Août 1781, 10 s. pour livre........	1. " "	" 6. "	" 2. "	" " 1.
Total......	3. " "	" 18. "	" 6. "	" " 3.

DENRÉES ET MARCHANDISES.

Droits sur les Denrées & Marchandises dans la Ville du HAVRE.

Nature des Droits, & Réglements qui les autorisent.	Marchandises par tonneau.	Huiles par muid, vendues & consommées.	Charbon de Terre par 100 barils.
	l. s. d.	l. s. d.	l. s. d.
Arrêt du Conseil du 29 Décembre 1663........	" 7. 6.	2. " "	" " "
Edit d'Août 1781, 10 sols pour livre...........	" 3. 9.	1. " "	" " "
Arrêt du Conseil & Lettres-Patentes des 30 Déc. 1758 & 20 Janv. 1759, droits réservés.......	" " "	" " "	4. " "
Edit d'Août 1781, 10 s. pour liv. modérés à 6 sols par décision du 29 dudit......................	" " "	" " "	1. 4. "
Total...	" 11. 3.	3. " "	5. 4. "

Les droits sur les Marchandises sont dus sur tous les Navires, tant Etrangers que François, à l'exception de ceux armés dans les Ports de Normandie.

Droits sur les BOIS & FOINS, PAILLES & CHARBON, *dans la Ville de* MONTIVILLIERS.

Nature des Droits, & Réglements qui les autorisent.	Corde ou charetée de bois.	Cent de fagots ou cotterets.	Somme de buches, fagots & cotterets, à cheval.	Cent de bottes de foin.	Cent de bottes de paille.	Charetée de charbon.	Somme de charbon.
	l. f. d.	l. f. d.	l. f. d.	l. f. d.	l. f. d.	l. f. d.	l. f. d.
Lett.-Pat. de 1777, octrois municip....	〃 8.9.	〃 8.9.	〃 1.9.	〃 8.9.	〃 8.9.	〃 8.9.	〃 1. 9.
Edit d'Août 1781, 10 sols pour livre...	〃 4.4.½	〃 4.4.½	〃 〃 10.½	〃 4.4.½	〃 4.4.½	〃 4.4.½	〃 〃 10½
Déclarat. de Janv. 1759, droits réserv. voiture à 3 chev., & Arrêt du Conf. du 13 Septemb. 1776.....	〃 10.〃	〃 10.〃	〃 1. 〃	〃 10.〃	〃 〃 〃	〃 〃 〃	〃 〃 〃
Edit d'Août 1781, 10 f. pour l. modérés à 6 sols, par décision du 29 dudit, ci.....	〃 3.〃	〃 3.〃	〃 〃 3 $\frac{6}{12}$	〃 3.〃	〃 〃 〃	〃 〃 〃	〃 〃 〃
Total...	1. 6.1.½	1. 6.1.½	〃 3.11 $\frac{1}{12}$	1. 6.1.½	〃 13.1.½	〃 13.1.½	〃 2. 7½

Nota. Si les voitures étoient attelées de 2 chevaux, elles payeroient pour droits réservés 9 sols 9 deniers, 6 sols pour livre compris ; à 1 cheval ces droits ne seroient que de 6 f. 6 deniers ; au-dessus de 3 chevaux, le droit est dû en sus en proportion à raison de chaque cheval.

Il n'y a de Bois exempts des droits réservés, que ceux désignés dans les Lettres-Patentes de 1778, qui sont les bourrées ou fagots sans parements, d'épines, ronces, &c.

Droits sur les BOIS & FOINS *dans les Villes de* FÉCAMP & HARFLEUR.

Nature des Droits & Reglements qui les autorisent.	Voiture à un Cheval.	Voiture à deux Chev.	Voiture à trois Chev.	Voiture à quatre Chev.	Voiture à cinq Chev.	Somme de Cheval.	Somme d'âne.
	l. f. d.	l. f. d.	l. f. d.	l. f. d.	l. f. d.	l. f. d.	l. f. d.
Déclaration de Janvier 1759 & Arrêt du Conseil de 1776, Droits réservés.........	〃 5.〃	〃 7.6.	〃 10.〃	*à proportion.*		〃 1.〃	〃 〃 6.
Edit d'Août 1781, 10 f. pour l. modérés à 6 f. par décision du 29 dudit mois........	〃 1.6.	〃 2.3.	〃 3.〃	*à proportion.*		〃 〃 3.½	〃 〃 1.¾
Total général...	〃 6.6.	〃 9.9.	〃 13.〃			〃 1.3.½	〃 〃 7.¾

Une voiture attelée de plus de 3 chevaux, paye à proportion pour chaque cheval.

Il n'y a de Bois exempts de payer les Droits réservés que ceux désignés par les Lettres-Patentes de 1778, & qui sont les bourées ou fagots sans parements de ronces, épines, &c.

Droits sur le POISSON *de Mer frais, sec & salé, dans la Direction du* HAVRE.

Par Edit de 1583 & autres subséquents, il est dû sur le Poisson venant de l'Etranger & de Pêche Françoise, lorsque ce dernier n'est pas vendu par le propriétaire, le 20e du prix de la vente, un sol pour livre, & les 10 f. pour livre de l'Edit d'Août 1781.

Il faut en excepter le Poiſſon que les Pêcheurs & Mariniers ont eux-mêmes pêché, qu'il leur eſt permis de vendre ou faire vendre par leurs femmes & enfants, ſans être obligés de ſe ſervir du miniſtère des Vendeurs, ou de payer le ſol pour livre. Arrêt du Conſeil du 31 Mars 1711 portant reglement, & 7 Juin 1763.

Il faut en excepter auſſi les morues, harengs & tout poiſſon ſalé, que les Marchands, Maîtres de navires & autres faiſant le commerce de la pêche, ont pêché ou fait pêcher ſur des vaiſſeaux expédiés des Ports de Normandie & Picardie, & qu'ils vendent eux-mêmes ou font vendre à leur retour de la pêche par leurs aſſociés, Matelots & autres gens de l'équipage des vaiſſeaux qui y ont été employés, leſquels ſont pareillement déchargés du ſol pour livre, & ce, ſans diſtinction des parts & portions appartenantes à chacun des particuliers intéreſſés ou Employés à ladite pêche; Arrêt & Lettres-Patentes du 5 Décembre 1690, autre Arrêt du Conſeil du 31 Mars 1711.

Droits ſur les HUILES *à la fabrication.*

RÉGLEMENTS.	*NATURE DES DROITS.*	Principal.	10 ſ. p. l.	TOTAL.
		l. ſ. d.	l. ſ. d.	l. ſ. d.
Déclaration du Roi de 1716. Edit du Roi d'Août 1781, pour le doublement & les 10 ſ. pour liv.	Par livre peſant d'huile de poiſſon, d'olive, d'amande, de noix & autres fruits.........	″ 1 ″	″ ″ 6.	″ 1.6.
	Par livre d'huile de térébenthine, lin, chenevis, rabette, navette & autres graines.	″ ″ 6.	″ ″ 3.	″ ″ 9.
	Par liv. d'huile d'eſſence & autres de plus grande valeur que celles ſujettes aux droits d'un ſol..................................	″ 2 ″	″ 1 ″	″ 3 ″
	Si le droit principal eſt de plus de 3 liv. il eſt payé pour l'acquit..........................	″ 5 ″	″ 2.6.	″ 7.6.
	S'il n'eſt que de 3 l. ou d'une moindre ſomme juſqu'à 20 ſols incluſivement, le droit d'acquit eſt de 2 ſols........................	″ 2 ″	″ 1 ″	″ 3 ″
	Nota. Le droit d'acquit n'a pas lieu lorſque le droit principal eſt au-deſſous de 20 ſols.			

Droits ſur les CUIRS *&* PEAUX *à la fabrication, à l'exportation & à l'importation, établis par Edit du mois d'Août 1759, 28 Juin & 13 Novembre 1760, pour le principal, avec les 10 ſols pour livre de l'Edit d'Août 1781.*

Objets ſujets aux droits.	Cuirs & peaux à la fabrication.			Cuirs & peaux à l'exportation.			Cuirs & peaux à l'importat.
	Principal.	10 ſ. p. l.	TOTAL.	Principal.	10 ſ. p. l.	TOTAL.	
	l. ſ. d.	l. ſ. d.	l. ſ. d.	l. ſ. d.	l. ſ. d.	l. ſ. d.	
Bœufs & vaches à fort & à œuvre; veaux, moutons, agneaux, chevreaux, porcs & ſangliers tannés & apprêtés en toutes ſortes d'apprêts, la livre..................	″ 2.″	″ 1 ″	″ 3.″	″ ″ ″	″ ″ ″	″ ″ ″	10 pour $\frac{0}{0}$ de leur valeur.
Chevaux, mulets, ânes..	″ 1.″	″ ″ 6.	″ 1.6.	″ ″ ″	″ ″ ″	″ ″ ″	*id.*
Elans, orignaux & cerfs..	″ 6.″	″ 3 ″	″ 9.″	″ ″ ″	″ ″ ″	″ ″ ″	*id.*
Chevres & boucs.......	″ 4.″	″ 2 ″	″ 6.″	″ ″ ″	″ ″ ″	″ ″ ″	*id.*
Chevreuils, chamois & daims..................	″ 10.″	″ 5.″	″15.″	″ ″ ″	″ ″ ″	″ ″ ″	*id.*
Toutes peaux non dénommées ci-deſſus, 10 pour $\frac{0}{0}$ de leur valeur, ci pour.......	..*Mémoire.*						*id.*
Cuirs de bœufs & vaches en verd, en demi-aprêt, paſſant à l'Etranger, la piece..	″ ″ ″	″ ″ ″	″ ″ ″	6. ″ ″	3. ″ ″	9. ″ ″	*id.*
Peaux de veaux, *id.* la piece.	″ ″ ″	″ ″ ″	″ ″ ″	1. ″ ″	″ 10 ″	1.10.″	*id.*
Peaux de moutons, *id.* la piece....................	″ ″ ″	″ ″ ″	″ ″ ″	″ 10.″	″ 5.″	″ 15.″	*id.*

Nota. Tous les Cuirs apprêtés qui ont payé les droits; les deux tiers du principal en ſont reſtitués, lorſque leſd. Cuirs paſſent à l'Etranger, & que l'on a obſervé les formalités requiſes.

Droits sur la MARQUE *d'*OR *& d'*ARGENT.

REGLEMENTS.	*Objets sujets aux droits.*	Principal.	10 ſ. p. l.	TOTAL.
Ordonnance de 1681, article premier, tit. 2, & Edit du mois de Mai 1723, pour le principal. Edit d'Août 1781, pour les 10 ſ. pour liv.		l. ſ.	l. ſ.	l. ſ.
	Or, par marc.	33.12.	16.16.	50. 8.
	Argent, par marc.	2.16.	1. 8.	4. 4.

*Droits sur l'*AMIDON *&* POUDRE *à poudrer.*

RÉGLEMENTS.	Amidon à la fabrication par muid.	Amidon & poudre venant de l'Etranger, par livre peſant.
Edit de Février 1771, & Arrêt du Conſeil de Décembre 1778	l. ſ. d. 7. 10. ″	l. ſ. d. ″ 4. ″
Edit d'Août 1781, 10 ſols pour livre	3. 15. ″	″ 2. ″
Total...	11. 5. ″	″ 6. ″

Droits sur les CARTES *à Jouer, à la fabrication.*

RÉGLEMENTS.	Dénomination de chaque eſpèce de Jeux, & nombre de Cartes dont ils ſont compoſés.	Pour l'intérieur du Royaume.			Pour l'Etranger.		
		Ppal. 1 d. par Carte.	10ſ.p.l.	Total.	Ppal.	10ſ.p.l.	Total.
Déclaration du Roi, de Janvier 1751, pour le principal. Edit d'Août 1781, pour les 10 ſols pour liv.		l. ſ. d.	l. ſ. d.	l. ſ. d.	l. ſ. d.	l. ſ. d.	l. ſ. d.
	Entières à 52 cartes....	″ 4.4.	″ 2.2.	″ 6.6.	″ ″ 6.	″ ″ 3.	″ ″ 9.
	Comette à 48 cartes....	″ 4.″	″ 2.″	″ 6.″	″ ″ 6	″ ″ 3	″ ″ 9
	Quadrille à 40 cartes...	″ 3.4.	″ 1.8.	″ 5.″	″ ″ 6	″ ″ 3	″ ″ 9
	Piquet à 32 cartes.....	″ 2.8.	″ 1.4.	″ 4.″	″ ″ 6.	″ ″ 3.	″ ″ 9.
	Try à 30 cartes.......	″ 2.6.	″ 1.3.	″ 3.9.	″ ″ 6	″ ″ 3	″ ″ 9
	Brelan à 28 cartes.....	″ 2.4.	″ 1.2.	″ 3.6.	″ ″ 6	″ ″ 3	″ ″ 9

Droits du TIMBRE *des* QUITTANCES *pour la Régie & pour les Parties étrangères.*

	l.	ſ.	d.
Ordon. de 1680, tit. 33; Déclar. de 1690; Edit de 1748; Déclar. de 1771 & Lettres-patentes d'Août 1780, article 10, par quittance de 5 ſols & au-deſſus	″	″	10
Edit d'Août 1781, 10 ſols pour livre	″	″	5.
Total...	″	1	3.

Les congés & expéditions qui ne ſont point des quittances de droits, doivent les frais de timbre, Ordonnance de Juillet 1681, titre commun, article 16. Déclaration du Roi de 1771, & Lettres-patentes de 1780, art. 10.

OBSERVATION GÉNÉRALE.

Tous les articles de droits qui, payés séparément, ne forment pas une somme de 6 den. en principal, ne doivent pas dans ces cas de sols pour livre.

Dénomination des droits étrangers à la Régie, & dont les 10 sols pour livre sont dus au Roi.

SAVOIR:

Noms des lieux.	*Dénomination des Droits.*
Montivilliers. . .	Seconde moitié d'octroi, apparrenante à la Ville.
Harfleur.	Seconde moitié du quatrième. Tarif, Talon & Sol pour pot, le tout appartenant à la Ville.

A PARIS, chez KNAPEN & Fils, Lib.-Imprim. de la Cour des Aides, au bas du Pont Saint-Michel, 1781.

TARIF DES DROITS
DÉPENDANS
DE LA RÉGIE GÉNÉRALE,
DUS DANS LA DIRECTION
DE NEUFCHATEL.

DROITS SUR LES BOISSONS, A L'ENTRÉE ET AU BRASSAGE, DANS LA VILLE DE NEUFCHATEL.

EAU-DE-VIE ET LIQUEUR, par Muid de 144 Pots.

	tt	ß	₰
Ordonnance de 1680, titre 26, article 3, Subvention	5.	8.	».
Déclarations des 10 Octobre & 31 Décembre 1689, Jauge & Courtage	2.	5.	».
Edit d'Octobre, & Arrêt du Conseil, du 29 Décembre 1705, Inspecteurs	1.	10.	».
Lettres Patentes du 2 Août 1777, Octrois Municipaux	5.	12.	».
TOTAL	14.	15.	».
Edit d'Août 1781, Dix Sols pour livre	7.	7.	6.
Déclaration du 3 Janvier 1759, Droits Réservés	14.	8.	».
Edit d'Août 1781, Dix Sols pour liv. modérés à Six Sols, par Décision du 29 dudit	4.	6.	4. $\frac{4}{5}$.
TOTAL	40.	16.	10. $\frac{4}{5}$.
Nota. Les Droits de 6 tt 15 ß sont dûs, Edit de Décembre 1686, sur l'Eau-de-vie de Vin qui ne les auroit pas acquittés en route	6.	15.	».
Edit d'Août 1781, Dix Sols pour livre	3.	7.	6.
TOTAL GÉNÉRAL	50.	19.	4. $\frac{4}{5}$.

VIN ORDINAIRE ET VIN DE LIQUEUR,

par Muid de 144 Pots.

NATURE DES DROITS, ET RÉGLEMENS QUI LES AUTORISENT.	VIN ordinaire.	VIN de liqueur.
	₶ ß ₰	₶ ß ₰
Ordonnance de 1680, titre 4, art. premier, Anciens & Nouveaux Cinq Sols	». 14. ».	». 14. ».
Idem, titre 24, art. 1er, Subvention	1. 7. ».	1. 7. ».
Déclarations des 10 Octobre & 31 Déc. 1689, Jauge & Courtage	». 15. ».	». 15. ».
Edit d'Octobre, & Arrêt du Conseil, du 29 Déc. 1705, Inspecteurs	». 10. ».	». 10. ».
Lettres Patentes d'Août 1777, Octrois municipaux	2. 2. ».	2. 2. ».
TOTAL	5. 8. ».	5. 8. ».
Edit d'Août 1781, Dix Sols pour livre	2. 14. ».	2. 14. ».
Déclaration du Roi, du 3 Janvier 1759, Droits Réservés	1. 10. ».	6. ». ».
Edit d'Août 1781, Dix Sols pour livre, modérés à Six Sols, par Décision du 29 dudit	». 9. ».	1. 16. ».
TOTAL GÉNÉRAL	10. 1. ».	15. 18. ».

CIDRE, POIRÉ ET BIERE, par Muid de 144 Pots.

NATURE DES DROITS, ET RÉGLEMENS QUI LES AUTORISENT.	CIDRE.	POIRÉ.	BIERE.
	₶ ß ₰	₶ ß ₰	₶ ₰ ß
Ordonnance de 1680, titre 24, art. 1er, titre 27, art. 6, Subvention	». 15. 6.	». 6. 9.	». 13. 6.
Déclarations des 10 Oct. & 31 Déc. 1689, Jauge & Courtage	». 9. ».	». 9. ».	». 9. ».
Edit d'Octobre & Arrêt du Conseil du 29 Déc. 1705, Inspecteurs	». 5. ».	». 2. 6.	». 5. ».
Lettres Patentes d'Août 1777, Octrois Municipaux	». 14. ».	». 7. ».	». ». ».
TOTAL	2. 1. 6.	1. 5. 3.	1. 7. 6.
Edit d'Août 1781, Dix Sols pour livre	1. ». 9.	». 12. 7. ½.	». 13. 9.
Déclaration du 3 Janvier 1759, Droits Réservés	». 10. ».	». 5. ».	». 10. ».
Edit d'Août 1781, 10 ß p ₶, modérés à 6 ß, par Décision du 29 dudit	». 3. ».	». 1. 6.	». 3. ».
TOTAL	3. 15. 3.	2. 4. 4. ½.	2. 14. 3.
Ordonnance de 1680, titre 26, art. 1er, Contrôle sur la Biere à la Fabrication			1. 10. ».
Edit d'Août 1781, Dix Sols pour livre			». 15. ».
TOTAL GÉNÉRAL			4. 19. 3.

DROITS SUR LES BOISSONS, A L'ENTRÉE ET AU BRASSAGE,

DANS LA VILLE D'AUMALE.

EAU-DE-VIE ET LIQUEUR, par Muid de 144 Pots.

	₶	ß	₰
Ordonnance de 1680, titre 26, art. 3, Subvention.	5.	8.	».
Déclarations des 10 Octobre & 31 Décembre 1689, Jauge & Courtage.	2.	5.	».
Edit d'Octobre & Arrêt du Conseil, du 29 Décembre 1705, Inspecteurs.	1.	10.	».
TOTAL.	9.	5.	».
Edit d'Août 1781, Dix Sols pour livre.	4.	11.	6.
Déclaration du Roi, du 3 Janvier 1759, Droits Réservés.	14.	8.	».
Edit d'Août 1781, Dix Sols p^r ₶, modérés à Six sols, par Décision du 29 dudit mois.	4.	6.	4. 4/5.
TOTAL.	32.	8.	10. 4/5.
Nota. Les Droits de 6 ₶ 15 ß sont dûs, Édit de Décembre 1686, sur l'Eau-de-vie de Vin qui ne les auroit pas acquittés en route.	6.	15.	».
Edit d'Août 1781, Dix Sols pour livre.	3.	7.	6.
TOTAL GÉNÉRAL.	42.	11.	4. 4/5.

VIN ORDINAIRE ET VIN DE LIQUEUR, par Muid de 144 Pots.

NATURE DES DROITS, ET RÉGLEMENS QUI LES AUTORISENT.	VIN ordinaire. ₶	ß	₰	VIN de liqueur. ₶	ß	₰
Ordonnance de 1680, titre 4, article 1er, Anciens & Nouveaux Cinq Sols.	».	14.	».	».	14.	».
Idem, titre 24, article premier, Subvention.	1.	7.	».	1.	7.	».
Déclarations des 10 Octobre & 31 Déc. 1689, Jauge & Courtage.	».	15.	».	».	15.	».
Edit d'Octobre & Arrêt du Conseil, du 29 Décembre 1705, Inspecteurs.	».	10.	».	».	10.	».
TOTAL.	3.	6.	».	3.	6.	».
Edit d'Août 1781, Dix Sols pour livre.	1.	13.	».	1.	13.	».
Déclaration du Roi, du 3 Janvier 1759, Droits Réservés.	1.	10.	».	6.	».	».
Edit d'Août 1781, Dix Sols pour liv., modérés à Six Sols, par Décision du 29 dudit mois.	».	9.	».	1.	16.	».
TOTAL GÉNÉRAL.	6.	18.	».	12.	15.	».

CIDRE, POIRÉ ET BIERE, par Muid de 144 Pots.

NATURE DES DROITS, ET RÉGLEMENS QUI LES AUTORISENT.	CIDRE.	POIRÉ.	BIERE.
	₶ ß ₰	₶ ß ₰	₶ ß ₰
Ordonnance de 1680, titre 24, art. 1er, titre 27, art. 6, Subvention.	». 13. 6.	». 6. 9.	». 13. 6.
Déclarations des 10 Octobre & 31 Déc. 1689, Jauge & Courtage.	». 9. ».	». 9. ».	». 9. ».
Edit d'Octobre & Arrêt du Conseil du 29 Déc. 1705, Inspecteurs.	». 5. ».	». 2. 6.	». 5. ».
TOTAL...........	1. 7. 6.	». 18. 3.	1. 7. 6.
Edit d'Août 1781, Dix Sols pour livre........................	». 13. 9.	». 9. 1. $\frac{1}{2}$.	». 13. 9.
Déclaration du 3 Janvier 1759, Droits Réservés..............	». 10. ».	». 5. ».	». 10. ».
Edit d'Août 1781, Dix Sols pour livre, modérés, à Six Sols, par Décision du 29 dudit..........................	». 3. ».	». 1. 6.	». 3. ».
TOTAL...........	2. 14. 3.	1. 13. 10. $\frac{1}{2}$.	2. 14. 3.
Ordonnance de 1680, titre 26, art. 1er, Contrôle des Bieres à la Fabrication..........			1. 10. ».
Edit d'Août 1781, Dix Sols pour livre..........................			». 15. ».
TOTAL GÉNÉRAL........			4. 19. 3.

DROITS SUR LES BOISSONS, A L'ENTRÉE ET AU BRASSAGE,

DANS LE BOURG DE SAINT-SAENS.

EAU-DE-VIE ET LIQUEUR, par Muid de 144 Pots.

	₶ ß ₰
Ordonnance de 1680, titre 26, article 3, Subvention..........................	5. 8. ». ».
Déclarations du Roi, des 10 Octobre & 31 Décembre 1689, Jauge & Courtage.	2. 5. ». »
Edit d'Octobre & Arrêt du Conseil, du 29 Décembre 1705, Inspecteurs........	1. 10. ». ».
TOTAL...........	9. 3. ». ».
Edit d'Août 1781, Dix Sols pour livre..	4. 11. 6. ».
Déclaration du 3 Janvier 1759, Droits Réservés................................	14. 8. ». ».
Edit d'Août 1781, Dix Sols pour livre, modérés à Six Sols, par Décision du 29 dudit mois..	4. 6. 4 $\frac{4}{5}$.
TOTAL...........	32. 8. 10. $\frac{4}{5}$
Na. Les Droits de 6 ₶ 15 ß sont dûs, Edit de Décembre 1686, sur l'Eau-de-vie de Vin qui ne les auroit pas acquittés en route..........................	6. 15. ». ».
Edit d'Août 1781, Dix Sols pour livre...	3. 7. 6. ».
TOTAL GÉNÉRAL..........	42. 11. 4 $\frac{4}{5}$.

VIN ORDINAIRE ET VIN DE LIQUEUR, *par Muid de 144 Pots.*

NATURE DES DROITS, ET RÉGLEMENS QUI LES AUTORISENT.	VIN ordinaire.	VIN de liqueur.
	tt ß ₰	tt ß ₰
Ordonnance de 1680, titre 4, article 1er, Anciens & Nouveaux Cinq Sols	». 14. ».	». 14. ».
Idem, titre 24, art. premier, Subvention	1. 7. ».	1. 7. ».
Déclarations des 10 Octobre & 31 Déc. 1689, Jauge & Courtage.	». 15. ».	». 15. ».
Edit d'Octobre & Arrêt du Conseil, du 29 Déc. 1705, Inspecteurs.	». 10. ».	». 10. ».
TOTAL	3. 6. ».	3. 6. ».
Édit d'Août 1781, Dix Sols pour livre	1. 13. ».	1. 13. ».
Déclaration du 3 Janvier 1759, Droits Réservés	1. 5. ».	6. ». ».
Edit d'Août 1781, Dix Sols pour livre, modérés à Six Sols, par Décision du 29 dudit mois	». 7. 6.	1. 16. ».
TOTAL GÉNÉRAL	6. 11. 6.	12. 15. ».

CIDRE, POIRÉ ET BIERE, *par Muid de 144 Pots.*

NATURE DES DROITS, ET RÉGLEMENS QUI LES AUTORISENT.	CIDRE.	POIRÉ.	BIERE.
	tt ß ₰	tt ß ₰	tt ß ₰
Ordonnance de 1680, titre 24, art. 1er, titre 27, art. 6, Subvention.	». 13. 6.	». 6. 9.	». 13. 6.
Déclarations des 10 Octobre & 31 Déc. 1689, Jauge & Courtage.	». 9. ».	». 9. ».	». 9. ».
Edit d'Octobre & Arrêt du Conseil du 29 Déc. 1705, Inspecteurs.	». 5. ».	». 2. 6.	». 5. ».
TOTAL	1. 7. 6.	». 18. 3.	1. 7. 6.
Edit d'Août 1781, Dix Sols pour livre	». 13. 9.	». 9. 1½.	». 13. 9.
Déclaration du 3 Janvier 1759, Droits Réservés	». 10. ».	». 5. ».	». 10. ».
Edit d'Août 1781, Dix Sols pour livre, modérés à Six Sols, par Décision du 29 dudit	». 3. ».	». 1. 6.	». 3. ».
TOTAL	2. 14. 3.	1. 13. 10½.	2. 14. 3.
Ordonnance de 1680, titre 26, Contrôle à la Fabrication de la Biere			1. 10. ».
Edit d'Août 1781, Dix Sols pour livre			». 15. ».
TOTAL GÉNÉRAL			4. 19. 3.

DROITS SUR LES BOISSONS, A L'ENTRÉE ET AU BRASSAGE,

DANS LES BOURGS DE GAILLEFONTAINE ET LONDINIERES.

EAU-DE-VIE ET LIQUEUR, par Muid de 144 Pots.

	₶	ß	₰
Ordonnance de 1680, titre 26, article, 3 Subvention	5.	8.	».
Déclarations du Roi, des 10 Octobre & 31 Décembre 1689, Jauge & Courtage	2.	5.	».
Edit d'Octobre, & Arrêt du Conseil, du 29 Décembre 1705, Inspecteurs	1.	10.	».
TOTAL	9.	3.	».
Edit d'Août 1781, Dix Sols pour livre	4.	11.	6.
Déclaration du Roi, de Janvier 1759, Droits Réservés	14.	8.	».
Edit d'Août 1781, Dix Sols pour livre, modérés à Six Sols, par Décision du 29 dudit	4.	6.	4. $\frac{4}{5}$.
TOTAL	32.	8.	10. $\frac{4}{5}$.
Nota. Les Droits de 6 ₶ 15 ß sont dûs, Edit de Décembre 1686, sur l'Eau-de-vie de Vin qui ne les auroit pas acquittés en route	6.	15.	».
Edit d'Août 1781, Dix Sols pour livre	3.	7.	6.
TOTAL GÉNÉRAL	42.	11.	4. $\frac{4}{5}$.

VIN ORDINAIRE ET VIN DE LIQUEUR, par Muid de 144 Pots.

NATURE DES DROITS, ET RÉGLEMENS QUI LES AUTORISENT.	VIN ordinaire.			VIN de liqueur.		
	₶	ß	₰	₶	ß	₰
Ordonnance de 1680, titre 4, article 1er, Anciens & Nouveaux Cinq Sols	».	14.	».	».	14.	».
Idem, titre 24, article premier, Subvention	1.	7.	».	1.	7.	».
Déclarations du Roi, des 10 Octobre & 31 Décembre 1689, Jauge & Courtage	».	15.	».	».	15.	».
Edit d'Octobre, & Arrêt du Conseil, du 29 Décembre 1705, Inspecteurs	».	10.	».	».	10.	».
TOTAL	3.	6.	».	3.	6.	».
Edit d'Août 1781, Dix Sols pour livre	1.	13.	».	1.	13.	».
Déclaration du 3 Janvier 1759, Droits Réservés	1.	».	».	6.	».	».
Edit d'Août 1781, Dix Sols pour livre, modérés à Six Sols, par Décision du 29 dudit mois	».	6.	».	1.	16.	».
TOTAL GÉNÉRAL	6.	5.	».	12.	15.	».

CIDRE, POIRÉ ET BIERE, par Muid de 144 Pots.

NATURE DES DROITS, ET RÉGLEMENS QUI LES AUTORISENT.	CIDRE.	POIRÉ.	BIERE.
	₶ ß ₰	₶ ß ₰	₶ ß ₰
Ordonnance de 1680, titre 24, art. 1er, tit. 27, art. 6, Subvention.	». 13. 6.	». 6. 9.	». 13. 6.
Déclarations des 10 Octobre & 31 Déc. 1680, Jauge & Courtage..	». 9. ».	». 9. ».	». 9. ».
Edit d'Octobre & Arrêt du Conseil du 29 Déc. 1705, Inspecteurs..	». 5. ».	2. 6. ».	». 5. ».
TOTAL..........	1. 7. 6.	». 18. 3.	1. 7. 6.
Dix Sols pour livre, Edit d'Août 1781....................	». 13. 9.	». 9. 1½.	». 13. 9.
Déclaration du 3 Janvier 1759, Droits Réservés............	». 10. ».	». 5. ».	». 10. ».
Edit d'Août 1781, 10 ß p' ₶, modérés à 6 ß, par Décis. du 29 dudit.	». 3. ».	». 1. 6.	». 3. ».
TOTAL...........	2. 14. 3.	1. 13. 10½.	2. 14. 3.
Ordonnance de 1680, titre 26, article 1er, Contrôle des Bieres à la Fabrication.....			1. 10. ».
Edit d'Août 1781, Dix Sols pour livre......................			». 15. ».
TOTAL GÉNÉRAL......			4. 19. 3.

OBSERVATIONS GÉNÉRALES.

L'Eau-de-vie rectifiée & l'Esprit-de-Vin sont assujettis, par la Déclaration du Roi, de 1687, l'Eau-de-vie rectifiée au double, & l'Esprit-de-Vin au triple des Droits de 6 ₶ 15 ß & de Subvention; du reste ces Liqueurs doivent les mêmes Droits que l'Eau-de-vie simple.

Les Droits de 6 ₶ 15 ß sur l'Eau-de-vie, établis par l'Ordonnance de 1680, titre 26, art. premier, sont exigibles sur les Eaux-de-vie de vin, non seulement aux Entrées des lieux sujets, mais encore dans les autres lieux, lorsqu'ils n'ont pas été payés aux Bureaux de passage, ou en route, Edit de Décembre 1686; & ils comportent les Dix Sols pour livre de l'Edit d'Août 1781, ce qui forme, en principal

	₶ ß ₰
d'Août 1781, ce qui forme, en principal..........	6. 15. ».
Edit d'Août 1781, Dix Sols pour livre..........	3. 7. 6.
TOTAL..........	10. 2. 6.

Les Nobles & les Ecclésiastiques sont exempts, les premiers pour les Boissons de leur crû & pour leur consommation, de la Subvention; les seconds ne doivent point, aussi pour leur consommation, sur les Boissons de crû de Bénéfice, les Nouveaux Cinq Sols, la Subvention, la Jauge & Courtage, & les Droits Réservés, en se conformant les uns & les autres aux Réglemens.

DROITS DE GRANDES ENTRÉES,

PAR MUID DE VIN, de 144 Pots.

	₶ ß ₰
Ordonnance de 1680, titre 2, article premier, 9 liv. par Tonneau, fixé à.........	4. ». 9.
Edit d'Août 1781, Dix Sols pour livre..........	2. ». 4½.
TOTAL..........	6. 1. 1½.

DROITS A LA SORTIE DU ROYAUME,

par Muid de Vin, de 144 Pots.

NATURE DES DROITS, ET RÉGLEMENS QUI LES AUTORISENT.	VIN.
	₶ ſ ₰
Ordonnance de 1680, titre 4, article 1er, Anciens & Nouveaux Cinq Sols	». 14. ».
Edit d'Août 1781, Dix Sols pour livre..........	». 7. ».
TOTAL............	1. 1. ».

Nota. Il se perçoit aussi à la sortie du Royaume, des Droits de Jauge & Courtage sur le Vin & l'Eau-de-vie, avec les Dix Sols pour livre ; mais ils ont été réunis à la Ferme générale.

DROITS DE GROS.

Par l'Arrêt du Conseil, de Mars 1753, les Vins destinés pour être consommés dans la Province de Normandie, étant exempts des Droits de Gros au passage, quand ils viennent d'un pays non sujet, on les perçoit, lorsqu'ils s'enlevent de Normandie, pour aller à l'Étranger, ou dans une autre Province ; ils consistent dans le vingtieme du prix de la vente, l'augmentation de 16 ſ 3 ₰, & le Droit de Courtage de 10 ſ par Muid.

EXEMPLE, pour du Vin vendu 150 liv. le Muid de 144 Pots.

	₶ ſ ₰	₶ ſ ₰	₶ ſ ₰
Gros ou Vingtieme..................	7. 10. ».	8. 16. 3. ».	13. 4. 4. ½.
Augmentation..................	». 16. 3.		
Courtage..................	». 10. ».		
Edit d'Août 1781, Dix Sols pour livre..................		4. 8. 1. ½.	

DROITS A LA VENTE ET REVENTE DES BOISSONS,

sous la dénomination de Courtiers-Jaugeurs, par Muid de 144 Pots.

BOISSONS.	RÉGLEMENS qui autorisent la perception DES DROITS.	1er ENLÉVEMENT. Quotité de chaque Droit.	1er ENLÉVEMENT. Total par nature de Boissons.	2e ENLÉVEMENT. Quotité de chaque Droit.	2e ENLÉVEMENT. Total par nature de Boissons.
		₶ ſ ₰	₶ ſ ₰	₶ ſ ₰	₶ ſ ₰
EAUX-DE-VIE.	Tarif de 1696, Courtiers-Jaugeurs	1. 10. 8.	2. 6. ».	1. ». ».	1. 10. ».
	Edit d'Août 1781, Dix Sols pr liv.	». 15. 4.		». 10. ».	
LIQUEUR..	Tarif de 1696, Courtiers-Jaugeurs	1. 18. ».	2. 17. ».	1. 10. ».	2. 5. ».
	Edit d'Août 1781, Dix Sols pr liv	». 19. ».		». 15. ».	
VIN........	Tarif de 1696, Courtiers-Jaugeurs	». 6. 6.	». 9. 9.	». 2. 6.	». 3. 9.
	Edit d'Août 1781, Dix Sols pr liv	». 3. 3.		». 1. 3.	
CIDRE, POIRÉ & BIERE....	Tarif de 1696, Courtiers-Jaugeurs	». 3. 3.	». 4. 10½.	». 1. 3.	». 1. 10½.
	Edit d'Août 1781, Dix Sols pr liv	». 1. 7½.		». ». 7½.	

DROITS DUS A LA VENTE EN DÉTAIL DES BOISSONS,

dans toute l'étendue de la Direction, excepté NEUFCHATEL *&* AUMALE,

par Muid de 144 Pots.

NATURE DES DROITS, ET RÉGLEMENS QUI LES AUTORISENT.	Eau-de-vie, à 3 livres le Pot.	VIN, à 1 sol la Pinte.	CIDRE, à 6 deniers la Pinte.	POIRÉ, à 6 deniers la Pinte.	BIERE, à 12 sols le Pot.
	tt ß ₰	tt ß ₰	tt ß ₰	tt ß ₰	tt ß ₰
Le Quatrieme sur l'Eau-de-vie est le tiers du prix de la Vente, Edit de Décembre 1686	144. ». ».	». ». ».	». ». ».	». ». ».	». ». ».
Sur le Vin, Cidre & Poiré, les Droits de Détail sont le Quatrieme réduit au Cinquieme, Ordonnance de 1680, titre 14, art. 1er & 2e	». ». ».	3. 18. ».	1. 18. ».	1. 18. ».	». ». ».
Sur la Biere, le Quatrieme du Prix de la Vente, Parisis, sol & six deniers, Ordonnance de 1680, titre 27, art. 6	». ». ».	». ». ».	». ». ».	». ». ».	29. 1. 3.
Edit d'Août 1781, Dix Sols pour livre, modérés à Huit Sols, par Décision du 29 dudit mois	57. 12. ».	1. 11. 2⅖.	». 15. 2⅖.	». 15. 2⅖.	11. 12. 6.
TOTAL	201. 12. ».	5. 9. 2⅖.	2. 13. 2⅖.	2. 13. 2⅖.	40. 13. 9.
Ordonnance de 1680, titre 26, art. 3, titre 25, art. 1er, & titre 27, art. 6, Subvention à la Consommation	5. 8. ».	1. 7. ».	». 13. 6.	». 6. 9.	». 13. 6.
Déclaration du 10 Octobre 1689, Jauge & Courtage	2. 5. ».	». 15. ».	». 9. ».	». 9. ».	». 9. ».
TOTAL	7. 13. ».	2. 2. ».	1. 2. 6.	». 15. 9.	1. 2. 6.
Edit d'Août 1781, Dix Sols pour livre	3. 16. 6.	1. 1. ».	». 11. 3.	». 7. 10½.	». 11. 3.
Total de la Subvention, Jauge & Courtage, & Dix Sols pour livre	11. 9. 6.	3. 3. ».	1. 13. 9.	1. 3. 7½.	1. 13. 9.
Rapport du 4me & Huit Sols pour livre	201. 12. ».	5. 9. 2⅖.	2. 13. 2⅖.	2. 13. 2⅖.	40. 13. 9.
TOTAL GÉNÉRAL	213. 1. 6.	8. 12. 2⅖.	4. 6. 11⅖.	3. 16. 9 9/10.	42. 7. 6.

Na Lorsque le Vin est vendu plus d'un sol la Pinte, les Droits de Quatrieme sont augmentés, à raison de 3tt 18ß pour chaque sol; & lorsque le Cidre & Poiré sont aussi vendus plus de 6₰ la Pinte, les Droits sont augmentés à raison de 6ß par chaque denier, art. ci-dessus cités.

Il est encore à observer que les Droits de Jauge & Courtage au Détail, ne se perçoivent dans aucun des lieux où ils sont payés à l'Entrée.

DROITS DUS A LA VENTE EN DÉTAIL DES BOISSONS,

DANS LES VILLES DE NEUFCHATEL ET AUMALE,

par Muid de 144 Pots.

Il est dû dans ces deux Villes, avec les Droits de Quatrieme & la Subvention, rapportés dans le Tableau précédent, pour premiere moitié d'Octroi, 6 deniers par pots de Vin, 3 deniers par pots de Cidre, & 1 denier & demi par pot de Poiré ou Biere; Déclaration du Roi, de 1661, & Ordonnance de 1681.

EXEMPLE.

NATURE DES DROITS, ET RÉGLEMENS QUI LES AUTORISENT.	Eau-de-vie, à 5 livres le Pot.	VIN, à 1 sol la Pinte.	CIDRE, à 6 deniers la Pinte.	POIRÉ, à 6 deniers la Pinte.	BIERE, à 12 sols le Pot.
	tt ß ₰	tt ß ₰	tt ß ₰	tt ß ₰	tt ß ₰
Droits de Quatrieme, dont les autorités sont relatées au Tableau précédent	144. ». ».	3. 18. ».	1. 18. ».	1. 18. ».	29. 1. 3.
Edit d'Août 1781, 10 ß p' tt, modérés à 8 s. par Décision du 29 dudit mois	57. 12. ».	1. 11. 2⅖.	». 15. 2⅖.	». 15. 2⅖.	11. 12. 6.
TOTAL	201. 12. ».	5. 9. 2⅖.	2. 13. 2⅖.	2. 13. 2⅖.	40. 13. 9.
Ordonnance de 1680, titre 26, art. 3, titre 23, art. 1er, titre 27, art. 6, Subvention à la consommation	5. 8. ».	1. 7. ».	». 13. 6.	». 6. 9.	». 13. 6.
Premiere moitié d'Octrois, Déclaration de 1661, Edit de 1663, Ordonnance de 1681, & Cahiers d'adjudication de la 2e moitié	». ». ».	3. 12. ».	1. 16. ».	». 18. ».	». 18. ».
TOTAL	5. 8. ».	4. 19. ».	2. 9. 6.	1. 4. 9.	1. 11. 6.
Edit d'Août 1781, Dix Sols pour livre	2. 14. ».	2. 9. 6.	1. 4. 9.	». 12. 4½.	». 15. 9.
TOTAL de la Subvention, 1re moitié d'Ocrois & Dix Sols pour livre	8. 2. ».	7. 8. 6.	3. 14. 3.	1. 17. 1½.	2. 7. 3.
Rapport du Quatrieme & Huit Sols pour liv.	201. 12. 6.	5. 9. 2⅖.	2. 13. 2⅖.	2. 13. 2⅖.	40. 13. 9.
TOTAL GÉNÉRAL	209. 14. ».	12. 17. 8⅖.	6. 7. 5⅖.	4. 10. 3 9/10.	43. 1. ».

Les Droits de Détail sont dus, conformément aux Tarifs ci-dessus, sur les Boissons arrivant & transportées en Bouteille, Lettres Patentes du 25 Mai 1728, aux exceptions y portées, & qui tombent sur le Vin de Liqueur venant en Caisses, les Vins de Champagne gris, transportés en panier de cent Bouteilles, & les Vins, tant pour la provision des Gens qualifiés qui vont dans leurs Terres, que pour celle de tous autres allant aux Eaux de Forges, en remplissant les formalités prescrites.

Les Eaux-de-vie transportées en Barils au-dessous de soixante Pintes, sont aussi assujetties aux Droits de Détails, Lettres Patentes du 24 Août 1728. Ils sont encore dus par les Bouilleurs & Marchands d'Eau-de-vie en gros, sur les manquans à leur charge, déduction faite du 21e pour 20, Lettres Patentes citées ci-dessus; & les Soumissionnaires d'Eau-de-vie sont assujettis au paiement du double desdits Droits, sur les Eaux-de-vie pour lesquelles ils ne rapportent pas dans les trois mois, Certificat d'arrivée; Lettres Patentes des 4 Juin 1726, & 2 Mars 1728.

DROIT ANNUEL.

		₶ ß ₫	₶ ß ₫
Dans les Villes.....	Ordonnance de 1680, titre 29, art. 1er......	8. ». ».	12. ». ».
	Edit d'Août 1781, Dix Sols pour livre......	4. ». ».	
Dans les autres Lieux.	Ordonnance de 1680, titre 29, art. 1er.......	6. 10. ».	9. 15. ».
	Edit d'Août 1781, Dix Sols pour livre.....	3. 5. ».	

Ce Droit est dû en entier par tous les Marchands en gros, Bouilleurs, Brasseurs, Cabaretiers, Taverniers & autres vendans en detail.

Les Détailleurs de Biere ne doivent que la moitié de l'Annuel, Ordonnance de 1680, titre 29, article 7.

DROITS SUR LES BESTIAUX, A L'ENTRÉE ET AU MASSACRE,

dans les Villes de Neufchâtel & Aumale.

NATURE DES DROITS, ET RÉGLEMENS QUI LES AUTORISENT.	Bœuf & Vache.	Veau & Genisse.	Mouton, Brebis & Chevre.	Porc.	Livre de Viande.
	₶ ß ₫	₶ ß ₫	₶ ß ₫	₶ ß ₫	₶ ß ₫
Edit de Février & Arrêt du Conseil, du 19 Août 1704, Inspecteurs..............	2. ». ».	». 12. ».	». 4. ».	». ». ».	». ». 2.
Edit d'Août 1781, Dix Sols pour livre..........	1. ». ».	». 6. ».	». 2. ».	». ». ».	». ». 1.
TOTAL..........	3. ». ».	». 18. ».	». 6. ».	». ». ».	». ». 3.
Déclaration de Janvier 1759, Droits Réservés....	2. ». ».	». 13. 4.	». 5. ».	». 13. 4.	à proport.
Edit d'Août 1781, Dix Sols pour livre, modérés à Six Sols, par Décision du 29 dudit..........	». 12. ».	». 4. ».	». 1. 6.	». 4. ».	*Idem.*
TOTAL GÉNÉRAL.........	[illegible].12. ».	1. 15. 4.	». 12. 6.	». 17. 4.	». ». 3.

DROITS SUR LES BESTIAUX, A L'ENTRÉE ET AU MASSACRE,

dans le Bourg de Saint Saens.

NATURE DES DROITS, ET RÉGLEMENS QUI LES AUTORISENT.	Bœuf & Vache.	Veau & Genisse.	Mouton, Brebis & Chevre.	Porc.	Livre de Viande.
	₶ ß ₫	₶ ß ₫	₶ ß ₫	₶ ß ₫	₶ ß ₫
Edit de Février & Arrêt du Conseil, du 19 Août 1704, Inspecteurs..............	2. ». ».	». 12. ».	». 4. ».	». ». ».	». ». 2.
Edit d'Août 1781, Dix Sols pour livre..........	1. ». ».	». 6. ».	». 2. ».	». ». ».	». ». 1.
TOTAL..........	3. ». ».	». 18. ».	». 6. ».	». ». ».	». ». 3.
Déclaration de Janvier 1759, Droits Réservés....	1. 10. ».	». 10. ».	». 3. 6.	». 10. ».	à proport.
Edit d'Août 1781, Dix Sols pour livre, modérés à Six Sols, par Décision du 29 dudit..........	». 9. ».	». 3. ».	». 1. ». ½	». 3. ».	*Idem.*
TOTAL GÉNÉRAL.........	4. 19. ».	1. 11. ».	». 10. 6. ½	». 13. ».	». ». 3.

DROITS SUR LES BESTIAUX, A L'ENTRÉE ET AU MASSACRE,
dans les Bourgs de Gaillefontaine & Londinieres.

NATURE DES DROITS, ET RÉGLEMENS QUI LES AUTORISENT.	Bœuf & Vache.	Veau & Geniſſe.	Mouton, Brebis & Chevre.	Porc.	Livre de Viande.
	tt ß ₰	tt ß ₰	tt ß ₰	tt ß ₰	tt ß ₰
Edit de Février & Arrêt du Conſeil du 19 Août 1704, Inſpecteurs	2. ». ».	». 12. ».	». 4. ».	». ». ».	». ». 2.
Edit d'Août 1781, Dix Sols pour livre	1. ». ».	». 6. ».	». 2. ».	». ». ».	». ». 1.
TOTAL	3. ». ».	». 18. ».	». 6. ».	». ». ».	». ». 3.
Déclaration de Janvier 1759, Droits Réſervés	1. ». ».	». 6. 8.	». 3. ».	». 6. 8.	à proport.
Edit d'Août 1781, Dix Sols pour livre, modérés à Six Sols, par Déciſion du 29 dudit mois	». 6. ».	». 2. ».	». ». $10\frac{2}{3}$.	». 2. ».	*Idem.*
TOTAL GÉNÉRAL	4. 6. ».	1. 6. 8.	». 9. $10\frac{2}{3}$.	». 8. 8.	». ». 3.

DROITS SUR LES BESTIAUX, A L'ENTRÉE ET AU MASSACRE,
dûs dans les Campagnes, avant l'Abattis, par les Bouchers, Maîtres & fils de Maîtres, & à la Vente hors domicile, par tous les autres Bouchers.

NATURE DES DROITS, ET RÉGLEMENS QUI LES AUTORISENT.	Bœuf & Vache.	Veau & Geniſſe.	Mouton, Brebis & Chevre.	Livre de Viande.
	tt ß ₰	tt ß ₰	tt ß ₰	tt ß ₰
Edit de Février & Arrêt du Conſeil du 19 Août 1704, Inſpecteurs	2. ». ».	». 12. ».	». 4. ».	». ». 2.
Edit d'Août 1781, Dix Sols pour livre	1. ». ».	». 6. ».	». 2. ».	». ». 1.
TOTAL	3. ». ».	». 18. ».	». 6. ».	». ». 3.

DROITS SUR LES BOIS, FOINS, ET AUTRES MARCHANDISES ET DENRÉES, DANS LA VILLE DE NEUFCHATEL,

BOIS ET FOINS.

NATURE DES DROITS, & Réglemens qui les autoriſent.	Charretée de Bois œuvré & à œuvrer.	Charretée de Bois à brûler.	Cent de gros Fagots.	Cent de petits Fagots.	Cent de Bottes de Foin.	Somme de Bois, Foins & Fagots ſur un Cheval.	Somme d'Aſne.
	tt ß ₰	tt ß ₰	tt ß ₰	tt ß ₰	tt ß ₰	tt ß ₰	tt ß ₰
Arrêt du Conſeil du 20 Déc. 1746, Lettres Patentes du 2 Août 1777, Octrois Municipaux	». ». ».	». 7. ».	». 14. ».	». 7. ».	». 14. ».	». 1. 5.	». ». ».
Edit d'Août 1781, Dix Sols pour livre	». ». ».	». 3. 6.	». 7. ».	». 3. 6.	». 7. ».	». ». $8\frac{1}{2}$.	». ». ».
Déclaration de Janv. 1759, & Arrêt du Conſeil du 13 Septembre 1776, Droits Réſervés, par Voiture attelée de 3 Chevaux	». 10. ».	». 10. ».	». 10. ».	». 10. ».	». 10. ».	». 1. ».	». ». 6.
Edit d'Août 1781, 10 ß p^r tt, modérés à 6 ſols par Déciſion du 29 dudit mois	». 3. ».	». 3. ».	». 3. ».	». 3. ».	». 3. ».	». ». $3\frac{1}{12}$.	». ». $1\frac{8}{12}$
TOTAL	». 13. ».	1. 3. 6.	1. 14. ».	1. 3. 6.	1. 14. ».	». 3. $4\frac{7}{12}$.	». ». $7\frac{8}{12}$

Nota. Une Voiture de Bois ou de Foin, qui ne feroit attelée que d'un Cheval, ne payeroit que 5 sols en principal des Droits Réservés, & les 6 sols pour liv. ce qui fait 6 sols 6 den. Une Voiture attelée de deux Chevaux, paie 7 sols 6 den. de principal, & 9 sols 9 den. 6 sols pour livre compris. Au dessus de trois Chevaux, chaque Cheval augmente le Droit à proportion. Chaque Somme de Cheval, en Bois ou Foin, paie le cinquieme d'une Voiture à un Cheval; & chaque Somme d'Ane le dixieme; Arrêt du Conseil de 1776.

On observe encore qu'il n'y a de Bois exempts des Droits Réservés, que ceux désignés dans les Lettres Patentes du 4 Août 1778, qui sont les Bourrées ou Fagots sans paremens, d'Epines, Puines, Ronces, &c.

AUTRES DENRÉES ET MARCHANDISES.

NATURE DES DROITS, & Réglemens qui les autorisent.	Cent de Bottes de Paille.	Charretée de Charbon.	Charge de Charbon sur 1 Chev.	Charretée d'Écorce.	Somme d'Écorce.	Muid de Vinaigre entre & sorti de la Ville.	Charge de Vinaigre sur 1 Chev.	Charge de Vinaigre sur un Homme.
	₶ ß ₰	₶ ß ₰	₶ ß ₰	₶ ß ₰	₶ ß ₰	₶ ß ₰	₶ ß ₰	₶ ß ₰
Arrêt du Conseil du 20 Déc. 1746, & Lettres Patentes du 2 Août 1777, Octrois Municipaux...........	». 14. ».	». 3. 6.	». 1. 5.	1. 1. ».	». 3. 6.	». 14. ».	». 2. 8.	». 1. 9.
Edit d'Août 1781, Dix Sols pour livre......	». 7. ».	». 1. 9.	». ». $8\frac{1}{2}$.	». 10. 6.	». 1. 9	». 7. ».	». 1. 4.	». ». $10\frac{1}{2}$.
TOTAL........	1. 1. ».	». 5. 3.	». 2. $1\frac{1}{2}$.	1. 11. 6.	». 5. 3.	1. 1. ».	». 4. ».	». 2. $7\frac{1}{2}$.

DROITS SUR LES BOIS, FOINS, ET AUTRES MARCHANDISES ET DENRÉES,

DANS LA VILLE D'AUMALE.

BOIS ET FOINS.

NATURE DES DROITS, ET RÉGLEMENS QUI LES AUTORISENT.	Corde de Bois à brûler.	Cent de Fagots.	Charretée de Foin.	Somme de Bois, Foin & Charbon sur 1 Cheval.	Somme d'Asne.
	₶ ß ₰	₶ ß ₰	₶ ß ₰	₶ ß ₰	₶ ß ₰
Arrêt du Conseil du 20 Déc. 1746, & Lettres Patentes de 1777, Octrois Municipaux........	». 8. 9.	». 8. 9.	». ». ».	». 1. 9.	à proportion.
Edit d'Août 1781, Dix Sols pour livre.........	». 4. $4\frac{1}{2}$.	». 4. $4\frac{1}{2}$.	». ». ».	». ». $10\frac{1}{2}$	*Idem*,
Déclaration de Janvier 1759, & Arrêt du Conseil de 1776, Droits Réservés, par Voiture à 3 Chev.	». 10. ».	». 10. ».	». 10. ».	». 1. ».	». ». 6.
Edit d'Août 1781, Dix Sols pour livre, modérés à Six Sols, par Décision du 29 du même mois..	». 3. ».	». 3. ».	». 3. ».	». ». $3\frac{3}{5}$	». ». $1\frac{8}{10}$
TOTAL..........	1. 6. $1\frac{1}{2}$.	1. 6. $1\frac{1}{2}$.	». 13. ».	». 3. $10\frac{7}{10}$	». ». $7\frac{8}{10}$

Nota. Une Voiture de Bois ou Foin, qui ne seroit attelée que d'un Cheval, ne payeroit que 5 ß en principal de Droits Réservés, & les 6 s. pour livre, ce qui fait 6 s. 6 d. Une Voiture attelée de deux Chevaux, paie 7 s. 6 d. de principal, & 9 s. 9 d. 6 s. pour livre compris. Au dessus de trois Chevaux, chaque Cheval augmente le droit à proportion; chaque Somme de Cheval, en Bois ou Foin, paie le cinquieme d'une Voiture à un Cheval, & chaque Somme d'Asne le dixieme. Arrêt du Conseil de 1776.

On observe encore qu'il n'y a de Bois exempts des Droits Réservés, que ceux désignés dans les Lettres Patentes du 4 Août 1778, qui sont les Bourrées ou Fagots sans paremens, d'Epines, Puines, Ronces, &c.

AUTRES DENRÉES.

OBJETS SUJETS AUX DROITS.	OCTROIS Municipaux.	DIX SOLS pour livre.	TOTAL.
	₶ ß ₰	₶ ß ₰	₶ ß ₰
Par Barique d'Huile de Lin, entrée pour être consommée dans la Ville..........	». 17. 6.	». 8. 9.	1. 6. 3.
Par Sac de Tan..........	». 1. 9.	». ». 10½.	». 2. 7½.
Par Quarteau de Savon noir..........	». 5. 3.	». 2. 7½.	». 7. 10½.
Par Charretée de Charbon..........	». 8. 9.	». 4. 4½.	». 13. 1½.
Par Somme de Charbon sur un Cheval..........	». 1. 9.	». ». 10½.	». 2. 7½.

DROITS SUR LES HUILES,
A LA FABRICATION.

RÉGLEMENS.	NATURE DES DROITS.	Principal.	Dix Sols pour livre.	TOTAL.
		₶ ß ₰	₶ ß ₰	₶ ß ₰
Déclaration du Roi, de 1716, Edit du mois d'Août 1781, pour le Doublement, & les Dix Sols pour livre.	Par livre pesant d'Huile de Poisson, d'Olives, d'Amendes, de Noix & autres Fruits..........	». 1. ».	». ». 6.	». 1. 6.
	Par livre d'Huile de Térébenthine, Lin, Chenevis, Rabette, Navette & autres Graines..........	». ». 6.	». ». 3.	». ». 9.
	Par livre d'Huile d'Essence, & autres de plus grande valeur que celles sujettes aux Droits d'un Sol..........	». 2. ».	». 1. ».	». 3. ».
	Si le Droit principal est de plus de 3 ₶, il est dû pour l'acquit..........	». 5. ».	». 2. 6.	». 7. 6.
	S'il n'est que de 3 ₶, & d'une moindre somme, jusqu'à vingt sols inclusivement, le Droit d'Acquit est de..........	». 2. ».	». 1. ».	». 3. ».

Nota. Le Droit d'Acquit n'a pas lieu, lorsque le Droit principal est au-dessous de Vingt Sols.

DROITS SUR LES CUIRS ET PEAUX,

A LA FABRICATION, A L'EXPORTATION ET A L'IMPORTATION, établis par Edit & Arrêts des Mois d'Août 1759, Juin & Novembre 1760, pour le Principal, avec les Dix Sols pour livre de l'Edit d'Août 1781.

OBJETS sujets aux Droits.	*Cuirs et Peaux, à la Fabrication.*			*Cuirs et Peaux, à l'Exportation.*			Cuirs & Peaux, à l'Importation.
	Principal.	Dix Sols pour livre.	Total.	Principal.	Dix Sols pour livre.	Total.	
	₶ ſ ₫	₶ ſ ₫	₶ ſ ₫	₶ ſ ₫	₶ ſ ₫	₶ ſ ₫	
Cuirs de Bœufs & Vaches, à fort & à œuvre; Peaux de Veaux, Moutons, Agneaux, Chevreaux, Porcs & Sangliers, tannés & apprêtés en toutes sortes d'apprêts, la livre pesant........	». 2. »	». 1. »	». 3. »	....	....	....	10 p^r % de leur valeur.
Chevaux, Mulets, & Asnes...	». 1. »	». ». 6.	». 1. 6.	....	....	....	
Cerfs, Elans & Orignaux.....	». 6. »	». 3. »	». 9. »	....	....	....	
Boucs & Chevres............	». 4. »	». 2. »	». 6. »	....	....	....	
Chamois, Dains & Chevreuils..................	». 10. »	». 5. »	». 15. »	....	....	....	
Toutes Peaux non dénommées ci-dessus, dix pour cent de leur valeur..................	*Mémoire.*	....	....	....	....	....	
Cuirs de Bœufs & Vaches, en verd, & en demi-apprêt, passant à l'Etranger, la piece....	....	....	....	6. ». »	3. ». »	9. ». »	
Peaux de Veaux, *idem*, la piece..................	....	....	....	1. ». »	». 10. »	1. 10. »	
Peaux de Moutons, *idem*, la piece..................	....	....	....	». 10. »	». 5. »	». 15. »	

Les Deux Tiers du Droit, en principal seulement, de tous les Cuirs apprêtés, & qui ont payé les Droits, sont restitués, lorsque lesdits Cuirs passent à l'Etranger, & que l'on a rempli les formalités prescrites.

DROITS SUR LA MARQUE D'OR ET D'ARGENT.

RÉGLEMENS.	OBJETS sujets aux Droits.	Principal.	Dix Sols pour livre.	Total.
		₶ ſ ₫	₶ ſ ₫	₶ ſ ₫
Ordonnance de 1681, tit. 2, art. 1er, & Edit de Mai 1723, pour le Principal.	Or, par marc........	33. 12. »	16. 16. »	50. 8. »
Edit d'Août 1781, pour les Dix Sols pour livre.	Argent, par marc.....	2. 16. »	1. 8. »	4. 4. »

DROITS SUR L'AMIDON ET POUDRE.

NATURE DES DROITS, ET RÉGLEMENS QUI LES AUTORISENT.	AMIDON, à la Fabrication, par Muid.	AMIDON, Poudre à poudrer, venant de l'Etranger, par livre pesant.
	tt ß §	tt ß §
Edit de 1771, & Arrêt du Conseil, de 1778	7. 10. ».	». 4. ».
Edit d'Août 1781, Dix Sols pour livre	3. 15. ».	». 2. ».
TOTAL	11. 5. ».	». 6. ».

OFFICES SUPPRIMÉS DANS LA VILLE DE NEUFCHATEL.

MESUREURS DE GRAINS.

	tt ß §
Par Boisseau de Bled, mesure de Paris	» » 2.
Par Boisseau d'Avoine & autres menus Grains, mesure de Paris	» » 1.

Ces Droits sont exempts des Dix Sols pour livre.

DROITS SUR LES QUITTANCES TIMBRÉES,

POUR LA RÉGIE ET POUR LES PARTIES ÉTRANGERES.

	tt ß §
Ordonnance de 1680, titre 33, Déclaration de 1690, Edit de 1748, Déclaration de 1771, & Lettres Patentes de 1780, pour le Principal, par quittance de cinq sols & au-dessus	». ». 10.
Edit d'Août 1781, Dix Sols pour livre	». ». 5.
TOTAL	». 1. 3.

Les Congés & Expéditions qui ne sont point des Quittances de Droits, doivent les frais de Timbre, Ordonnance de Juillet 1681, titre commun, art. 16, Déclaration de 1771, & Lettres Patentes de 1780, article 10.

OBSERVATION GÉNÉRALE.

Les articles de Droits qui, payés séparément, ne forment pas une somme de 6 deniers, ne doivent pas de Sols pour livre dans ces cas.

DÉNOMINATION DES DROITS ÉTRANGERS A LA RÉGIE,

dont les Dix Sols pour livre sont dus au Roi.

NOMS DES LIEUX.	DÉNOMINATION DES DROITS.
NEUFCHATEL	Deuxieme moitié d'Octrois, appartenant à la Ville. Droits de Coutume, Travers, Menus Acquits & Poids-le-Roi, appartenant à M. de Blangiers. Octroi concédé par Arrêt du Conseil de 1775, appartenant à la Ville. Par décision du Ministre, les Dix Sols pour livre, sur ce Droit, ont été modérés à Cinq Sols.
AUMALE	Deuxieme moitié d'Octrois appartenant à la Ville.

De l'Imprimerie de LAMESLE, Imprimeur des Fermes du Roi, au Bureau général des Aides, Hôtel de Bretonvilliers, Isle Saint Louis. 1781.

TARIF
DES DROITS DEPENDANTS
DE LA RÉGIE GÉNÉRALE,
DUS DANS L'ÉTENDUE DE LA DIRECTION
DE PONT-DE-L'ARCHE.

PONT-DE-L'ARCHE.

BOISSONS.

Droits sur les BOISSONS *à l'entrée & au brassage, dans la Ville de* PONT-DE-L'ARCHE.

EAU-DE-VIE & LIQUEUR par muid de 144 pots.

	l.	f.	d.
Ordonnance de 1680, titre 26, article premier, & Edit de Décembre 1686, six livres quinze sols	6.	15.	"
Idem, titre 26, article 3, Subvention	5.	8.	"
Déclarations des 10 Octobre & 31 Décembre 1689, Jauge & Courtage	2.	5.	"
Edit d'Octobre & Arrêt du Conseil du 29 Décembre 1705, Inspecteurs	1.	10.	"
Total	15.	18.	"
Edit d'Août 1781, dix sols pour livre	7.	19.	"
Déclaration du Roi, de Janvier 1759, droits réservés	14.	8.	"
Edit d'Août 1781, dix f. pour liv. modérés à 6 f. par décision du 29 dudit	4.	6.	4$\frac{4}{5}$
Total général	42.	11.	4$\frac{4}{5}$
Nota. Si l'Eau-de-vie avoit payé les droits de 6 l. 15 f. & qu'il en fût justifié, il feroit à déduire pour lesdits droits, 10 f. pour liv. compris, ci	10.	2.	6.
Reste	32.	8.	10$\frac{4}{5}$

VINS venants par eau, par muid de 144 pots.

Nature des droits & réglements qui les autorisent.	Vin ordinaire.	Vin de liqueur.
	l. s. d.	l. s. d.
Ordonnance de 1680, tit. prem. art. 35, 9 l. par tonneau..	4. " 9.	4. " 9.
Idem, tit. 30, art. premier, 45 s. des rivieres...........	3. " "	3. " "
Idem, tit. 4, art. premier, anciens & nouveaux 5 sols....	" 14. "	" 14. "
Idem, tit. 24, art. premier, Subvention	1. 7. "	1. 7. "
Déclarations des 10 Oct. & 31 Déc. 1689, Jauge & courtage.	" 15. "	" 15. "
Edit d'Oct. & Arrêt du Conseil du 29 Déc. 1705, Inspecteurs.	" 10. "	" 10. "
Lettres-patentes de 1777, octrois municipaux...........	2. 16. "	2. 16. "
Total...	13. 2. 9.	13. 2. 9.
Edit d'Août 1781, dix sols pour livre..................	6. 11. 4½	6. 11. 4½
Déclaration du Roi, de Janvier 1759, droits réservés....	1. 10. "	6. " "
Edit d'Août 1781, 10 s. pour l. modérés à 6 s. par décision du 29 du même mois..........................	" 9. "	1. 16. "
Total des droits sur le vin venant par eau.	21. 13. 1½	27. 10. 1½
Si le vin arrivoit par terre, il y auroit à déduire les 4 liv. » s. 9 d. & les 3 l. de riviere, ce qui, 10 s. pour liv. compris, feroit	10. 11. 1½	10. 11. 1½
Total du vin venant par terre...	11. 2. "	16. 19. "

VIN en passe-debout par eau, par muid de 144 pots.

	l. s. d.
Ordonnance de 1680, tit. prem. art. 35, 9 l. par tonneau & augmentation.	4. " 9.
Idem, tit. 30, art. 1, & 2, 45 s. des rivieres & augmentation	3. " "
Total...	7. " 9.
Edit d'Août 1781, dix sols pour livre...........................	3. 10. 4½
Total général...	10. 11. 1½

CIDRE, POIRÉ & BIERE à l'entrée & au brassage, par muid de 144 pots.

Nature des droits & réglements qui les autorisent.	Cidre.	Poiré.	Biere.
	l. s. d.	l. s. d.	l. s. d.
Ordonnance de 1680, tit. 24, art. 1 & tit. 27, art. 6, subvention........................	" 13. 6.	" 6. 9.	" 13. 6.
Déclarations des 10 Octob. & 31 Décemb. 1689, Jauge & courtage.....................	" 9. "	" 9. "	" 9. "
Edit d'Octob. & Arrêt du Conseil du 29 Déc. 1705, Inspecteurs.......................	" 5. "	" 2. 6.	" 5 "
Lettres-patentes d'Août 1777, octrois municip.	" 18. 5.	" 18. 5.	" " "
Total...	2. 5. 11.	1. 16. 8.	1. 7. 6.
Edit d'Août 1781, dix sols pour livre........	1. 2. 11½	" 18. 4.	" 13. 9.
Déclaration du Roi, de Janvier 1759, droits réservés..................................	" 10. "	" 5. "	" 10. "
Edit d'Août 1781, 10 s. pour l. modérés à 6 s., par décision du 29 du même mois..........	" 3. "	" 1. 6.	" 3. "
Total...	4. 1. 10½	3. 1. 6.	2. 14. 3.
Ordonnance de 1680, tit. 27, art. 1, biere à la fabrication, contrôle fixé à	" " " "	" " " "	1. 10.
Edit d'Août 1781, dix sols pour livre.......	" " " "	" " " "	" 15. "
Total général...	4. 1. 10½	3. 1. 6.	4. 19. 3.

Droits sur les boissons à l'entrée & au brassage dans les villes de LOUVIERS *&* ELBEUF.

EAU-DE-VIE & LIQUEUR par muid de 144 pots.	l.	s.	d.
Ordonnance de 1680, tit. 26, art. 3, subvention	5.	8.	//
Déclarations des 10 Octob. & 31 Décemb. 1689, Jauge & courtage	2.	5.	//
Edit d'Oct. & Arrêt du Conseil du 29 Décemb. 1705, Inspecteurs	1.	10.	//
Total	9.	3.	//
Edit d'Août 1781, dix sols pour livre	4.	11.	6.
Déclaration de Janvier 1759, droits réservés	14.	8.	//
Edit d'Août 1781, 10 s. pour l. modérés à 6 s. par décision du 29 dud. mois.	4.	6.	4½
Total	32.	8.	10½
L'eau-de-vie de vin pour laquelle on ne justifieroit pas du paiement des droits de 6 l. 15 s. devroit en sus pour lesd. droits, 10 s. pour l. compris, ci	10.	2.	6.
Total général	42.	11.	4½

VIN ordinaire & vin de liqueur par muid de 144 pots.

Nature des droits & réglements qui les autorisent.	Vin ordinaire.			Vin de liqueur.		
	l.	s.	d.	l.	s.	d.
Ordonnance de 1680, tit. 4, art. 1, anciens & nouv. cinq s.	//	14.	//	//	14.	//
Idem, tit. 24, art. premier, subvention	1.	7.	//	1.	7.	//
Déclarations des 10 Oct. & 31 Déc. 1689, Jauge & courtage	//	15.	//	//	15.	//
Edit d'Oct. & Arrêt du Conseil du 29 Déc. 1705, Inspect.	//	10.	//	//	10.	//
Total	3.	6.	//	3.	6.	//
Edit d'Août 1781, dix sols pour livre	1.	13.	//	1.	13.	//
Déclaration de Janvier 1759, droits réservés	1.	10.	//	6.	//	//
Edit d'Août 1781, 10 s. pour l. modérés à 6 s. par décision du 29 du même mois	//	9.	//	1.	16.	//
Total	6.	18.	//	12.	15.	//
Les vins pour lesquels on ne justifieroit pas à Elbœuf le paiement des droits de 9 liv. par tonneau, & de 45 s. des rivieres seroient susceptibles de les acquitter, & paieroient en sus; SAVOIR:						
Ordonnance de 1680, tit. 1, art. 35, 9 liv. par tonneau ... l. 4. s. // d. 9.						
Idem, tit. 30, art. 1, 45 s. de rivieres, fixés à ... 3. // //						
Total ... 7. // 9.	10.	11.	1½	10.	11.	1½
Edit d'Août 1781, 10 s. pour livre ... 3. 10. 4½						
Total général	17.	9.	1½	23.	6.	1½

CIDRE, POIRÉ & BIERE, à l'entrée & au brassage, par muid de 144 pots.

Nature des droits & réglements qui les autorisent.	Cidre.			Poiré.			Biere.		
	l.	s.	d.	l.	s.	d.	l.	s.	d.
Ordonnance de 1680, tit. 24, art. prem., subvention & art. 6, tit. 27	//	13.	6.	//	6.	9.	//	13.	6.
Déclarations des 10 Octob. & 31 Décemb. 1689, Jauge-courtage	//	9.	//.	//	9.	//	//	9.	//
Edit d'Octob. & Arrêt du Conseil du 29 Décemb. 1705, Inspecteurs	//	5.	//.	//	2.	6.	//	5.	//
Total	1.	7.	6.	//	18.	3.	1.	7.	6.
Edit d'Août 1781, 10 pour livre	//	13.	9.	//	9.	1½	//	13.	9.
Déclaration de Janvier 1759, droits réservés	//	10.	//.	//	5.	//	//	10.	//
Edit d'Août 1781, 10 s. pour l. modérés à 6 sols, par décision du 29 du même mois	//	3.	//.	//	1.	6.	//	3.	//
Total	2.	14.	3.	1.	13.	10½	2.	14.	3.
Ordonnance de 1680, tit. 27, art. premier, biere à la fabrication, contrôle fixé à	//	//	//	//	//	//	1.	10.	//
Edit d'Août 1781, 10 s. pour livre	//	//	//	//	//	//	//	15.	//
Total général	2.	14.	3.	1.	13	10½	4.	19.	3.

RÉGIE D'ORIVAL.

Droits d'Entrepôt sur les Eaux-de-vie, Vins de liqueurs, Vins ordinaires, Cidre & Poiré, par muid de 144 pots.

Nature des Droits, & Réglements qui les autorisent.	Eau-de-vie & Vin de Liqueur.	Vin ordinaire.	Cidre & Poiré.
	l. s. d.	l. s. d.	l. s. d.
Arrêts du Conseil des 8 Décembre 1739, 26 Mars 1748, & Lettres-Patentes du 3 Mai suivant; droit d'Entrepôt.	2 10 〃	〃 16 8	〃 8 4
Edit d'Août 1781, 10 sols pour livre................	1 5 〃	〃 8 4	〃 4 2
Total général....	3 15 〃	1 5 〃	〃 12 6

GRANDES ENTRÉES.

On observe que s'il arrivoit audit lieu d'Orival de l'Eau-de-vie de vin, qui n'eût pas payé les droits de 6 liv. 15 s. ou du vin, pour lequel on ne justifieroit pas le paiement de 9 livres par tonneau, ces droits doivent être perçus à Orival, comme ci-après, & en outre les 3 liv. des rivieres, sur le vin seulement, arrivant par eau.

Nature des droits & Reglements qui les autorisent.	Eau-de-vie de Vin.	Vin.
	l. s. d	l. s. d.
Ordonn. de 1680, tit 26, art. 3, six livres quinze sols.........	6. 15 〃	〃 〃 〃
Idem, tit. 1, art. 35, 9 livres par tonneau, fixés à............	〃 〃 〃	4. 〃 9
Idem, tit. 30, art. 1, 45 sols des rivieres & augmentation.....	〃 〃 〃	3. 〃 〃
Total...	6. 15 〃	7. 〃 9
Edit d'Août 1781, 10 sols pour livre........................	3. 7. 6.	3. 10. 4½
Total général...	10. 2. 6.	10. 11. 1½

Droits de sortie du Royaume.

Ordonnance de 1680, titre 4, article 16, anciens & nouveaux 5 sols......	〃 14 〃
Edit d'Août 1781, 10 sols pour livre.....................................	〃 7 〃
Total...	1. 1 〃

Nota. Il se perçoit aussi, à la sortie du Royaume, des droits de jauge & courtage sur le vin & l'eau-de-vie, à raison de 3 liv. 7 s. 6 den. par muid d'eau-de-vie, & de 1 liv. 2 s. 6 d. par muid de vin, y compris les 10 sols pour liv. mais ils ont été réunis à la Ferme Générale. +

+ Ces droits se percoivent aussi a Orival sur les boissons venantes du pays exempt du gros et destinées pour Rouen et le pays sujet au gros et ils appartiennent dans ces cas a la regie

Droits de Gros.

Par l'Arrêt du Conseil de 1753, les vins destinés pour être consommés dans la Province de Normandie étant exempts de payer au passage les droits de Gros, lorsque ces vins viennent d'un pays non sujet, on les perçoit lorsqu'ils s'enlevent de Normandie pour aller à l'Etranger, ou pour passer dans une autre Province. Ils consistent dans le vingtieme du prix de la vente, l'augmentation de 16 s. 3 den. & le droit de courtage de 10 s. par muid.

Exemple pour du VIN *vendu 150 liv. le muid de 144 pots.*

Gros ou vingtième du prix de la vente. 7. 10. 〃 }
Augmentation .... 〃 16. 3. } 8. 16. 3. }
Courtage .... 〃 10. 〃 } } 13. 4. 4½
Edit d'Août 1781, 10 sols pour livre .... 4. 8. 1½ }

OBSERVATIONS GÉNÉRALES.

Par Déclaration du 9 Décembre 1687, il est dû sur l'eau-de-vie rectifiée, le double, & sur l'esprit-de-vin, le triple des droits dûs sur l'eau-de-vie simple, créés antérieurement audit Edit, & qui sont la subvention & les 6 l. 15 s.; mais ces Liqueurs ne doivent les autres droits que comme l'eau-de-vie simple.

Les droits de 6 liv. 15 sols sur l'eau-de-vie établis par l'Ordonnance de 1680, art. 1er. tit. 26, rapportés aux droits d'entrées ci-dessus, sont exigibles sur les eaux-de-vie de vin, non-seulement aux entrées des lieux sujets, mais encore dans tous les autres lieux, lorsqu'ils n'ont pas été payés aux Bureaux de passage ou en route; Edit de Décembre 1686, & ils comportent les 10 s. pour l. de l'Edit d'Août 1781, ce qui forme en principal 6 l. 15 s. ״ d.

	l.	s.	d.
ce qui forme en principal	6	15	״
10 s. pour liv. . . .	3.	7.	6.
Total. . .	10.	2.	6.

On observe encore que les Nobles sont exempts, pour les boissons provenantes de leur cru, & les Bénéficiers, pour celles du cru de leur bénéfice, tous pour leur consommation seulement, les premiers de la subvention; les seconds de la subvention, des nouveaux 5 sols, de la jauge-courtage & des droits réservés, en remplissant les formalités prescrites.

Droits dus à la vente & revente des Boissons dans tous les lieux de la Direction dépendants de l'Election de Pont-de-l'Arche, *sous la dénomination de Courtiers-Jaugeurs, par muid de 144 pots.*

Nature des boissons.	*Nature des Droits & Réglements qui les autorisent.*	1er. Enlevement. quotité de chaque droit.	1er. Enlevement. Tot. des droits sur chaque espèce de boiss.	2e. Enlevement. quotité de chaque droit.	2e. Enlevement. Tot. des droits sur chaque espèce de boiss.
		liv. s. d.	liv. s. d.	liv. s. d.	liv. s. d.
Eau-de-vie.	Courtiers-Jaug. Tarif de 1696. 10 s. pour liv. Edit d'Août 1781	1.10.8. ״ 15.4.	2. 6 ״	1. ״ ״ ״ 10 ״	1.10. ״
Liqueur.	Courtiers-Jaug. Tarif de 1696. 10 s. pour liv. Edit d'Août 1781.	1.18.״ ״ 19.״	2.17 ״	1. 10 ״ ״ 15 ״	2. 5.״
Vin.	Courtiers-Jaug. Tarif de 1696. 10 s. pour liv. Edit d'Août 1781.	״ 6.6. ״ 3.3.	״ 9.9.	״ 2.6. ״ 1.3.	״ 3.9.
Cidre. Biere & Poiré.	Courtiers-Jaug. Tarif de 1696. 10 s. pour liv. Edit d'Août 1781.	״ 3.3. ״ 1.7½	״ 4.10½	״ 1.3. ״ ״ 7½	״ 1.10½

Droits à la vente & revente des Boissons dans les lieux de la Direction de Pont-de-l'Arche, *dépendants des Elections d'*Evreux *& de* Conches, *sous la dénomination de Courtiers-Jaugeurs, par muids de 144 pots.*

Nature des Boissons.	*Nature des Droits, & Réglements qui les autorisent.*	1er. Enlevement. Quotité de chaque Droit.	1er. Enlevement. Total par nature de Boissons.	2e. Elèvement. Quotité de chaque Droit.	2e. Elèvement. Total par nature de Boissons.
		l. s. d.	l. s. d.	l. s. d.	l. s. d.
Eau-de-vie.	Tarif de 1696. Courr. Jaugeurs. Edit d'Août 1781, 10 s. pour liv.	1.10.8. ״ 15.4.	2. 6.״	1. ״ ״ ״ 10.״	1.10.״
Liqueur.	Tarif de 1696. Court. Jaugeurs. Edit d'Août 1781, 10 s. pour liv.	1.18.״ ״ 19.״	2.17.״	1.10.״ ״ 15.״	2. 5.״
Vin ordin.	Tarif de 1696. Court. Jaugeurs. Edit d'Août 1781, 10 s. pour liv.	״ 9.״ ״ 4.6.	״ 13.6.	״ 5.״ ״ 2.6.	״ 7.6.
Cidre, Poiré & Biere.	Tarif de 1696. Court. Jaugeurs Edit d'Août 1781, 10 s. pour liv.	״ 4.6. ״ 2.3.	״ 6.9.	״ 2.6. ״ 1.3.	״ 3.9.

Droits dûs à la vente en détail dans toute la Direction, excepté les Villes de PONT-DE-L'ARCHE & LOUVIERS, *par muid de 144 pots.*

Nature des droits & réglemens qui les autorisent.	Eau-de-vie à 3 l. le pot.	Vin à 1 sol la pinte.	Cidre à 6 d. la pinte.	Poiré à 6 d. la pinte.	Biere à 4 f. la pinte.
	l. f. d.	l. f. d.	l. f. d.	l. f. d.	l. f. d.
Le quatrième sur l'eau-de-vie est le tiers du prix de la vente, Ordonnance de 1680, tit. 26, art. 3, & Edit de Décemb. 1686....	144. ″ ″	″ ″ ″ ″	″ ″ ″ ″	″ ″ ″ ″	″ ″ ″ ″
Sur le vin, cidre & poiré, & les droits de détail sont le quatrième réduit au cinquième, Ordonnance de 1680, tit. 14, art. 1 & 2...	″ ″ ″ ″	3.18. ″	1.18. ″	1.18. ″	″ ″ ″ ″
Sur la biere, le quatrième du prix de la vente, parisis, sol & six den., Ordonnance de 1680, tit. 27, art. 6.	″ ″ ″ ″	″ ″ ″ ″	″ ″ ″ ″	″ ″ ″ ″	9.12. 6.
Edit d'Août 1781, 10 f. pour liv. modérés à 8 f. par décision du 29 dudit..........	57.12. ″	1.11. $2\frac{2}{3}$	″ 15. $2\frac{2}{3}$	″ 15. $2\frac{2}{3}$	3.17. ″
Total....	201.12. ″	5. 9. $2\frac{2}{3}$	2.13. $2\frac{2}{3}$	2.13. $2\frac{2}{3}$	13. 9. 6.
Subvention à la consommation, tit. 26, art. 3, pour l'eau-de-vie, tit. 23, art. 1, pour vin, cidre & poiré, & tit. 27, art. 6, pour la biere, Ordonnance de 1680...........	5. 8. ″	1. 7. ″	″ 13. 6.	″ 6. 9.	″ 13. 6.
Jauge & courtage, Déclaration du Roi du 10 Octobre 1689.	2. 5. ″	″ 15. ″	″ 9. ″	″ 9. ″	″ 9. ″
Total....	7.13. ″	2. 2. ″	1. 2. 6.	″ 15. 9.	1. 2. 6.
Edit d'Août 1781, 10 sols pour livre....	3.16. 6.	1. 1. ″	″ 11. 3.	″ 7.$10\frac{1}{2}$	″ 11. 3.
Total....	11. 9. 6.	3. 3. ″	1.13. 9.	1. 3. $7\frac{1}{2}$	1. 13. 9.
Rapport du quatrième & 8 f. pour l..	201.12. ″	5. 9. $2\frac{2}{3}$	2.13. $2\frac{2}{3}$	2.13. $2\frac{2}{3}$	13. 9. 6.
Total général....	213. 1. 6.	8.12. $2\frac{2}{3}$	4. 6.$11\frac{2}{3}$	3.16. 9 [illegible]	15. 3. 3.

Droits dus à la vente en détail dans la Ville du PONT-DE-L'ARCHE, *par muid de 144 pots.*

Les droits de quatrième y sont tirés sur les mêmes principes, & cette ville est exempte de la jauge & courtage, parce qu'elle s'y perçoit à l'entrée ; mais il y est dû une première moitié d'octroi, qui consiste dans le trente-deuxième du prix de la vente, & en 40 sols par muid de vin, & 13 sols 4 den. par muid de cidre & poiré.

Cette ville est encore sujette aux octrois municipaux, qui sont le huitième pot de ce qui est vendu en détail, à raison du prix que le pot se vend, l'exemple ci-après des droits cités, sur de l'eau-de-vie vendu à 3 liv., du vin vendu à 12 sols, du cidre à 5 sols, de la biere à 4 sols, & du poiré à 3 sols, servira de guide.

EXEMPLE.

Nature des Droits & Réglements qui les autorisent.	Eau-de-vie à 3 l. le pot.	Vin à 12 f. le pot.	Cidre à 5 f. le pot.	Biere à 4 f. le pot.	Poiré à 3 f. le pot.
	liv. f. d.	liv. f. d.	liv. f. d.	liv. f. d.	liv. f. d.
Ordonn. de 1680, tit. 14, 26 & 27 ; art. 1, 2, 3 & 6, & Édit de Décembre 1686, quatrième réduit au cinquième	144. // //	23. 8. //	9. 2. //	9. 12. 6.	5. 10. //
Edit d'Août 1781, 10 f. pour liv. modérés à 8 f. par décision du 29 dudit	57. 12. //	9. 7. 2$\frac{2}{5}$	3. 12. 9$\frac{1}{5}$	3. 17. //	2. 4. //
TOTAL	201. 12. //	32. 15. 2$\frac{2}{5}$	12. 14. 9$\frac{1}{5}$	13. 9. 6	7. 14. //
Ordonnance de 1680, tit. 23, 26 & 27, art. 1, 3 & 6, Subvention à la consommation.	5. 8. //	1. 7. //	// 13. 6.	// 13. 6.	// 6. 9.
Idem, premiere moitié d'octroi, fixée à.	// // //	2. // //	// 13. 4	// 13. 4.	// 13. 4.
Idem, premiere moitié d'octroi, fixée au 32e.	// // //	2 14. //	1. 2. 6.	// 17. 10.	// 13. 7.
Lettres-patentes d'Août 1777, octrois municipaux.	// // //	10. 16. //	4. 10. //	3. 12. //	2. 14. //
Total	5. 8. //	16. 17. //	6 // 19. 4	5. 16. 8.	4. 7. 8.
Edit d'Août 1781. 10 f. pour l. . .	2. 14. //	8. 8. 6.	3. 9. 8.	2. 18. 4.	2. 3. 10.
Total	8. 2. //	25. 5. 6.	10. 9. //	8. 15. //	6. 11. 6.
Rapport du 4me & 8 f. pour l. .	201. 12. //	32. 15. 2$\frac{2}{5}$	12. 14. 9$\frac{1}{5}$	13. 9. 6.	7. 14. //
Total général	209. 14. //	58. // 8$\frac{2}{5}$	23. 3. 9$\frac{1}{5}$	22. 4. 6.	14. 5. 6.

Droits dus à la vente en détail dans la Ville de LOUVIERS, *par muid de 144 pots.*

La jauge & courtage au détail ne s'y perçoit pas, parce qu'elle se paie à l'entrée, & le quatrième n'y appartient pas en entier à la Régie ; il en est démembré, huit sols du sol du prix que les boissons se vendent & débitent par muid, & il est perçu pour octrois municipaux le doublement de ce démembrement qui forme l'ancien octroi de ville.

EXEMPLE DES DROITS.

Nature des droits & reglements qui les autorisent.	Eau-de-vie à 50 s. le pot.	Vin à 12 s. le pot.	Biere à 5 s. le pot.	Cidre à 5 s. le pot.	Poiré à 3 s. le pot.
	l. s. d.	l. s. d.	l. s. d	l. s. d.	l. s. d.
Ordonnance de 1680, tit. 14, 26 & 27, art. 1, 2, 3 & 6, & Edit de Décembre 1686, quatrième..............	120. ″ ″	23. 8. ″	12. 2. 3.	9. 2. ″	5.10. ″
8 sols du sol à soustraire..............	20. ″ ″	4.16. ″	2. ″ ″	2. ″ ″	1. 4. ″
Reste......	100. ″ ″	18.12. ″	10. 2. 3.	7. 2. ″	4. 6. ″
Edit d'Août 1781, 10 s. pour liv. modérés à 8 s. par décision du 29 dudit...........	40. ″ ″	7. 8. $9\frac{3}{5}$	4. ″ $10\frac{4}{5}$	2.16. $9\frac{3}{5}$	1.14. $4\frac{4}{5}$
Total....	140. ″ ″	26. ″ $9\frac{3}{5}$	14. 3. $1\frac{4}{5}$	9.18. $9\frac{3}{5}$	6. ″ $4\frac{4}{5}$
Ordonnance de 1680, tit. 23, 26 & 27, art. 1, 3 & 6, subvention à la consommation.......	5. 8. ″	1. 7. ″	″ 13. 6.	″ 13. 6.	″ 6. 9.
Lett.-patent. d'Août 1777, octrois municipaux..............	20. ″ ″	4.16. ″	2. ″ ″	2. ″ ″	1. 4. ″
Total....	25. 8. ″	6. 3. ″	2.13. 6.	2.13. 6.	1.10. 9.
Edit d'Août 1781, 10 sols pour livre....	12.14. ″	3. 1. 6.	1. 6. 9.	1. 6. 9.	″ 15. $4\frac{1}{2}$
Total....	38. 2. ″	9. 4. 6.	4. ″ 3.	4. ″ 3.	2. 6. $1\frac{1}{2}$
Rapport du quatrième & 8 s. pour liv.	140. ″ ″	26. ″ $9\frac{3}{5}$	14. 3. $1\frac{4}{5}$	9.18. $9\frac{3}{5}$	6. ″ $4\frac{4}{5}$
Total général....	178. 2. ″	35. 5. $3\frac{3}{5}$	18. 3. $4\frac{4}{5}$	13.19. ″$\frac{3}{5}$	8. 6. $6\frac{1}{2}$

Lorsque le vin est vendu plus d'un sol la pinte, les droits de quatrième sont augmentés à raison de 3 liv. 18 s. pour chaque sol, & lorsque les cidre & poiré sont aussi vendus plus de 6 den. la pinte, les droits sont augmentés à raison de 6 d. par chacun denier. Art. ci-dessus cités.

Les droits de détail sont également dus, conformément aux Tarifs ci-dessus sur les boissons arrivantes & transportées en bouteilles. Lettres-patentes du 25 Mai 1728, aux exceptions y portées, & qui tombent sur le vin de liqueur venant en caisse; les vins de Champagne gris qui viennent en paniers de 100 bouteilles, & les vins tant pour la provision des gens qualifiés qui vont dans leurs terres, que pour celles de tous autres allants aux Eaux de Forges, en observant les formalités prescrites.

Les eaux-de-vie transportées en barils au-dessous de 60 pintes, sont aussi assujetties aux droits de détail. Lettres-patentes du 24 Août 1728 : ils sont encore dûs par les Bouilleurs & Marchands en gros d'eau-de-vie sur les manquants à leurs charges; déduction faite du 21e pour 20. Lettres-patentes citées ci-dessus. Et les soumissionnaires d'eau-de-vie sont assujettis au paiement du double desdits droits, sur les eaux-de-vie pour lesquelles ils ne rapportent pas dans les trois mois certificat d'arrivée. Lettres-patentes des 4 Juin 1726 & 2 Mars 1728.

Il est encore à observer que les droits de Jauge-Courtage au détail ne se perçoivent dans aucuns des lieux où ils sont payés à l'entrée.

DROIT ANNUEL.

Nature des droits & réglements qui les autorisent.	Dans les Villes.	Dans les autres lieux.
	l. s. d.	l. s. d.
Ordonnance de 1680, titre 29, article premier, droit annuel.	8. " "	6. 10. "
Edit d'Août 1781, 10 sols pour livre	4. " "	3. 5. "
Total général	12. " "	9. 15. "

Ce droit est dû par tous les Marchands en gros, Bouilleurs, Brasseurs, Cabaretiers, Taverniers & autres vendans en détail, & les revendeurs de biere ne doivent que la moitié de l'annuel. Ordonnance de 1680, tit. 29, art. 7.

BESTIAUX.

Droits sur les BESTIAUX *à l'entrée & au massacre, dans la Ville de* PONT-DE-L'ARCHE.

Nature des droits & reglements qui les autorisent.	Bœuf ou Vache.	Veau.	Génisse.	Mouton.	Porc.	Livre de viande.	Livre de porc.
	l. s. d.	l. s. d.	l. s. d.	l. s. d.	l. s. d.	l. s. d.	l. s. d.
Edit de Février 1704, Inspecteurs.	2. " "	" 12. "	" 12. "	" 4. "	" " "	" " 2.	" " "
Première moitié d'octroi	" 5. "	" 1. "	" 2. 6.	" 1. "	" 2. 6.	à proport.	à proport.
Lettres-patentes d'Août 1777, octrois municipaux	" 7. "	" 1. 5.	" " "	" 1. 5.	" 3. 6.	*Idem.*	*Idem.*
Total	2. 12. "	" 14. 5.	" 14. 6.	" 6. 5.	" 6. "	" " 2.	" " "
Edit d'Août 1781, 10 sols pour liv.	1. 6. "	" 7. 2½	" 7. 3.	" 3. 2½	" 3. "	" " 1.	" " "
Déclaration de Janvier 1759, droits réservés	2. " "	" 13. 4.	" 13. 4.	" 5. "	" 13. 4.	à proport.	à proport.
Edit d'Août 1781, 10 s. pour liv. modérés à 6 s. par décision du 29 dudit mois	" 12. "	" 4. "	" 4. "	" 1. 6.	" 4. "	*Idem.*	*Idem.*
Total général	6. 10. "	1. 18. 11½	1. 19. 1.	" 16. 1	1. 6. 4.	" " 3	à proport.

Droits sur les BESTIAUX *à l'entrée & au massacre, dans les Villes de* LOUVIERS *&* ELBEUF.

Nature des droits & reglements qui les autorisent.	Bœuf ou Vache.	Veau ou Genisse.	Mouton, Brebis ou Chevre.	Porc.	Livre de Viande.	Livre de Porc.
	l. s. d.	l. s. d.	l. s. d.	l. s. d.	l. s. d.	l. s. d.
Edit de Février 1704, Inspecteurs	2. " "	" 12. "	" 4. "	....	" " 2.	....
Edit d'Août 1781, 10 s. pour l.	1. " "	" 6. "	" 2. "	....	" " 1.	....
Déclaration de Janvier 1759, Droits réservés	2. " "	" 13. 4.	" 5. "	" 13. 4.	à proportion.	
Edit d'Août 1781, 10 sols pour l. modérés à 6 sols par décision du 29 dud. mois	" 12. "	" 4. "	" 1. 6.	" 4. "	à proportion.	
Total général	5. 12. "	1. 15. 4.	" 12. 6.	" 17. 4.	" " 3.	à proport.

Droits sur les BESTIAUX *au massacre, dûs dans la Campagne, par les Bouchers, Maîtres & Fils de Maîtres, avant l'abattis, & par tous les autres Bouchers, à la vente hors domicile.*

Nature des Droits & Réglemens qui les autorisent.	Bœuf & Vache.	Veau & Genisse.	Mouton, Brebis & Chèvre.	Livre de viande.
	liv. f. d.	liv. f. d.	liv. f. d.	liv. f. d.
Inspecteurs. Edit de Février & Arrêt du Conseil, du 19 Août 1704..................	2. // //	// 12. //	// 4. //	// // 2.
Edit d'Août 1781, 10 f. pour livre.........	1. // //	// 6. //	// 2. //	// // 1.
Total......	3. // //	// 18. //	// 6. //	// // 3.

DENRÉES ET MARCHANDISES.

Droits sur les BOIS *&* FOINS *dans les Villes de* PONT-DE-L'ARCHE *&* LOUVIERS.

Nature des Droits & Reglemens qui les autorisent.	Voiture à un Cheval.	Voiture à deux Chev.	Voiture à trois Chev.	Voiture à quatre Chev.	Voiture à cinq Chev.	Somme de Cheval.	Somme de Bourique.
Déclaration de Janvier 1759 & Arrêt du Conseil de 1776,	l. f. d.	l. f. d.	l. f. d.	l. f. d.	l. f. d.	l. f. d.	l. f. d.
Droits réservés..........	// 5. //	// 7.6.	// 10. //	*à proportion.*		// 1. //	// // 6.
Edit d'Août 1781, 10 f. pour l. modérés à 6 f. par décision du 29 dudit mois.........	// 1.6.	// 2.3.	// 3. //	*à proportion.*		// // 3.$\frac{3}{5}$	// // 1.$\frac{4}{5}$
Total général...	// 6.6.	// 9.9.	// 13. //			// 1.3.$\frac{3}{5}$	// // 7.$\frac{4}{5}$

Il n'y a de Bois exempts de payer les Droits réservés que ceux désignés par les Lettres-Patentes de 1778, & qui sont les bourées ou fagots sans parements de ronces, épines, &c.

Droits sur les HUILES *à la fabrication.*

RÉGLEMENTS.	*NATURE DES DROITS.*	Principal.	10 f. p. l.	TOTAL.
		l. f. d.	l. f. d.	l. f. d.
Déclaration du Roi de 1716. Edit du Roi d'Août 1781, pour le doublement & les 10 f. pour liv.	Par livre pesant d'huile de poisson, d'olive, d'amende, de noix & autres fruits.........	// 1 //	// // 6.	// 1.6.
	Par livre d'huile de thérebentine, lin, chenevis, rabette, navette & autres graines.	// // 6.	// // 3.	// // 9.
	Par liv. d'huile d'essence & autres de plus grande valeur que celles sujettes aux droits d'un sol..........................	// 2 //	// 1 //	// 3 //
	Si le droit principal est de plus de 3 liv. il est payé pour l'acquit..................	// 5 //	// 2.6.	// 7.6.
	S'il n'est que de 3 l. ou d'une moindre somme jusqu'à 20 sols inclusivement, le droit d'acquit est de 2 sols......................	// 2 //	// 1 //	// 3 //
	Nota. Le droit d'acquit n'a pas lieu lorsque le droit principal est au-dessous de 20 sols.			

Droits sur les CUIRS *&* PEAUX *à la fabrication, à l'exportation & à l'importation, établis par Edit du mois d'Août* 1759, 28 *Juin* & 13 *Novembre* 1760, *pour le principal, avec les* 10 *sols pour livre de l'Edit d'Août* 1781.

Objets sujets aux droits.	Cuirs & peaux à la fabrication.			Cuirs & peaux à l'exportation.			Cuirs & peaux à l'importat.
	Principal.	10 f. p. l.	TOTAL.	Principal.	10 f. p. l.	TOTAL.	
	l. f. d.	l. f. d.	l. f. d.	l. f. d.	l. f. d.	l. f. d.	
Bœufs & vaches à fort & à œuvre ; veaux, moutons, agneaux, chevreaux, porcs & sangliers tannés & apprêtés en toutes sortes d'apprêts, la livre..................	″ 2. ″	″ 1 ″	″ 3. ″	″ ″ ″	″ ″ ″	″ ″ ″	10 pour % de leur valeur.
Chevaux, mulets, ânes..	″ 1. ″	″ ″ 6.	″ 1. 6.	″ ″ ″	″ ″ ″	″ ″ ″	*id.*
Elans, orignaux & cerfs..	″ 6. ″	″ 3 ″	″ 9. ″	″ ″ ″	″ ″ ″	″ ″ ″	*id.*
Chevres & boucs.......	″ 4. ″	″ 2 ″	″ 6. ″	″ ″ ″	″ ″ ″	″ ″ ″	*id.*
Chevreuils, chamois & daims..................	″ 10. ″	″ 5. ″	″ 15. ″	″ ″ ″	″ ″ ″	″ ″ ″	*id.*
Toutes peaux non dénommées ci-dessus, 10 pour % de leur valeur, ci pour.......	..*Mémoire.*						*id.*
Cuirs de bœufs & vaches en verd, en demi-aprêt, passant à l'Etranger, la piece..	″ ″ ″	″ ″ ″	″ ″ ″	6. ″ ″	3. ″ ″	9. ″ ″	*id.*
Peaux de veaux, *id.* la piece.	″ ″ ″	″ ″ ″	″ ″ ″	1. ″ ″	″ 10 ″	1. 10. ″	*id.*
Peaux de moutons, *id.* la piece..................	″ ″ ″	″ ″ ″	″ ″ ″	″ 10. ″	″ 5. ″	″ 15. ″	*id.*

Nota. Tous les Cuirs apprêtés qui ont payé les droits ; les deux tiers du principal en sont restitués, lorsque lesd. Cuirs passent à l'Etranger, & que l'on a observé les formalités requises.

Droits sur la MARQUE *d'*OR *& d'*ARGENT.

REGLEMENTS.	*Objets sujets aux droits.*	Principal.	10 f. p. l.	TOTAL.
Ordonnance de 1681, article premier, tit. 2, & Edit du mois de Mai 1723, pour le principal. Edit d'Août 1781, pour les 10 f. pour liv.		l. f.	l. f.	l. f.
	Or, par marc.	33. 12.	16. 16.	50. 8.
	Argent, par marc.	2. 16.	1. 8.	4. 4.

*Droits sur l'*AMIDON *&* POUDRE *à poudrer.*

RÉGLEMENTS.	Amidon à la fabrication par muid.	Amidon & poudre venant de l'Etranger, par livre pesant.
	l. f. d.	l. f. d.
Edit de Février 1771, & Arrêt du Conseil de Décembre 1778..................	7. 10. ″	″ 4. ″
Edit d'Août 1781, 10 sols pour livre..................	3. 15. ″	″ 2. ″
Total...	11. 5. ″	″ 6. ″

Droits du TIMBRE *des* QUITTANCES *pour la Régie & pour les Parties étrangères.*

Ordon. de 1680, tit. 33 ; Déclar. de 1690 ; Edit de 1748 ; Déclar. de 1771 & Lettres-patentes d'Août 1780, article 10, par quittance de 5 sols & au-dessus ... ″l. ″f. 10 d.
Edit d'Août 1781, 10 fols pour livre........................ ″ ″ 5.

Total... ″ 1 3.

Les congés & expéditions qui ne sont point des quittances de droits, doivent les frais de timbre, Ordonnance de Juillet 1681, titre commun, article 16. Déclaration du Roi de 1771, & Lettres-patentes de 1780, art. 10.

OBSERVATION GÉNÉRALE.

Tous les articles de droits qui, payés particulièrement, ne forment pas une somme de 6 deniers en principal, ne doivent pas dans ces cas de sols pour livre.

Dénomination des droits étrangers à la Régie, & dont les 10 f. pour l. sont dus au Roi ;

SAVOIR :

Noms des lieux.	*Dénomination des Droits.*	
Pont-de-l'Arche. .	Seconde moitié d'octroi. Droits de Maître & Aide du Pont. Droits de Plancage & Courbage. Droits de Parisis sur les Vins montant & descendant la rivière sous le Pont ; le tout appartenant à la Ville.	
Louviers.	Droits de Tarif. Seconde moitié d'Octroi.	Appartenants à la Ville.
Elbeuf.	Droits de Tarif. Sol pour livre dudit Tarif. Octroi du Quai. Octroi du Prince.	Appartenants à la Ville, ou perçus à son profit.
Vaudreuil & Pay. . . .	Droits de Vannes.	
Roses.	Droits de Maître du Pertuis.	
Marlot.	*Idem.*	
Toute l'Election. . . .	Jauge Royale, Poids-le-Roi & mesures.	

A PARIS, chez KNAPEN, Imprimeur de la Cour des Aides, au bas du Pont Saint-Michel, 1781.

TARIF
DES DROITS DÉPENDANS DE LA RÉGIE GÉNÉRALE,
Dûs dans la Direction DE PONTEAUDEMER.

BOISSONS.

DROITS sur les Boiſſons à l'Entrée & au Braſſage dans la Ville de Ponteaudemer.

Eau-de-vie, par muid de 144 pots.

	liv.	ſols.	den.
Ordonnance de 1680. art. 3ᵉ. tit. 16. Subvention.	5.	8.	″
Déclarations des 10 Oct. & 31 Déc. 1689. Jauge & Courtage.	2.	5.	″
Edit d'Octobre & Arrêt du Conſeil du 29 Déc. 1705. Inſpecteurs.	1.	10.	″
TOTAL.	9.	3.	″
Edit d'Août 1781. Dix ſols pour livre.	4.	11.	6.
TOTAL.	13.	14.	6.
Déclaration du Roi de Janvier 1759. Droits reſervés.	14.	8.	″
Edit d'Août 1781. Dix ſols pour l., modérés à 6 ſ. par déciſion du 29 dudit mois.	4.	6	4⅘
TOTAL.	32.	8.	10⅘
L'Eau-de-vie de vin qui n'auroit pas payé les droits de 6 liv. 15 ſols de l'Edit de Déc. 1686, les devroit, ce qui 10 ſols pour liv. compris, forme.	10.	2.	6.
TOTAL général.	42.	11.	4⅘

Vin ordinaire, par muid de 144 pots.

	liv.	ſols.	den.
Ordonnance de 1680. art. Iᵉʳ. tit. 4. Anciens & nouveaux 5 ſols.	″	14.	″
Ordonnance de 1680. art. Iᵉʳ. tit. 24. Subvention.	1.	7.	″
Déclarations des 10 Octobre & 31 Décembre 1689. Jauge & Courtage.	″	15.	″
Edit d'Octobre & Arrêt du Conſeil de 1705. Inſpecteurs.	″	10.	″
Ord. de 1681 & Arrêt du Conſeil du 11 Janvier 1777. 1ʳᵉ moitié d'Octroi.	2.	3.	″
TOTAL.	5.	9.	″
Edit d'Août 1781. Dix ſols pour livre.	2.	14.	6.
TOTAL.	8.	3.	6.
Déclaration du Roi de Janvier 1759. Droits reſervés.	1.	10.	″
Edit d'Août 1781, 10 ſ. pour liv., modérés à 6 ſ. par déciſion du 29 dud. mois.	″	9.	″
TOTAL général.	10.	2.	6.
Le Vin de liqueur paye les mêmes droits à l'exception des Droits reſervés, qui ſont de 6 liv., ce qui fait une augmentation, ſix ſols pour livres compris, de	5.	17.	″
TOTAL général des Droits d'entrée ſur le Vin de liqueur	15.	19.	6.

Cidre, Poiré & Bierre, par muid de 144 pots.

Nature des Droits & Réglemens qui les autorisent.	Cidre.	Poiré.	Biere.
Ord. de 1680, tit. Ier. art. 24. & tit. 27. art. 6. Subvention.	″ 13. 6.	″ 6. 9.	″ 13. 6.
Déclarat. des 10 Oct. & 31 Déc. 1689, Jauge & Courtage	″ 9. ″	″ 9. ″	″ 9. ″
Edit d'Oct. & Arrêt du Conseil du 29 Déc. 1705. Inspecteurs	″ 5. ″	″ 2. 6.	″ 5. ″
Premiere moitié d'Octroi, grand & petit.	″ 4. 4.	″ 3. 8.	″ 4. 4.
Octrois Municipaux. Lettres-Pat. d'Août 1777. . .	″ ″ 7.	″ ″ 7.	″ 7. ″
TOTAL. . . .	1. 12. 5.	1. 2. 6.	1. 18. 10.
Edit d'Août 1781. Dix sols pour livre.	″ 16. $2\frac{1}{2}$	″ 11. 3.	″ 19. 5.
TOTAL. . . .	2. 8. $7\frac{1}{2}$	1. 13. 9.	2. 18. 3.
Déclarations du Roi de Janvier 1759. Droits réservés. . . .	″ 10. ″	″ 5. ″	″ 10. ″
Edit d'Août 1781, 10 sols pour livre, modérés à 6 sols par décision du 29 dudit mois.	″ 3. ″	″ 1. 6.	″ 3. ″
TOTAL général. . . .	3. 1. $7\frac{1}{2}$	2. ″ 3.	3. 11. 3.
Ordonnance de 1680. art. Ier. tit. 27. la Biere doit à la fabrication le droit de Contrôle, ci.	. . . . . .	. . . . . .	1. 10. ″
Edit d'Août 1781. Dix sols pour livre.	. . . . . .	. . . . . .	″ 15. ″
TOTAL général. . . .	3. 1. $7\frac{1}{2}$	2. ″ 3.	5. 16. 3.

DROITS sur les Boissons à l'Entrée & au Brassage, dans les Bourgs de Cormeilles, Brionne & la Bouille.

Eau-de-vie, par muid de 144 pots.

	l.	s.	d.
Ordonnance de 1680. art. 3e. tit. 26. Subvention.	5.	8.	″
Déclarations des 10 Octobre & 31 Décembre 1689. Jauge & Courtage. . . .	2.	5.	″
Edit d'Octobre & Arrêt du Conseil du 29 Décembre 1705. Inspecteurs. . . .	1.	10.	″
TOTAL. . . .	9.	3.	″
Edit d'Août 1781. Dix sols pour livre.	4.	11.	6.
TOTAL. . . .	13.	14.	6.
Déclaration du Roi de Janvier 1759. Droits reservés.	14.	8.	″
Edit d'Août 1781. Dix sols pour liv., modérés à 6 sols par décision du 29 dudit. .	4.	6.	$4\frac{4}{5}$
TOTAL général. . . .	32.	8.	$10\frac{4}{5}$
Nota. L'Eau-de-vie de Vin qui n'auroit pas payé en route les Droits de 6 liv. 15 sols de l'Edit de Déc. 1686, les devroit, ce qui, 10 sols pour liv. compris, forme.	10.	2.	6.
TOTAL. . . .	42.	11	$4\frac{4}{5}$

Vin ordinaire, par muid de 144 pots.

	l.	s.	d.
Ordonnance de 1680. art. Ier. tit. 4. Anciens & nouveaux cinq sols.	″	14.	″
Ordonnance de 1680. art. Ier. tit. 24. Subvention.	1.	7.	″
Déclarations des 10 Octobre & 31 Décembre 1689. Jauge & Courtage. . . .	″	15.	″
Edit d'Octobre & Arrêt du Conseil du 29 Décembre 1705. Inspecteurs. . . .	″	10.	″
TOTAL.	3.	6.	″
Dix sols pour livre, Edit d'Août 1781.	1.	13.	″
TOTAL. . . .	4.	19.	″
Déclaration du Roi de Janvier 1759. Droits réservés.	1.	5.	″
Edit d'Août 1781. Dix sols pour liv., modérés à 6 sols par décision du 29 dudit. .	″	7.	6.
TOTAL général.	6.	11.	6.
Le Vin de liqueur paye les mêmes droits, excepté pour les Droits réservés, qui étant de 6 liv., forment une augmentation, 6 sols pour livre compris, de. .	6.	3.	6.
TOTAL général des Droits d'entrées sur le Vin de liqueur	12.	15.	″

Cidre, Poiré & Bierre, par muid de 144 pots.

Nature des Droits & Réglemens qui les autorisent.	Cidre.	Poiré.	Biere.
Ord. de 1680. tit. Ier. art. 24. & tit. 27. art. 6. Subvention.	// 13. 6.	// 6. 9.	// 13. 6.
Déclar. des 10 Oct. & 31 Déc. 1689. Jauge & Courtage.	// 9. //	// 9. //	// 9. //
Edit d'Octobre & Arrêt du Conseil du 29 Décembre 1705. Inspecteurs.	// 5. //	// 2. 6.	// 5. //
TOTAL.	1. 7. 6.	// 18. 3.	1. 7. 6.
Edit d'Août 1781. Dix sols pour livre.	// 13. 9.	// 9. 1.	// 13. 9.
TOTAL.	2. 1. 3.	1. 7. 4 ½	2. 1. 3.
Déclaration de Janvier 1759. Droits réservés. . .	// 10. //	// 5. //	// 10. //
Edit d'Août 1781. Dix sols pour livre, modérés à 6 sols par décision du 29 dudit.	// 3. //	// 1. 6.	// 3. //
TOTAL.	2. 14. 3.	1. 13. 10 ½	2. 14. 3.
Il est dû de plus à la fabrication de la Biere, Ordonn. de 1680. tit. 26. art. Ier. pour contrôle.	. . . .	. . . .	1. 10. //
Edit d'Août 1781. Dix sols pour livre. . . .	. . . .	. . . .	// 15. //
TOTAL général.	2. 14. 3.	1. 13. 10 ½	4. 19. 3.

DROITS sur les Boissons à l'Entrée & au Brassage, dans les Bourgs de Bourg-Achard, Beuzeville, Routot, Montfort, Bourneville, S. Georges, Quillebeuf, Béchellouin & Bourgtheroude.

Eau-de-vie, par muid de 144 pots.

Ordonnance de 1680. art. 3e. tit. 26. Subvention.	5.	8.	//
Déclarations des 10 Octobre & 31 Décembre 1689. Jauge & Courtage. . .	2.	5.	//
Edit d'Octobre & Arrêt du Conseil du 29 Décembre 1705. Inspecteurs. . . .	1.	10.	//
TOTAL.	9.	3.	//
Edit d'Août 1781. Dix sols pour livre.	4.	11.	6.
TOTAL.	13.	14.	6.
Déclaration de Janvier 1759. Droits réservés.	14.	8.	//
Edit d'Août 1781. Dix s. pour liv., modérés à 6 s. par décision du 29 dudit.	4.	6.	4 ⅘
TOTAL.	32.	8.	10 ⅘
Nota. L'Eau-de-vie qui n'auroit pas payé les Droits de 6 liv. 15 sols de l'Edit de Déc. 1686, les devroit, ce qui, 10 sols pour liv. compris, forme.	10.	2.	6.
TOTAL général.	42.	11.	4 ⅘

Vin ordinaire, par muid de 144 pots.

Ordonnance de 1680. art. Ier. tit. 4. Anciens & nouveaux cinq sols.	"	14.	"
Ordonnance de 1680. art. 1er. titre 24. Subvention.	1.	7.	"
Déclaration des 10 Octobre & 31 Décembre 1689. Jauge & Courtage. . . .	"	15.	"
Edit d'Octobre & Arrêt du Conseil du 29 Décembre 1705. Inspecteurs. . . .	"	10.	"
TOTAL. . . .	3.	6.	"
Edit d'Août 1781. Dix sols pour livre.	1.	13.	"
TOTAL. . . .	4.	19.	"
Déclaration de Janvier 1759. Droits réservés.	1.	"	"
Edit d'Août 1781. Dix sols pour livre, modérés à 6 f. par décision du 29 dudit. .	"	6.	"
TOTAL général. . . .	6.	5.	"
Le Vin de liqueur paye les mêmes droits, excepté pour les Droits réservés, qui étant de 6 liv., forment une augmentation, 6 sols pour livre compris, de. .	6.	10.	"
TOTAL général des Droits d'entrées sur le Vin de liqueur	12.	15.	"
Les Vins de liqueurs & autres arrivant à Quillebeuf + qui n'auroient pas payé les Droits de 9 liv. par tonneau, auxquels ils sont sujets, les doivent, art. Ier. tit. 2. de l'Ord. de 1680, ce qui forme, pour ce ~~bourg~~ ville, l'augmentation de.	4.	"	9.
Edit d'Août 1781. Dix sols pour livre.	2.	"	4 ½
TOTAL pour Quillebeuf. . . .	6.	1.	1 ½

+ & autres Ports circonvoisins

Cidre, Poiré & Biere, par muid de 144 pots.

Nature des Droits & Réglemens qui les autorisent.	Cidre.			Poiré.			Biere.		
Ord. de 1680. art. Ier. tit. 24. & tit. 27. art. 6. Subvention.	"	13.	6.	"	6.	9.	"	13.	6.
Déclar. des 10 Oct. & 31 Déc. 1689. Jauge & Courtage.	"	9.	"	"	9.	"	"	9.	"
Edit d'Octobre & Arrêt du Conseil du 29 Décembre 1705. Inspecteurs.	"	5.	"	"	2.	6.	"	5.	"
TOTAL.	1.	7.	6.	"	18.	3.	1.	7.	6.
Edit d'Août 1781. Dix sols pour livre. . . .	"	13.	9.	"	9.	1 ½	"	13.	9.
TOTAL.	2.	1.	3.	1.	7.	4 ½	2.	1.	3.
Déclaration du Roi de Janvier 1759. Droits réservés. .	"	10.	"	"	5.	"	"	10.	"
Edit d'Août 1781. Dix sols pour livre, modérés à 6 sols par décision du 29 dudit mois.	"	3.	"	"	1.	6.	"	3.	"
TOTAL.	2.	14.	3.	1.	13.	10 ½	2.	14.	3.
Il est dû de plus à la fabrication de la Biere, Ord. de 1680. tit. 26. art. Ier., pour contrôle	. . . . . .			. . . . . .			1.	10.	"
Edit d'Août 1781. Dix sols pour livre. . . .	. . . . . .			. . . . . .			"	15.	"
TOTAL général.	2.	14.	3.	1.	13.	10 ½	4.	19.	3.

DROITS sur les Boissons à l'Entrée & au Brassage, dans les Bourgs d'Appeville & Pontautou.

Eau-de-vie, par muid de 144 pots.

Ordonnance de 1680. titre 26. article 3. Subvention.	5.	8.	"
Déclarations des 10 Octobre & 31 Décembre 1689. Jauge & Courtage. . . .	2.	5.	"
Edit d'Octobre & Arrêt du Conseil du 29 Décembre 1705. Inspecteurs. . . .	1.	10.	"
TOTAL. . . .	9.	3.	"
Edit d'Août 1781. Dix sols pour livre.	4.	11.	6.
TOTAL. . . .	13.	14.	6.
L'Eau-de-vie de Vin qui n'auroit pas payé les Droits de 6 liv. 15 sols de l'Edit de Déc. 1686, les doit, ce qui, 10 sols pour livre compris, forme. .	10.	2.	6.
TOTAL général. . . .	23.	17.	"

Vin ordinaire, par muid de 144 pots.

Ordonnance de 1680. article Ier. titre 4. Anciens & nouveaux cinq sols. . . .	"	14.	"
Ordonnance de 1680. article Ier. titre 24. Subvention.	1.	7.	"
Déclarations des 10 Octobre & 31 Décembre 1689. Jauge & Courtage. . . .	"	15.	"
Edit d'Octobre & Arrêt du Conseil du 29 Décembre 1705. Inspecteurs . . .	"	10.	"
TOTAL.	3.	6.	"
Dix sols pour livre, Edit d'Août 1781.	1.	13.	"
TOTAL général.	4.	19.	"

Cidre, Poiré & Biere, par muid de 144 pots.

Nature des Droits & Réglemens qui les autorisent.	Cidre.	Poiré.	Biere.
Ord. de 1680. art. Ier. tit. 24. & art. 6. tit. 27. Subvention.	" 13. 6.	" 6. 9.	" 13. 6.
Déclar. des 10 Oct. & 31 Déc. 1689. Jauge & Courtage.	" 9. "	" 9. "	" 9. "
Edit d'Octobre & Arrêt du Conseil du 29 Décembre 1705. Inspecteurs.	" 5. "	" 2. 6.	" 5. "
TOTAL. . . .	1. 7. 6.	" 18. 3.	1. 7. 6.
Edit d'Août 1781. Dix sols pour livre. . . .	" 13. 9.	" 9. 1 ½	" 13. 9.
TOTAL général. . . .	2. 1. 3.	1. 7. 4 ½	2. 1. 3.
Il est dû de plus, à la fabrication de la Biere, Ordonn. de 1680. tit. 26. art. Ier., pour contrôle.	. . . . . .	. . . . . .	1. 10. "
Edit d'Août 1781. Dix sols pour livre. . . .	. . . . . .	. . . . . .	" 15. "
TOTAL général. . . .	2. 1. 3.	1. 7. 4 ½	4. 6. 3.

OBSERVATIONS GÉNÉRALES.

La Déclaration de 1687 a assujetti l'Eau-de-vie rectifiée au double, & l'Esprit-de-vin au triple des Droits de Subvention & de 6 livres 15 sols, lorsque ces deniers n'ont pas été payés en route : mais ces Liqueurs ne doivent les autres Droits que sur le pied de l'Eau-de-vie simple.

Les Droits de 6 liv. 15 s. sur l'Eau-de-vie, établis par l'Ordonnance de 1680, art. Ier. tit. 26, & rapportés aux Droits d'Entrées ci-dessus, sont dûs sur les Eaux-de-vie de vin, non-seulement aux Entrées des lieux sujets, mais encore dans tous les autres lieux, lorsqu'ils n'ont pas été payés aux Bureaux de passage, ou en route. Edit de Décembre 1686, & ils comportent les 10 sols pour livre de l'Edit de 1781, ce qui forme en principal. . . . . 6. 15. "

10 sols pour livre. . . . . 3. 7. 6.

TOTAL. . . . . 10. 2. 6.

On observe encore que les Nobles & les Bénéficiers sont exempts pour les boissons provenantes de leur cru & de cru de Bénéfice, pour leur consommation seulement; les premiers de la subvention, & les seconds de la subvention, & des nouveaux cinq sols, de la Jauge-Courtage, des Droits réservés; en remplissant les formalités prescrites.

DROITS de sortie du Royaume.

	Vin
Ordonnance de 1680, titre 4, art. 16. Anciens & nouveaux 5 sols.	" 14. "
Edit d'Août 1781, dix sols pour livre.	" 7. "
TOTAL.	1. 1. "

Nota. Il se perçoit aussi à la sortie du Royaume des Droits de Jauge & Courtage, sur l'Eau-de-vie avec les 10 sols pour liv., mais ils ont été réunis à la Ferme Générale.

DROITS DE GROS.

Par l'Arrêt du Conseil du 13 Mars 1753, les vins destinés pour être consommés dans la Province de Normandie, étant exempts des Droits de Gros au passage, dans le pays de Gros, on les perçoit lorsque ces vins s'enlevent de Normandie pour aller à l'Etranger, ou dans une autre Province, ils consistent dans le vingtieme du prix de la vente, l'augmentation de 16 s. 3 d., & le Droit de Courtage de 10 s. par muid.

Exemple pour du vin vendu 150 liv. le muid.

Gros, ou vingtieme.	7 l. 10 f. ″ d.	8. 16. 3.	13. 4. 4. $\frac{1}{2}$.
Augmentation.	″ 16. 3.		
Courtage.	″ 10. ″		
Edit d'Août 1781, 10 f. pour livre.		4. 8. 1 $\frac{1}{2}$.	

Droits dus à la vente & revente des Boissons, dans toute l'étendue de la Direction de Pontaudemer, sous la dénomination de Courtiers-Jaugeurs, par muid de 144 pots.

Nature des Boissons.	*Réglemens qui autorisent la perception & nature des Droits.*	Ier. *Enlevement.* Quotité de chaque Droit.	Ier. *Enlevement.* Total par chaq. espece de Boisson.	IIe. *Enlevement.* Quotité de chaque Droit.	IIe. *Enlevement.* Total par chaq. espece de Boisson.
Eau-de-vie.	Tarif de 1696, Courtiers-Jaugeurs	1. 10. 8.	2. 6. ″	1. ″ ″	1. 10. ″
	Edit d'Août 1781, dix sols pour liv.	″ 15. 4.		″ 10. ″	
Liqueur. . .	Tarif de 1696, Courtiers-Jaugeurs	1. 18. ″	2. 17. ″	1. 10. ″	2. 5. ″
	Edit d'Août 1781, dix sols pour liv.	″ 19. ″		″ 15. ″	
Vin. . . .	Tarif de 1696, Courtiers-Jaugeurs	″ 6. 6.	″ 9. 9.	″ 2. 6.	″ 3. 9.
	Edit d'Août 1781, dix sols pour liv.	″ 3. 3.		″ 1. 3.	
Cidre, Biere & Poiré.	Tarif de 1696, Courtiers-Jaugeurs	″ 3. 3.	″ 4. 10 $\frac{1}{2}$	″ 1. 3.	″ 1. 10 $\frac{1}{2}$
	Edit d'Août 1781, dix sols pour liv.	″ 1. 7 $\frac{1}{2}$		″ ″ 7 $\frac{1}{2}$	

Droits dûs à la vente en détail des Boissons dans toute l'étendue de la Direction, par muid de 144 pots.

Nature des Droits & Réglemens qui les autorisent.	Eau-de-vie. à 3 livres le pot.	Vin à 1 sol la pinte.	Cidre à 6 deniers la pinte.	Poiré à 6 deniers la pinte.	Biere à 12 sols le pot.
Le 4e. sur l'Eau-de-vie, est le tiers du prix de la vente, Ord. de 1680, tit. 26. art. 3. Edit de Déc. 1686.	148. ″ ″	″ ″ ″	″ ″ ″	″ ″ ″	″ ″ ″
Sur le Vin, Cidre & Poiré, les Droits de détail sont le 4e, réduit au 5e. Ord. de 1680, tit. 14. art. Ier. & 2.	″ ″ ″	3. 18. ″	1. 18. ″	1. 18. ″	″ ″ ″
Sur la Biere, le 4e. du prix de la vente, Parisis, sol & six deniers, Ord. de 1680, tit. 27, art. 6. .	″ ″ ″	″ ″ ″	″ ″ ″	″ ″ ″	29. 1. 3.
Edit d'Août 1781, 10 f. pour livre modérés à 8 f. par déc. du 29 dud.	57. 12. ″	1. 11. 2 $\frac{2}{3}$	″ 15. 2 $\frac{2}{3}$	″ 15. 2 $\frac{2}{3}$	11. 12. 6.
Total. . .	201. 12. ″	5. 9. 2 $\frac{2}{3}$	2. 13. 2 $\frac{2}{3}$	2. 13. 2 $\frac{2}{3}$	40. 13. 6.
Subv. à la consommation, tit. 27, art. 6. pour la Biere, & tit. 23. art. 1er. pour les Vin, Cidre & Poiré, tit. 26, art. 3, pour l'Eau-de-vie.	5. 8. ″	1. 7. ″	″ 13. 6.	″ 6. 9.	″ 13. 6.
Jauge & Courtage. Déclaration du 10 Octobre 1689.	2. 5. ″	″ 15. ″	″ 9. ″	″ 9. ″	″ 9. ″
Total. . .	7. 13. ″	2. 2. ″	1. 2. 6.	″ 15. 9.	1. 2. 6.
Edit d'Août 1781. Dix f. pour liv.	3. 16. 6.	1. 1. ″	″ 11. 3.	″ 7. 10 $\frac{1}{2}$	″ 11. 3.
Total de la subvention, Jauge & Courtage, & 10 f. pour livre.	11. 9. 6.	3. 3. ″	1. 13. 9.	1. 3. 7 $\frac{1}{2}$	1. 13. 9.
Rapport du 4e. & 8 f. pour livre. .	201. 12. ″	5. 9. 2 $\frac{2}{3}$	2. 13. 2 $\frac{2}{3}$	2. 13. 2 $\frac{2}{3}$	40. 13. 9.
Total général. . .	213. 1. 6.	8. 12. 2 $\frac{2}{3}$	4. 6. 11 $\frac{2}{3}$	3. 16. 9 $\frac{9}{16}$	42. 7. 6.

Nota. Lorsque le Vin est vendu plus d'un sol la pinte, les Droits de Quatrieme sont augmentés à raison de 3 livres 18 sols par chaque sol; & lorsque les Cidres & Poirés sont aussi vendus plus de 6 deniers la pinte, les Droits sont augmentés à raison de 6 sols par chaque denier, articles ci-dessus cités.

Les Droits de détail sont également dûs, conformément au Tarif ci-dessus, sur les Boissons arrivant & transportées en bouteilles, Lettres-Patentes du 25 Mai 1728, aux exceptions y portées, & qui tombent sur le Vin de liqueur venant en caisses, les Vins de Champagne gris transportés en paniers de cent bouteilles, & les Vins, tant pour la provision des Gens qualifiés qui vont dans leurs terres, que pour celle de tous autres allants aux Eaux de Forges, en remplissant les formalités prescrites.

Les Eau-de-vie transportées en barils, au-dessous de 60 pintes, sont aussi assujetties aux Droits de détail, Lettres-Patentes du 24 Août 1728. Ils sont encore dûs par les Bouilleurs & Marchands en gros d'Eau-de-vie, sur les manquans à leurs charges, déduction faite du 21e pour 20, Lettres-Patentes citées ci-dessus, & les Soumissionnaires d'Eau-de-vie sont assujettis au payement du double desdits Droits, sur les Eaux-de-vie pour lesquelles ils ne rapportent pas dans les trois mois Certificats d'arrivée, Lettres-Patentes du 4 Juin 1726, & 2 Mars 1728.

Il est encore à observer que les Droits de Jauge & Courtage au détail, ne se perçoivent dans aucun des lieux où ils sont payés à l'entrée.

Il se perçoit de plus dans la ville de Ponteaumer, par muid de 144 pots,

SAVOIR:

Nature des Droits & Réglemens qui les autorisent.	Vin.	Cidre.	Poiré.	Biere.
Premiere moitié d'Octroi. Arrêt du Conseil & Lettres-Patentes 1777.	3. 16. //	// 19. 3.	// 7. 3.	// 4. //
Octrois Municipaux. Lettres-Patentes 1777.	6. 13. //	1. 13. 8 1/4	// 12. 8 4/8	// 7. //
TOTAL.	10. 9. //	2. 12. 11 1/4	// 19. 11 4/8	// 11. //
Dix sols pour livre. Edit d'Août 1781.	5. 4. 6.	1. 6. 5 5/8	// 9. 11 6/8	// 5. 6.
TOTAL général.	15. 13. 6.	3. 9. 4 7/8	1. 9. 10 7/8	// 16. 6.

DROIT Annuel.

Dans les Villes.	Ordonnance de 1680, tit. 29. art. Ier.	8 l.	// f.	//	12.	//	//
	Edit d'Août 1781, dix sols pour livre.	4	//	//			
Dans les autres lieux.	Ordonnance de 1680, tit. 29. art. Ier.	6	10	//	9.	15.	//
	Edit d'Août 1781, dix sols pour livre.	3	5	//			

Ce Droit est dû par tous les Marchands en gros, Bouilleurs, Brasseurs, Cabaretiers, Taverniers, & autres vendans en détail; mais les Détailleurs de Biere ne doivent que la moitié de l'annuel. Ordonn. de 1680, titre 29. art. 7.

BESTIAUX.

DROITS sur les Bestiaux à l'Entrée & au Massacre, dans la Ville de Pontaudemer.

Nature des Droits & Réglemens qui les autorisent.	Bœuf & Vache.	Veau & Genisse.	Mouton, Brebis & Chevre.	Porc.
Edit de Fév. & Arr. du Conseil du 19 Avril 1704. Insp.	2. ″ ″	″ 12. ″	″ 4. ″	″ ″ ″
Iere moitié d'Octroi. Arr. du Con. & Lett. Pat. 1777.	″ ″ 3.	″ ″ 1.	″ ″ 1.	″ ″ 1.
Octrois Municipaux. Lett. Pat. 1777.	″ ″ 5 3/4	″ ″ 1 1/3	″ ″ 1 1/2	″ ″ 1
TOTAL.	2. ″ 8 3/4	″ 12. 2 1/3	″ 4. 2 1/2	″ ″ 1
Edit d'Août 1781. Dix sols pour livre. . . .	1. ″ 4 3/8	″ 6. 1 1/6	″ 2. 1 1/4	″ ″ 1
TOTAL.	3. 1. ″ 1/8	″ 18. 4 1/2	″ 6. 4 1/8	″ ″ 4 1/2
Déclaration du Roi de Janv. 1759. Droits réservés.	2. ″ ″	″ 13. 4.	″ 5. ″	″ 13. 4.
Edit d'Août 1781. Dix sols pour livre, modérés à 6 s. par décision du 29 dudit.	″ 12. ″	″ 4. ″	″ 1. 6.	″ 4. ″
TOTAL général.	5. 13. ″ 1/8	1. 15. 8 1/2	″ 12. 1 1/8	″ 17. 5 1/2

Les Droits par livre de viande sont de 2 den. en principal pour les Inspecteurs, & sont dûs à proportion pour les autres Droits.

DROITS sur les Bestiaux à l'Entrée & au Massacre, dans les Bourgs de Cormeilles, Brionne & la Bouille.

Nature des Droits & Réglemens qui les autorisent.	Bœuf & Vache.	Veau & Genisse.	Mouton Brebis & Chevre.	Porc.
Edit de Fév. & Arrêt du Conseil du 19 Avril 1704. Inspecteurs.	2. ″ ″	″ 12. ″	″ 4. ″	″ ″ ″
Edit d'Août 1781. Dix sols pour livre. . . .	1. ″ ″	″ 6. ″	″ 2. ″	″ ″ ″
TOTAL.	3. ″ ″	″ 18. ″	″ 6. ″	″ ″ ″
Déclaration de Janv. 1759. Droits réservés. . .	1. 10. ″	″ 10. ″	″ 3. 6.	″ 10. ″
Edit d'Août 1781. Dix sols pour livre, modérés à 6 sols par décision du 29 dudit.	″ 9. ″	″ 3. ″	″ 1. ″ 1/2	″ 2. 6
TOTAL général.	4. 19. ″	1. 11. ″	″ 10. 6 1/2	″ 13. 6

Les Droits par livre de viande sont de 2 den. en principal pour les Inspecteurs, & sont dûs à proportion pour les autres Droits.

DROITS sur les Bestiaux à l'Entrée & au Massacre, dans les Bourgs de Bourg-Achard, Beuzeville, Routot, Montfort, Bourneville, S. Georges, Quillebeuf, Béchellouin & Bourgtheroude.

Nature des Droits & Réglemens qui les autorisent.	Bœuf & Vache.	Veau & Genisse.	Mouton, Brebis & Chevre.	Porc.
Edit de Février & Arrêt du Conseil du 19 Avril 1704. Inspecteurs.	2. ″ ″	″ 12. ″	″ 4. ″	″ ″ ″
Edit d'Août 1781. Dix sols pour livre.	1. ″ ″	″ 6. ″	″ 2. ″	″ ″ ″
TOTAL.	3. ″ ″	″ 18. ″	″ 6. ″	″ ″ ″
Déclaration de Janv. 1759. Droits réservés. . .	1. ″ ″	″ 6. 8.	″ 3. ″	″ 6. 8.
Edit d'Août 1781. Dix sols pour livre, modérés à 6 s. par décision du 29 dudit.	″ 6. ″	″ 2. ″	″ ″ 10 4/5	″ 2. ″
TOTAL général.	4. 6. ″	1. 6. 8.	″ 9. 10 4/5	″ 8. 8.

Les Droits par livre de viande sont de 2 den. en principal pour les Inspecteurs, & sont dûs à proportion pour les autres Droits.

Droits sur les Bestiaux à l'Entrée & au Massacre, dans les Bourgs d'Appevllle, Pontautou & dans la Campagne, dûs par tous les Bouchers Maîtres & Fils de Maîtres, avant l'abbatis, & par les autres Bouchers, à la vente hors domicile.

Nature des Droits & Réglemens qui les autorisent.	Bœuf & Vache.	Veau & Genisse.	Mouton, Brebis & Chevre.	Livre de Viande.
Edit de Fév. & Arrêt du Conseil du 19 Avril 1724. Inspecteurs.	2. ″ ″	″ 12. ″	″ 4. ″	″ ″ 2.
Edit d'Août 1781. Dix sols pour livre.	1. ″ ″	″ 6. ″	″ 2. ″	″ ″ 1.
Total.	3. ″ ″	″ 18. ″	″ 6. ″	″ ″ 3.

Droits sur les Bois & Foins, dans la Ville de Pontaudemer.

Nature des Droits & Réglemens qui les autorisent.	Voiture à trois Chevaux.	Voiture à deux Chevaux.	Voiture à un Cheval.	Somme de Cheval.	Somme d'Ane.
Déclar. & Arrêt du Conseil de Janvier 1759. Arrêt du Conseil du 13 Septembre 1776. Droits réservés. . .	″ 10. ″	″ 7. 6.	″ 5. ″	″ 1. ″	″ ″ 6.
Edit d'Août 1781. Dix sols pour liv., moderés à 8 sols par décision du 29 dudit.	″ 3. ″	″ 2. 3.	″ 1. 6.	″ ″ $3\frac{1}{5}$	″ ″ $1\frac{4}{5}$
Total. . . .	″ 13. ″	″ 9. [illegible]	″ 6. 6.	″ 1. $3\frac{1}{5}$	″ ″ $7\frac{4}{5}$

On observe qu'il n'y a de bois exempts de payer les Droits réservés par charretée & sommes, à proportion, que ceux dénommés dans les Lettres-Patentes du mois d'Août 1778, & qui sont les bourées & fagots d'épines, puines, ronces, &c. Ces Droits se perçoivent à proportion sur les voitures attelées de plus de trois chevaux à raison de chaque cheval.

Droits sur les Huiles.

Réglemens.	*Nature des Droits.*	Principal	2 f. p. l.	Total.
Déclaration du Roi de 1716, Edit du Roi du mois d'Août 1781, pour le doublement & les dix sols pour livre.	Par livre pesant d'Huile de Poissons, d'Olive, d'Amandes, de Noix & autres Fruits, ci.	″ 1. ″	″ ″ 6	″ 1. 6.
	Par livre d'Huile de Téréoentine, lin, chenevis, Rabette, Navette, & autres graines.	″ ″ 6.	″ ″ 3.	″ ″ 9.
	Par livre d'Huile d'Essence, & autres de plus grande valeur que celles sujettes aux droits d'un sol. . . .	″ 2. ″	″ 1. ″	″ 3. ″
	Si le droit principal est de plus de 3 liv., il est payé pour l'acquit, 5 sols, ci.	″ 5. ″	″ 2. 6.	″ 7. 6
	S'il n'est que de 3 liv., ou d'une moindre somme, jusqu'à 10 s. inclusivement, le droit d'acquit est de.	″ 2. ″	″ 1. ″	″ 3. ″

Nota. Le Droit d'acquit n'est pas dû lorsque le Droit principal est au-dessous de 10 sols.

DROITS sur les Cuirs & Peaux.

Réglemens.	*Objets sujets aux Droits.*	Cuirs & Peaux à la fabrication — Principal.	10 s. p. l.	TOTAL.	Cuirs & Peaux à l'exportation — Principal.	10 s. p. l.	TOTAL.	Cuirs & Peaux à l'importation.
Edit & Arrêts des mois d'Août 1759, 28 Juin & 13 Novembre 1760, pour le principal. Edit d'Août 1781, pour les 10 s. pour liv.	Bœufs & Vaches à fort & à œuvre, Veaux, Moutons, Agneaux, Chevreaux, Porcs & Sangliers, tannés & apprêtés en toutes sortes d'apprêts par liv. pesant . . .	″ 2. ″	″ 1. ″	″ 3. ″	″ ″ ″	″ ″ ″	″ ″ ″	Dix pour 100 de leur valeur.
	Chevaux, Mulets & Anes, par liv. . .	″ 1. ″	″ ″ 6.	″ 1. 6.	″ ″ ″	″ ″ ″	″ ″ ″	
	Cerfs, Elans, Orignaux, par liv. .	″ 6. ″	″ 3. ″	″ 9. ″	″ ″ ″	″ ″ ″	″ ″ ″	
	Boucs & Chevres, par livre pesant. . .	″ 4. ″	″ 2. ″	″ 6. ″	″ ″ ″	″ ″ ″	″ ″ ″	
	Chamois, Dains & Chevreuils, par liv.	″ 10. ″	″ 5. ″	″ 15. ″	″ ″ ″	″ ″ ″	″ ″ ″	
	Toutes peaux non dénommées ci-dessus	Dix pour cent de leur valeur.						
	Cuirs de Bœufs & Vaches en verd, ou demi-apprêt passant à l'Etranger, la piece	. . .	. . .	. . .	6. ″ ″	3. ″ ″	9. ″ ″	
	Peaux de Veaux, id. la piece. . . .	. . .	. . .	. . .	1. ″ ″	″ 10. ″	1. 10. ″	
	Peaux de Moutons idem, la piece. .	. . .	. . .	. . .	″ 10. ″	″ 5. ″	″ 15. ″	

Nota. Tous les Cuirs apprêtés & qui ont payé les Droits, les deux tiers du principal sont restitués lorsque lesdits Cuirs passent à l'Etranger, en observant les formalités prescrites.

DROITS sur la Marque d'Or & d'Argent.

Réglemens.	*Objets sujets aux Droits.*	Principal.	10 s. p. liv.	Total.
Ord. de 1681, art. 1er. tit. 2, & Edit du mois de Mai 1723, pour le principal. Edit d'Août 1781, 10 sols pour liv.	Or, par marc.	33. 12. ″	16. 16. ″	50. 8. ″
	Argent, par marc.	2. 16. ″	1. 8. ″	4. 4. ″

DROITS sur l'Amidon, & Poudre à poudrer.

Nature des Droits & Réglemens qui les autorisent.	Amidon à la fabrication par muid de 144 pots.	Amidon en poudre, venant de l'Etranger, par liv. pesant.
Edit de 1771, & Arrêt du Conseil de Déc. 1778.	7. 10. ″	″ 4. ″
Edit d'Août 1781. Dix sols pour livre. . . .	3. 15. ″	″ 2. ″
TOTAL. . .	11. 5. ″	″ 6. ″

OFFICES SUPPRIMÉS.

		Droits par Boisseau mesure de Paris pesant 21 liv. 5 onces.
Offices de Mesureur de Froment & autres Grains, établi par Edit de Janv. 1697, supprimés & pris pour le Roi par Edit du mois d'Avril 1768.	Par chaque Boisseau de Froment, Meteil & Seigle: pareil droit pour la Farine.	″ ″ 2.
	Par chaque Boisseau de toute autre nature de graines.	″ ″ 1.

Droits sur les Quittances timbrées pour la Régie & pour les parties étrangeres.

Ordonnance de 1680, tit. 33, Déclaration de 1690, Edit de 1748, Déclar. de 1771, & Lettres-Patentes de 1780, par Quittance de 5 sols, & au-dessus. 〃 〃 10 d.

Edit d'Août 1781. Dix sols pour livre. . . . . 〃 〃 5

Total. . . . . 〃 1 f. 3 d.

Pour les Congés & Expéditions qui ne sont point des quittances de droits, les frais de timbre sont dûs, l'Ordonnance de Juillet 1681, tit. commun, art 16, Déclaration de 1771, & Lettres-Patentes de 1780 art. 10.

Droits d'Octrois sur les Marchandises à l'Entrée de la Ville de Pontaudemer.

Arrêt du Conseil & Lettres-Patentes de 1777.

Savoir:	Principal.	10 p. f. liv.	Total.
Sur chaque Piece de Drap fabriqué en ladite ville & fauxbourgs, sera payé lorsqu'elle sortira.	〃 3. 9.	〃 1 10½	〃 5. 7½
Sur chaque Aune de Drap de quelque qualité & fabriqué qu'il soit, entrant en ladite Ville & fauxbourgs, & aussi sur chaque aune de Velours de soie & de coton.	〃 〃 3.	〃 〃 1½	〃 〃 4½
Sur chaque Piece ou Coupon de toutes longueurs de froc, de flanelle, de serge à doubler, de bellinge, de trois & cinq lames, & étoffes mêlées de soie avec de la laine ou du coton.	〃 〃 3.	〃 〃 1½	〃 〃 4½
Sur chaque Piece & Coupon de toutes longueurs, de toutes autres marchandises fabriquées entiérement avec de la laine ou poil de quelque qualité ou fabriques qu'elles soient.	〃 〃 6.	〃 〃 3.	〃 〃 9.
Sur chaque Aune d'étoffes fabriquées entiérement avec de la soie ou mêlées d'or & d'argent.	〃 〃 3.	〃 〃 1½	〃 〃 4½
Sur chaque Couverture de laine à lit; sur chaque douzaine de Berceaux ou Cattelogues, & sur chaque Couverture de ploc ou de lisiere.	〃 〃 6	〃 〃 3.	〃 〃 9.
Sur chaque douzaine de Paire de bas de laine ou de coton, à usage d'hommes ou de femmes, 4 den., & 1 den. par chaque douzaine de toutes especes de bas de fil, de bonnets, de gants & de bas à enfans, le tout payable à l'entrée.	〃 〃 4	〃 〃 2.	〃 〃 6.
Sur chaq. Aune courante de Tapisserie de Hautelisse, à l'entrée.	〃 1. 〃	〃 〃 6.	〃 1. 6.
Sur chaque Piece ou Coupon de toutes autres especes de Tapisseries, contenant 20 aunes, & de toutes longueurs au-dessus de cet aunage, un sol 8 deniers; & au-dessous de 20 aunes, un denier par chaque aune à l'entrée.	〃 1. 8	〃 〃 10.	〃 2. 6.
Sur chaque Cent pesant de laine de toutes qualités sortant de la Ville & fauxbourgs.	〃 〃 8.	〃 〃 4.	〃 1. 〃
Sur chaque Piece ou Coupon de 20 aunes & au-dessus, de toile de lin ou de coton, unie, rayée, teinte ou imprimée, mousseline, linon & baptiste, à l'entrée, trois sols quatre denier & au-dessous de 20 aunes, deux den. par aune.	〃 3. 4	〃 1. 8.	〃 5. 〃
Sur chaque Piece ou Coupon contenant 20 aunes & au-dessus,			

> Les Droits d'Octrois dont il est ici question, sont ceux de premiere moitié d'Octroi. Il est dû & il se perçoit avec eux, des Droits d'Octrois municipaux fixés par les Lettres-Patentes du 2 Août 1777, & qui consistent dans le doublement & les trois quarts en sus dudit doublement des Droits de premiere moitié d'Octroi, avec les 10 sols pour livre de l'Edit d'Août 1781.
>
> Les Droits de premiere moitié d'Octroi & les Octrois municipaux indiqués au Tableau des Droits dûs au Ponteau-demer, à l'Entrée & au Massacre, sont dûs sur les mêmes Bestiaux entrans pour être exposés en vente aux Foires & Marchés; & de plus, sur les Chevaux, Cavales, Mulets, Bêtes âsines & Beliers. Les Beliers payent comme les Moutons, & les Chevaux comme les Bœufs.

de toile de chanvre, toile d'Etampes, toile à matelats, double œuvre, coutil, futaine, bazin & autres marchandises de cette espece, un sol huit deniers pour la premiere moitié & au-dessous de 10 aunes, un denier par aune, à l'entrée. . . .	//	1.	8.	//	//	10.	//	2.	6.
Sur chaque douzaine de Mouchoirs de fil ou coton de toutes qualités & grandeurs, deux deniers à l'entrée.	//	//	2	//	//	1.	//	//	3.
Sur chaque douzaine de Mouchoirs de soie de toutes qualités & grandeurs, à l'entrée, neuf deniers.	//	//	9	//	//	4 ½	//	1.	1 ½
Sur chaque Cent pesant de toutes Marchandises de menue Mercerie, comme Rubans de fil, Lacets, Jarretieres, Cordonnets, Boutons, Cire à cacheter, Epingles, Aiguilles, Baleine, Poudre à poudrer, Pommade, petits Miroirs au-dessous de 10 pouces, Peignes, Ecritoires, & généralement tout ce qui peut être relatif aux Marchandises de cette espece, & aussi sur chaque Cent pesant de toutes especes de Papiers blancs, peints ou veloutés, & de Livres reliés, brochés ou en feuilles, sera payé à l'entrée un sol.	//	1.	//	//	//	6.	//	1.	6.
Sur chaque Livres pesant de toutes Marchandises de Modes, comme Gazes, Crespes, Dentelles mêlées d'or & d'argent, Migret, Aigrettes, Coëffures, Coliers, Bonnets en velours & en soie, Rubans de soie, & autres Marchandises de cette especes, payables à l'entrée, deux deniers.	//	//	2.	//	//	1.	//	//	3.
Sur chaq. Paire de Bas de soie à homme ou femme, à l'entrée.	//	//	1.	//	//	// ½	//	//	1 ½
Sur chaque douzaine de Paires de Gants & Mitaines de soie, sera payé à l'entrée, un sol.	//	1.	//	//	//	6.	//	1.	6.
Sur chaque Marc d'or & d'argent entrant, un sol.	//	1.	//	//	//	6.	//	1.	6.
Sur chaque Glace de 10 pouces & au-dessus, deux sols. . . .	//	2.	//	//	1.	//	//	3.	//
Sur chaque Cent pesant, poids net, de toutes especes d'Huiles, Savons, Suc, Cassonnade, & généralement toutes Marchandises d'Epiceries, Drogueries & Apothicaireries, à l'entrée, huit deniers.	//	//	8	//	//	4.	//	1.	//
Sur chaque Cent pesant de Marchandises de Pelleterie apprêtées & non apprêtées & Manchons, sera payé à l'entrée deux sols.	//	2.	//	//	1.	//	//	3.	//
Sur chaque Cent pesant de Crin frisé & non frisé, à l'entrée 2 d.	//	//	2	//	//	1.	//	//	3.
Sur chaque Cent pesant de Plumes d'oye, un sol.	//	1.	//	//	//	6.	//	1.	6.
Sur chaque Cent pesant de Plumes de canard, & autres Plumes communes, à l'entrée, un denier.	//	//	1	//	//	// ½	//	//	1 ½
Sur chaque douzaine de Chapeaux, à l'entrée, un sol.	//	1.	//	//	//	6.	//	1.	6.
Sur chaque Cent pesant de toutes especes de Quincailleries & Marchandises, & aussi sur chaque Cent pesant d'Etaim, d'Airain ou Cuivre, œuvré ou non œuvré, à l'entrée, un sol.	//	1.	//	//	//	6.	//	1.	6.
Sur chaque Cent pesant de Fer, de Potin & de Plomb, œuvré ou non œuvré, à l'entrée, six deniers.	//	//	6.	//	//	3.	//	//	9.
Sur chaque Boisseau de graine de Lin, mesure de la Halle de Ponteaudemer, à l'entrée, deux deniers.	//	//	2	//	//	1.	//	//	3.
Sur chaque Boisseau de Chenevi, même mes., à l'entrée, un d.	//	//	1.	//	//	// ½	//	//	1 ½

Sur chaque Banneau de Charbon de terre, à l'entrée, deux d.	// // 2.	// // 1.	// // 3.
Sur chaque Somme de Charbon de bois, à l'entrée, un denier.	// // 1.	// // //½	// // 1½
Sur chaque Somme de Chaux, à l'entrée, un denier.	// // 1	// // //½	// // 1½
Sur chaque Somme de Fayance, Bouteilles ou Verres, à l'entrée, quatre deniers.	// // 4.	// // 2.	// // 6.
Par chaque Pannier de vingt-quatre plats de verres, deux deniers à l'entrée.	// // 2.	// // 1.	// // 3.
Sur chaque Somme de Poterie, à l'entrée, un denier.	// // 1.	// // //½	// // 1½
Sur chaque Chambranle de marbre, à l'entrée, deux sols. . .	// 2. //	// 1. //	// 3. //
Sur chaque Table de marbre pour buffet, commode & consolle, à l'entrée, un sol.	// 1. //	// // 6.	// 1. 6.
Sur chaque Chambranle de pierre de Lierre, à l'entrée, six den.	// // 6.	// // 3.	// // 9.
Pour chaque Somme de Poulaillerie, Œufs, Fromages & Beurres, à l'entrée, trois deniers.	// // 3	// // 1½	// // 4½
Sur chaque Cuir de bœuf ou vache, tanné en ladite Ville & fauxbourgs, ou apporté en icelle, après avoir reçu son apprêt, trois deniers.	// // 3.	// // 1½	// // 4½
Sur chaque douzaine de Peaux de veaux, tannées en ladite Ville & fauxbourgs, ou apportées en icelle après avoir reçu son apprêt, trois deniers.	// // 3.	// // 1½	// // 4½
Sur chaque douzaine de Peaux de moutons, tannées en ladite Ville & fauxbourgs, ou apportées en icelle après avoir reçu son apprêt, un denier.	// // 1.	// // //½	// // 1½
Sur chaque Cent de Morue salée, composé de soixante-six poignées (compte Marchand) les autres quantités à proportion, à l'entrée, quatre sols.	// 4. //	// 2. //	// 6. //
Sur chaque Baril de hareng salé ou soret, contenant un mille, & pour les autres quantités à proportion, à l'entrée, six den.	// // 6	// // 3.	// // 9.
Sur chaque Cent pesant de Suif en pain ou en branches entrant, & sur celui provenant de l'abbatis des Bouchers de la Ville, 1 s.	// 1. //	// // 6.	// 1 6.
Sur chaque Cent pesant de Chandelles, à l'entrée, deux sols. .	// 2. //	// 1. //	// 3. //
Sur chaque Echaude ou Barquette venant en ladite Ville & fauxbourgs, trois deniers.	// // 3	// // 1½	// // 4½

Dans le cas où il seroit omis dans la présente Pancarte la dénomination de quelques Marchandises, ordonne Sa Majesté qu'elles payeront le Droit à l'entrée sur le même pied de celles auxquelles elles sont le plus analogues.

Et à l'égard des Marchandises au poids ou au compte, le droit sera divisible jusqu'à un denier; de maniere que lorsqu'elles arriveront en quantités inférieures à celles nécessaires pour opérer le Droit, elles seroient assujetties à payer le denier comme si elles avoient la quantité pour laquelle le denier seroit dû. Néanmoins les différentes especes de Marchandises au poids, qui entreront en même-tems pour un seul Propriétaire, seront réunis, pour que les Droits soient perçus sur le poids total.

Observation Générale.

Les articles qui, payés séparément, ne forment pas une somme de 6 den, ne doivent pas de sols pour livre dans ces cas.

Dénomination des Droits étrangers à la Régie, & dont les 10 f. pour liv. sont dûs au Roi, & dépendent de la Régie.

SAVOIR:

LIEUX.	*DÉNOMINATION.*
Ville DE PONTAUDEMER.	Deuxieme moitié d'Octroi & sol pour livre d'icelui, appartenans à la Ville.

TARIF
DES DROITS DÉPENDANS DE LA RÉGIE GÉNERALE,
Dûs dans la Direction de Pont-l'Évêque.

BOISSONS.

Droits à l'Entrée & au Brassage dans la ville de Pont-l'Évêque.

Eau-de-vie & Liqueur par muid de 144 pots.

	liv.	s.	d.	
Ordonnance de 1680, Art. 3, Tit. 26 Subvention	5.	2.	"	"
Déclaration des 10 Octobre & 31 Décembre 1689. Jauge & Courtage,	2.	5.	"	"
Edit d'Octobre, & Arrêt du Conseil du 29 Décembre 1705. Inspecteurs,	1.	10.	"	"
Lettres-Patentes du 2 Août 1777. Octrois Municipaux, ...	3.	10.	"	"
TOTAL.	12.	13.	"	"
Edit d'Août 1781. Dix sols pour livre, ...	6.	6.	6.	"
Déclaration du 3 Janvier 1759. Droits reservés, ...	14.	8.	"	"
Edit d'Août 1781. Dix sols pour livre, modérés à 6 sols par décision du 29 dudit mois, ...	4.	6.	4.	$\frac{4}{5}$
TOTAL . . .	37.	13.	10.	$\frac{4}{5}$
L'Eau-de-vie de Vin qui n'auroit pas payé les Droits de 6 liv. 15 s. établis par l'Ordonnance de 1680, sont d'après l'Edit du 29 Décembre 1686, susceptibles de les payer ; ce qui forme une augmentation, 10 sols pour livre compris, de	10.	2.	6.	"
TOTAL général	47.	16.	4	$\frac{4}{5}$

Vin de Liqueur & Vin Ordinaire par Muid de 144 pots.

	liv.	s.	den.
Ordonnance de 1680, Article premier, Titre 4. Anciens & nouveaux 5 sols.	"	14.	"
Idem. Article premier, Titre 24. Subvention, ...	1.	7.	"
Déclaration des 10 Octobre & 31 Décembre 1689. Jauge & Courtage, .	"	15.	"
Edit d'Octobre & Arrêt du Conseil du 29 Décembre 1705. Inspecteurs, . .	"	10.	"
Lettres-Patentes du 2 Août 1777. Octrois Municipaux, ...	1.	15.	"
TOTAL	5.	1.	"
Edit d'Août 1781. Dix sols pour livre, ...	2.	10.	6
Déclaration du 3 Janvier 1759. Droits reservés, ...	1.	10.	"
Edit d'Août 1781. 10 s. pour liv. modérés à 6 sols, par décision du 29 dudit,	"	9.	"
TOTAL général, ...	9 l.	10 s.	6 d.
Les mêmes Droits sont dûs sur le Vin de liqueur, à la reserve des Droits réservés, qui étant de 6 livres, forment, principal & 6 sols pour livre compris, une augmentation de	5.	17.	"
TOTAL sur le Vin de liqueur. . . .	15 l.	7 s.	6 d.

Cidre, Poiré & Biere par Muid de 144 pots.

Nature des Droits & Reglemens qui les autorisent.	Cidre.	Poiré.	Biere.
	liv. s. d.	liv. s. d.	liv. s. d.
Ordonnance de 1680, Article premier, Titre 24., & Titre 27. Article 6. Subvention.	″. 13. 6	″. 6. 9	″. 13. 6
Déclaration des 10 Octobre & 31 Décembre 1689. Jauge & Courtage, ...	″. 9. ″	″. 9. ″	″. 9. ″
Edit d'Octobre & Arrêt du Conseil du 29 Décembre 1705. Inspecteurs, ...	″. 5. ″	″. 2. 6	″. 5. ″
Lettres-Patentes du 2 Août 1777. Octrois Municipaux,	″. 17. 6	″. 8. 9	″. ″. ″
TOTAL.	2. 5. ″	1. 7. ″	1. 7. 6
Edit d'Août 1781. Dix sols pour livre, ...	1. 2. 6	″. 13. 6	″. 13. 9
Déclaration du 3 Janvier 1759. Droits réservés, ...	″. 10. ″	″. 5. ″	″. 10. ″
Edit d'Avril 1781. 10 sols pour livre modérés à 6 sols, par décision du 29 dudit.	″. 3. ″	″. 1. 6	″. 3. ″
TOTAL.	4. ″. 6	2. 7. ″	2. 14. 3
Contrôle de la Biere à la Fabrication, Ordonnance de 1680. Article premier, Titre 27.			1. 10. ″
Edit d'Août 1781. Dix sols pour livre, ...			″. 15. ″
TOTAL général			4. 19. 3

DROITS sur les Boissons à l'Entrée & au Brassage dans la ville D'HONFLEUR.

Eau-de-vie & Liqueur par Muid de 144 pots.

Nature des DROITS & REGLEMENS qui les autorisent.	Eau-de-vie de Vin & Liqueurs.	Eau-de-vie de Cidre & Poiré.	Liqueur d'Eau-de-vie de Cidre & Poiré.
	liv. s. d.	liv. s. d.	liv. s. d.
Ordonnance de 1680, Titre 26 Article premier. Edit de Décembre 1686.	6. 15. ″.	. . . .	. . . . . .
Idem, Article 3, Titre 26. Subvention, . . .	5. 8. ″. ″	5. 8. ″. ″	5. 8. ″. ″
Déclarations des 10 Octobre & 31 Décembre 1689. Jauge & Courtage, ...	2. 5. ″. ″	2. 5. ″. ″	2. 5. ″. ″
Edit d'Octobre & Arrêt du Conseil du 29 Décembre 1705. Inspecteurs, ...	1. 10. ″. ″	1. 10. ″. ″	1. 10. ″. ″
Lettres-Patentes du 2 Août 1777. Octrois Municipaux, ...	″. 10. 6. ″	″. 5. 3. ″	″. 2. 1 1/3
TOTAL	16. 8. 6. ″	9. 8. 3. ″	9. 5. 1 1/3
Edit d'Août 1781. Dix sols pour livres, . . .	8. 4. 3. ″	4. 14. 1. 1/2	4. 12. 6 3/4
Déclaration du 3 Janvier 1759. Droits réservés reglés par Arrêt du Conseil du 6 dudit, . . .	28. 16. ″. ″	28. 16. ″. ″	28. 16. ″. ″
Edit d'Août. Dix sols pour livre modérés à 6 sols par décision du 22 dudit, ...	8. 12. 9. 1/2	8. 12. 9 1/2	8. 12. 9 1/2
TOTAL général, . .	62. 1. 6. 1/2	51. 11. 2 1/10	51. 6. 5 17/20

Nota. Si l'on justifioit du paiement des Droits de 6 l. 15 s. sur l'Eau-de-vie de Vin, comme ils ne sont pas dus une seconde fois; il ne seroit perçu en ce cas que, ci . . . . . . 51 l. 19 s. 1/2

Vin Ordinaire & Vin de Liqueur par Muid de 144 pots.

Nature des DROITS & RÉGLEMENS qui les autorisent.	VIN Ordinaire.	VIN de Liqueur.
	liv. f. d.	liv. f. d.
Ordon. de 1680, Tit 20. Article premier, 9 liv. par tonneau,	4. //. 9	4. //. 9. //
Ordonnance de 1680, Art. 1. Tit. 4. Anciens & nouveaux 5 fols,	//. 14. //	//. 14. //. //
Idem, Article premier, Titre 24. Subvention	1. 7. //	1. 7. //. //
Déclar. du Roi des 10 Oct. & 31 Dec. 1689. Jauge & Courtage,	//. 15. //	//. 15. //. //
Edit d'Oct & Arrêt du Conseil du 29 Dec. 1705, Inspecteurs,	//. 10. //	//. 10. //. //
Lettres-Patentes du 2 Août 1777. Octrois Municipaux, . . .	1. 1. 11	3. 3. //. //
TOTAL	8. 8. 8	10. 9. 9. //
Edit d'Août 1781. Dix fols pour livre, ...	4. 4. 4	5. 4. 10. ½
Déclaration du 3 Janvier 1759. Droits réservés, fixés par Arrêt du Conseil du 6 dudit mois, ...	3. //. //	4. //. //. //
Edit d'Août 1781. Dix fols pour livre, modérés à 6 fols, par décision du 29 dudit, ...	//. 18. //	1. 4. //. //
TOTAL général	16. 11. //	20. 17. 7. ½

PASSE-DE-BOUT.

Le Vin venant de l'Etranger pour rester à Honfleur, paye tous les Droits ci-dessus; celui qui passe-de-bout doit, avec les 4 liv. // f. 9 d. les droits de Jauge & de Courtage; mais ces derniers ne concernant pas la Régie, ne sont pas portés ici. Ainsi le Vin venant de l'Etranger & passant-de-bout est susceptible de payer, Ordonnance de 1680, Titre 2.

Article premier, les 9 liv. par Tonneau, ci . . . . 4 l. // f. 9 d. //

Edit d'Août 1781. Dix fols pour livre, ... 2. //. 4. ½

TOTAL . . . . . . 6. 1. 1. ½

On observe aussi que ces Droits ne se percevant qu'une fois, ils ne sont plus exigibles pour le Vin qui les auroit acquittés, & dont on représenteroit la quittance.

Cidre, Poiré & Biere par Muid de 144 pots.

Nature des Droits & Réglemens qui les autorisent.	GROS Cidre.	PETIT Cidre.	Poiré.	Biere.
	liv. f. d.	liv. f. d.	liv. f. d.	liv. f. d.
Ordonnance de 1680 Art. 1. Tit. 24. & Art. 6. Tit. 27. Subvention . . .	//. 13. 6	//. 13. 6. //	//. 6. 9	//. 13. 6. //
Déclaration des 10 Octob. & 31 Déc. 1689. Jauge & Courtage, ...	//. 9. //	//. 9. //. //	//. 9. //	//. 9. //. //
Edit d'Octobre & Arrêt du Conseil du 29 Décembre 1705, Inspecteurs,	//. 5. //	//. 5. //. //	//. 2. 6	//. 5. //. //
Lettres-Patentes du 2 Août 1777. Octrois Municipaux, ...	//. 3. //	//. 1. 9. //	//. 1. 11	//. 1. 11. //
TOTAL . . .	1. 10. 6	1. 9. 3. //	1. //. 2	1. 9. 5. //
Edit d'Août 1781. Dix fols pour livre,	//. 15. 3	//. 14. 7. ½	//. 10. 1	//. 14. 8. ½
TOTAL général	2. 5. 9	2. 9. 10. ½	1. 10. 3	2. 4. 1. ½

Déclaration du 3 Janvier 1759. Droits réservés, fixés par Arrêt du Conseil du 6 dudit mois, ... //. 10. //. //

Edit du mois d'Août 1781. Dix fols pour livre, modérés à 6 fols, Décision du 29 dudit mois. . . . . } . . . //. 3. //. //

2. 17. 1. ½

Ordonnance de 1680, Article premier, Titre 27. sur la Biere fabriquée. Droit de Contrôle, ... 1. 10. //. //

Edit d'Août 1781. Dix fols pour livre. . . . . . . //. 15. //. //

TOTAL général, ... 5. 2. 1. ½

DROITS sur les Boissons à l'Entrée & au Brassage, dans les bourgs de TOUQUES, BEAUMONT, CAMBREMER, CREVECŒUR & DIVES, par Muid de 144 pots.

Natre des DROITS & REGLEMENS qui les autorisent.	Eau-de-vie.	Vin Ordinaire.	Vin de Liqueur.	Cidre.	Poiré.	Biere.
	liv. f. d.	liv. f. d.	liv. f. d.	liv. f. d.	liv. f. d.	liv. f. d.
Ordonnance de 1680, Article premier, Titre 4. Anciens & nouveaux Cinq sols, ...	. . . .	//. 14. //	// . 14. //	. . . . . .	. . . .	. . . . .
Idem, Art. 3, Tit. 26. Art. 1, Tit. 24; & *idem*, Art. 6, Tit. 27. Subvention.	5. 8. //. //	1. 7. //	1. 7. //	//. 13. 6	//. 6. 9	//. 13. 6
Déclarations des 10 Octobre & 31 Décembre 1689. Jauge & Courtage.	2. 5. //. //	//. 15. //	// . 15. //	//. 9. //	//. 9. //	//. 9. //
Edit d'Octobre, & Arrêt du Conseil du 29 Décembre 1705. Inspecteurs, . . .	1. 10. //. //	//. 10. //	// . 10. //	//. 5. //	//. 2. 6.	//. 5. //
TOTAL . . .	9. 3. //. //	3. 6. //	3. 6. //	1. 7. 6	//. 18. 3. //	1. 7. 6
Edit d'Août 1781. Dix sols pour livre, ...	4. 11. 6. //	1. 13. //	1. 13. //	//. 13. 9	//. 9. 1. ½	//. 13. 9
Déclaration du 3 Janvier 1759. Droits réservés, ...	14. 8. //. //	1. //. //	6. //. //	//. 10. //	//. 5. //. //	//. 10. //
Edit d'Août 1781. Dix sols pour livre, modérés à 6 sols, par décision du 29 dudit mois,	4. 6. 4. ⅘	//. 6. //	1. 16. //	//. 3. //	//. 1. 6. //	3 2 14 3
Ordonnance de 1680, Article premier, Titre 27. Biere à la Fabrication, Contrôle, . . .	. . . .	. . . .	. . . .	. . . .	. . . .	1. 10. //
Edit d'Août 1781. Dix sols pour livre, ...	. . . .	. . . .	. . . .	. . . .	. . . .	//. 15. //
TOTAL général, . . .	32. 8. 10. ⅘	6. 5. //	12. 15. //	2. 14. 3	1. 13. 10. ½	4. 19. 3
Nota. L'Eau-de-vie de Vin qui n'auroit pas payé les Droits de 6 livres 15 sols, feroit susceptible de les payer. Edit de Décembre 1686. Ce qui formeroit une augmentation, Dix sols pour livre compris, de	10. 2. 6. //					
TOTAL	42. 11. 4. ⅘					

DROITS sur les Boissons à l'Entrée & au Brassage dans les Bourgs de BLANGI, Élection de LISIEUX, DANESTAL, BONNEBOSC, BEUVRON, DOZULEY & RONCHEVILLE, par Muid de 144 pots.

Nature des DROITS & REGLEMENS qui les autorisent.	Eau-de-vie.	Vin de Liqueur, & Vin ordinaire.	Cidre.	Poiré.	Biere.
	liv. f. d.	liv. f. d.	liv. f. d.	liv. f. d.	liv. f. d.
Ordonnance de 1680, Art. 1. Tit. 4. Anciens & nouveaux Cinq sols,	. . . . . .	// . 14 . //	. . . . . .	. . . . . .	. . . . . .
Idem, Art. 3. Tit. 26. Art. 1, Tit. 24, Art. 6. Tit. 27. Subvention,	5 . 8 . //	1 . 7 . //	// . 13 . 6	// . 6 . 9	// . 13 . 6
Déclarations des 10 Octobre & 31 Déc. 1689. Jauge & Courtage,	2 . 5 . //	// . 15 . //	// . 9 . //	// . 9 . //	// . 9 . //
Edit d'Octobre & Arrêt du Conseil du 29 Déc. 1705. Inspecteurs,	1 . 10 . //	// . 10 . //	// . 5 . //	// . 2 . 6	// . 5 . //
TOTAL	9 . 3 . //	3 . 6 . //	1 . 7 . 6	// . 18 . 3	1 . 7 . 6
Edit d'Août 1781. Dix sols pour livre, ...	4 . 11 . 6	1 . 13 . //	// . 13 . 9	// . 9 . 1½	// . 13 . 9
TOTAL général, . . .	13 . 14 . 6	4 . 19 . //	2 . 1 . 3	1 . 7 . 4½	2 . 1 . 3
Ordonnance de 1680, Art. 1. Tit. 27. Biere à la Fabrication, Contrôle	. . . . . .	. . . . . .	. . . . . .	. . . . . .	1 . 10 . //
Edit d'Août 1781. Dix sols pour livre, ...	. . . . . .	. . . . . .	. . . . . .	. . . . . .	// . 15 . //
TOTAL général, . . .	13 . 14 . 6	4 . 19 . //	2 . 1 . 3	1 . 7 . 4½	4 . 6 . 3
Nota. L'Eau-de-vie qui n'auroit pas payé les Droits de 6 liv. 15 sols seroit susceptible de les payer. Edit de Décembre 1686. Ce qui formeroit une augmentation, Dix sols pour livre compris de	10 . 2 . 6				
	liv. f. d.				
TOTAL	23 . 17 . //				

OBSERVATIONS GÉNÉRALES.

Selon la Déclaration du Roi de 1687, l'Eau-de-vie rectifiée doit le double, & l'Esprit de vin le triple des Droits de 6 livres 15 sols, & de Subvention ; mais ces liqueurs ne payent les autres Droits que comme l'Eau-de-vie simple.

Les Nobles & les Ecclésiastiques, en se conformant aux formalités prescrites par les Reglemens, sont exempts, pour leur consommation seulement ; les premiers, de la Subvention sur les Boissons de leur crû ; les seconds, de la Subvention des nouveaux Cinq sols de la Jauge Courtage & des Droits réservés sur les boissons du crû de leur Bénéfice.

Les Droits de 6 liv. 15 sols sur l'Eau-de-vie de Vin, qui ne les a pas acquittés au passage, ou en route, sont dûs, non-seulement à l'Entrée des lieux sujets, mais encore dans les campagnes. Edit du 29 Décembre 1686.

Droits, à la sortie du Royaume, sur les Vins.

	liv. s. d.
Ordonnance de 1680, Art. 16, Tit. 4. Anciens & nouveaux Cinq sols, ...	″.14.″
Edit d'Août 1781. Dix sols pour livre, ...	″.7.″
Total	1 l. 1 s. ″ d.

Droits de GROS.

Les Vins destinés pour la Normandie, & qui viennent du pays exempts des Droits de Gros, étant, par l'Arrêt du Conseil de Mars 1753, exempts de payer ces Droits au passage dans le pays de Gros, ils sont dus lorsque ces mêmes Vins passent de Normandie dans une autre Province ou à l'Etranger, & consistent dans le vingtieme du prix de la vente, l'augmentation de 16 sols 3 deniers, & le Droit de Courtage, de 10 sols par Muid.

Exemple pour du Vin vendu 150 livres le Muid.

	liv. s. d.	liv. s. d.	liv. s. d.
Gros, ou Vingtieme, ...	7.10.″	8.16.3.″	13.4.4½
Augmentation, ...	″.16.3		
Courtage, ...	″.10.″		
Edit d'Août 1781. Dix sols pour livre, ...		4.8.1.½	

Droits à la Vente & Revente des Boissons, sous la dénomination de Courtiers Jaugeurs, par Muid de 144 pots, dans les lieux de la Direction dépendans de l'Élection de Pont-l'Évêque.

Objets sujets aux Droits.	Nature des Droits & Reglemens qui les autorisent.	1er Enlévement. Quotité de chaque Droit.	1er Enlévement. Total par Boisson.	2me Enlévement. Quotité de chaque Droit.	2me Enlévement. Total par Boisson.
		liv. s. d.	liv. s. d.	liv. s. d.	liv. s. d.
Eau-de-vie.	Tarif de 1696. Courtiers Jaugeurs, ...	1.10.8.″	2.6.″.″	1.″.″.″	1.10.″.″
	Edit d'Août 1781. Dix sols pour livre, ...	″.15.4.″		″.10.″.″	
Liqueur.	Tarif de 1696. Courtiers Jaugeurs, ...	1.18.″.″	2.17.″.″	1.10.″.″	2.5.″.″
	Edit d'Août 1781. Dix sols pour livre, ...	″.19.″.″		″.15.″.″	
Vin.	Tarif de 1696. Courtiers Jaugeurs, ...	″.6.6.″	″.9.9.″	″.2.6.″	″.3.9.″
	Edit d'Août 1781. Dix sols pour livre, ...	″.3.3.″		″.1.3.″	
Cidre, Biere & Poiré.	Tarif de 1696. Courtiers Jaugeurs, ...	″.3.3.″	″.4.10½	″.1.3.″	″.1.10½
	Edit d'Août 1781. Dix sols pour livre, ...	″.1.7.½		″.″.7.½	

DROITS à la Vente & Revente des Boissons, sous la dénomination de Courtiers-Jaugeurs, dans les Paroisses dépendantes de l'Election de LIZIEUX, par Muid ou Demi-Queue.

OBJETS sujets aux Droits.	Nature des DROITS & REGLEMENS qui les autorisent.	1er Enlévement. Quotité de chaque Droit.	1er Enlévement. Total par Boisson.	2me Enlévement. Quotité de chaque Droit.	2me Enlévement. Total par Boisson.
		liv. s. d.	liv. s. d.	liv. s. d.	liv. s. d.
EAU-DE-VIE par Barique de 28 à 29 Veltes.	Tarif de 1696. Courtiers Jaugeurs, ...	//. 18.//.//	1. 7.//.//	//. 9.//.//	//. 13.6.//
	Edit d'Août 1781. Dix sols pour livre, ...	//. 9.//.//		//. 4.6.//	
LIQUEUR, par Muid ou Demi-Queue.	Tarif de 1696. Courtiers Jaugeurs.	1. 18.//.//	2. 7.//.//	1. 10.//.//	2. 5.//.//
	Edit d'Août 1781. Dix sols pour livre, ...	//. 19.//.//		//. 15.//.//	
VIN, par Muid ou Demi-Queue.	Tarif de 1696. Courtiers Jaugeurs, ...	//. 9.//.//	//. 13.6.//	//. 5.//.//	//. 7.6.//
	Edit d'Août 1781. Dix sols pour livre, ...	//. 4.6.//		//. 2.6.//	
CIDRE, BIERE & POIRÉ, par Muid ou Demi-Queue.	Tarif de 1696. Courtiers Jaugeurs, ...	//. 4.6.//	//. 6. 7.//	//. 2.6.//	//. 3.9.//
	Edit d'Août 1781. Dix sols pour livre, ...	//. 2.3.//		//. 1.3.//	

DROITS dûs à la Vente en détail des Boissons, par Muid de 144 pots, dans la Direction.

Nature des DROITS & REGLEMENS qui les autorisent.	Eau-de-vie à 3 liv. le Pot.	Vin à 1 sol la Pinte.	Cidre à 6 [illegible] la Pinte.	Poiré à 6 [illegible] la Pinte.	Biere à 12 sols le Pot.
	liv. s. d.	liv. s. d.	liv. s. d.	liv. s. d.	liv. s. d.
Le Quatrieme sur l'Eau-de-vie est le tiers du prix de la vente. Edit de Décembre 1686. . . .	144. //.//	. . . . . .	. . . . . .	. . . . . .	. . . . . .
Sur le Vin, Cidre, Poiré, les Droits de détail sont le quatrieme réduit au cinquieme. Ordon. de 1680, Tit. 14. Art. 1 & 2. par Muid de 144 pots,	. . . . . .	3.18.//	1.18.//	1.18.//	. . . . . .
Sur la Biere, le quatrieme du prix de la vente, Parisis, sol & 6 sols. Ordonnance de 1680, Titre 27, Article 6. . . .	. . . . . .	. . . . . .	. . . . . .	. . . . . .	29.1.3
Edit d'Août 1781. Dix sols pour livres, moderés à 8 sols, par décision du 29 dudit mois, . . .	57.12.//	1.11.2 $\frac{2}{5}$	//.15. 2 $\frac{4}{5}$	//.15.1 $\frac{3}{5}$	11.12.6
TOTAL	201.12.//	5. 9.2 $\frac{2}{5}$	2.13. 2 $\frac{4}{5}$	2.13.2 $\frac{2}{5}$	40.13.9
Subvention à la consommation, T. 26, Art. 3. Ed. de Déc. 1686, Tit. 24, Art. 1. T. 27, Art. 6.	5. 8.//	1. 7.//	//.13. 6	//. 6.9 //	//.13.6
Jauge & Courr. Décl. du Roi du 10 Déc. 1689, par Muid de 144 p.	2. 5.//	//.15.//	//. 9.//	//. 9.//.//	//. 9.//
TOTAL	7.13.//	2. 2.//	1. 2. 6	//.15.9	1. 2.6
Edit d'Août 1781. Dix s. pour liv.	3.16.6	1. 1.//	//.11. 3	//. 7.10 $\frac{1}{2}$	//.11.3
TOTAL de la Subvention Jauge & Courtage, & 10 s. pour liv.	11. 9.6	3. 3.//	1.13. 9	1. 3.7 $\frac{1}{2}$	1.13.9
Rapport du Quatrieme & huit sols pour livre, ...	201.12.//	5. 9.2 $\frac{2}{5}$	2.13. 2 $\frac{4}{5}$	2.13.2 $\frac{2}{5}$	40.13.9
TOTAL	213. 1.6	8.12.2 $\frac{2}{5}$	4. 6.11 $\frac{4}{5}$	3.16.9 $\frac{2}{12}$	42. 7.6

Étant dû de plus à Honfleur, pour premiere moitié d'Octrois confirmés par l'Ordonnance de 1681, le dixieme du prix de la vente des boissons débitées en détail : l'exemple ci-après servira de guide pour les boissons vendues aux prix désignés.

EXEMPLE.

	Eau-de-vie à 3 livres le Pot.	Vin à 20 sols le Pot.	Cidre à 5 sols le Pot.	Poiré à 2 sols 6 d. le Pot.	Biere à 10 sols le Pot.
	liv. f. d.	liv. f. d.	liv. f. d.	liv. f. d.	liv. f. d.
Dixieme du prix de la vente. . .	43 . 4 . ″	14 . 8 . ″	3 . 12 . ″	1 . 16 . ″	7 . 4 . ″
Edit d'Août 1781. Dix sols pour livre, ...	21 . 12 . ″	7 . 4 . ″	1 . 16 . ″	″ . 18 . ″	3 . 12 . ″
TOTAL.	64 . 16 . ″	21 . 12 . ″	5 . 8 . ″	2 . 14 . ″	10 . 16 . ″

Nota. Lorsque le Vin est vendu plus d'un sol la pinte, les Droits de Quatrieme sont augmentés à raison de 3 livres 18 sols pour chaque sol, & lorsque le Cidre & Poiré, sont aussi vendus plus de 6 deniers la pinte, ces Droits sont augmentés à raison de 5 sols par chacun denier, Article ci-dessus cité.

Les Droits de Détail sont également dus conformément au Tarif ci-dessus sur les boissons arrivantes & transportées en bouteilles. Lettres-patentes du 25 Mai 1728, aux exceptions y portées, & qui tombent sur le Vin de liqueur venant en caisse ; les Vins de Champagne gris, transportés en paniers de cent bouteilles, & les Vins, tant pour la provision des gens qualifiés qui vont dans leurs terres, que pour celle de tous autres allans aux Eaux de Forges, en remplissant les formalités prescrites.

Il est encore à observer que le Droit de Jauge & Courtage au détail, ne se perçoit dans aucun des lieux où il a été payé à l'entrée.

Les Eaux-de-vie transportées en barils au-dessous de soixante pintes, sont aussi assujetties aux Droits de Détail, Lettres-Patentes du 24 Août 1728 : ils sont encore dus par les Bouilleurs & Marchands en gros d'Eau-de-vie sur les manquans à leurs charges, déduction faite du vingt-unieme pour vingt. Lettres-patentes citées ci-dessus, & les Soumissionnaires d'Eau-de-vie sont assujettis au paiement du double desdits Droits, sur les Eaux-de-vie pour lesquelles ils ne rapportent pas, dans les trois mois, Certificats d'arrivée : Lettres-patentes du 4 Juin 1726, & 2 Mars 1728.

DROIT ANNUEL.

		liv. f. d.	liv. f. d.
Dans les Villes.	Ordonnance de 1680, Tit. 29, Art. 1.	8 . ″ . ″	12 . ″ . ″
	Edit d'Août 1781. Dix sols pour livre.	4 . ″ . ″	
Dans les autres Lieux.	Ordonnance de 1680, Tit. 29, Art. 1.	6 . 10 . ″	9 . 15 . ″
	Edit d'Août 1781. Dix sols pour livre, ...	3 . 5 . ″	

Ce Droit est dû en entier par tous Marchands en gros, Bouilleurs, Brasseurs, Cabaretiers-Taverniers, & autres vendans en détail.

Les Détailleurs de Biere ne doivent que la moitié de l'annuel. Ordonnance de 1680, Titre 29, Article 7.

Droits sur les Bestiaux à l'Entrée & au massacre dans la Ville de Pont-l'Évêque.

Nature des Droits & Reglemens qui les autorisent.	Bœuf ou Vache.	Veau ou Genisse.	Mouton ou Brebis.	Porc.	Livre de viande.	Livre de Porc.
	liv. s. d.	liv. s. d.	liv. s. d.	liv. s. d.	liv. s. d.	liv. s. d.
Edit de Février & Arrêt du Conseil du 19 Avril 1704. Inspecteurs, ...	2 . 〃 . 〃	〃 . 12 . 〃	〃 . 4 . 〃	. . . . .	〃 . 〃 . 2	〃 . 〃 . 〃
Edit d'Août 1781. Dix sols pour livre, ...	1 . 〃 . 〃	〃 . 6 . 〃	〃 . 2 . 〃	. . . . .	〃 . 〃 . 1	〃 . 〃 . 〃
Total . . .	3 . 〃 . 〃	〃 . 18 . 〃	〃 . 6 . 〃	. . . . .	〃 . 〃 . 3	
Déclaration du 3 Janvier 1759. Droits réservés,	1 . 〃 . 〃	〃 . 13 . 4	〃 . 5 . 〃	〃 . 13 . 4	. . . à pro	portion.
Edit d'Août 1781. Dix sols pour livre, modérés à 6 s. par décision du 29 dudit.	〃 . 12 . 〃	〃 . 4 . 〃	〃 . 1 . 6	〃 . 4 . 〃	. . à pro	portion.
Total général . . .	5 . 12 . 〃	1 . 15 . 4	〃 . 12 . 6	〃 . 17 . 4	3 à pro	portion.

Droits sur les Bestiaux à l'Entrée & au massacre dans la Ville d'Honfleur.

Nature des Droits & Reglemens qui les autorisent.	Bœuf	Vache.	Veau ou Génisse.	Mouton ou Brebis.	Porc.	Livre de Viande.	Livre de Porc.
	liv. s. d.	liv. s. d.	liv. s. d.	liv. s. d.	liv. s. d.	liv. s. d.	liv. s. d.
Edit & Arrêt du Conseil du 19 Avril 1704. Inspecteurs, . . .	1 . 〃 . 〃	2 . 〃 . 〃	〃 . 11 . 〃	〃 . 4 . 〃	. . . . . .	〃 . 〃 . 1	. . . .
Lettres-Patentes du 2 Août 1777. Octrois Municipaux. . .	〃 . 10 . $11\frac{3}{4}$	〃 . 7 . $7\frac{3}{8}$	〃 . 1 . $3\frac{1}{4}$	〃 . 1 . $1\frac{1}{8}$	〃 . 1 . $7\frac{1}{18}$	à pro	portion
Total.	2 . 10 . $11\frac{3}{4}$	2 . 7 . $7\frac{3}{8}$	〃 . 13 . $3\frac{1}{4}$	〃 . 5 . $1\frac{1}{8}$	〃 . 1 . $7\frac{1}{18}$	〃 . 〃 . 2	. . . .
Edit d'Août 1781. Dix sols pour livre, . .	1 . 5 . $5\frac{7}{8}$	1 . 3 . $9\frac{11}{16}$	〃 . 6 . $7\frac{7}{8}$	〃 . 2 . $6\frac{9}{16}$	〃 . 〃 . $9\frac{19}{36}$	〃 . 〃 . 1	. . . .
Total. . . .	3 . 16 . $4\frac{7}{8}$	3 . 11 . $5\frac{1}{16}$	〃 . 19 . $11\frac{1}{8}$	〃 . 7 . $7\frac{11}{16}$	〃 . 2 . $4\frac{19}{36}$	〃 . 〃 . 3	. . . .
Déclaration du 3 Janvier 1759. Droits réservés, fixés par Arrêt du Conseil du 6 dudit mois. . . .	1 . 10 . 〃	1 . 10 . 〃	〃 . 5 . 〃	〃 . 4 . 〃	〃 . 5 . 〃	〃 . 〃 . 3	〃 . 〃 . 3
Edit d'Août 1781. Dix sols pour livre, modérés à 6 sols par décision du 29 dudit.	〃 . 9 . 〃	〃 . 9 . 〃	〃 . 1 . 6	〃 . 1 . $2\frac{3}{5}$	〃 . 1 . 6	〃 . 〃 . $\frac{9}{10}$	〃 . 〃 . $\frac{9}{10}$
Total général. . .	5 . 15 . $4\frac{7}{8}$	5 . 10 . $5\frac{1}{16}$	1 . 6 . $5\frac{1}{8}$	〃 . 12 . $10\frac{1}{15}$	〃 . 8 . $10\frac{19}{36}$	〃 . 〃 . $6\frac{9}{10}$	〃 . 〃 . $3\frac{9}{10}$

Droits sur les Bestiaux à l'Entrée & au massacre dans les Bourgs de Touques, Beaumont, Cambremer, Crevecœur & Dives.

Nature des Droits & Reglemens qui les autorisent.	Bœuf ou Vache.	Veau ou Génisse.	Mouton ou Brebi.	Porc.	Livre de viande.	Livre de Porc.
	liv. s. d.	liv. s. d.	liv. s. d.	liv. s. d.	liv. s. d.	
Edit de Février & Arrêt du Conseil du 19 Avril 1704. Inspecteurs.	2 . n . n	n . 12 . n	n . 4 . n	. . . .	n . n . 2	
Edit d'Août 1781. Dix sols pour livre, ...	1 . n . n	n . 6 . n	n . 2 . n	. . . .	n . n . 1	
Total . . .	3 . n . n	n . 18 . n	n . 6 . n	. . . .	n . n . 3	
Déclaration du 3 Janvier 1759. Droits réservés, ...	1 . n . n	n . 6 . 8	n . 3 . n	n . 6 . 8	à pro	portion
Edit d'Août 1781. Dix sols pour livre, modérés à 6 sols, par décision du 29 dudit mois, . . .	n . 6 . n	n . 2 . n	n . n . 10½	n . 2 . n	à pro	portion
Total général, ...	4 . 6 . n	1 . 6 . 8	n . 9 . 10½	n . 8 . 8		

Droits sur les Bestiaux à l'Entrée & au massacre, dans les Bourgs de Blangi, Élection de Lisieux, Danestal, Bonnebosc, Beuvron, Dozuley & Roucheville, dûs par les Bouchers Maîtres & fils de Maîtres, avant l'abatis, dans toutes les campagnes; & par tous les Bouchers, à la vente hors domicile.

Nature des Droits & Reglemens qui les autorisent.	Bœuf ou Vache	Veau ou Génisse.	Mouton ou Brebi.	Livre de viande.
	liv. s. d.	liv. s. d.	liv. s. d.	liv. s. d.
Edit de Février & Arrêt du Conseil du 19 Avril 1704. Inspecteurs, ...	2 . n . n	n . 12 . n	n . 4 . n	n . n . 2
Edit d'Août 1781. Dix sols pour livre, . . .	1 . n . n	n . 6 . n	n . 2 . n	n . n . 1
Total	3 . n . n	n . 18 . n	n . 6 . n	n . n . 3

Bestiaux en Passe-de-bout d'Honfleur au Havre.

Nature des Droits & Reglemens qui les autorisent.	Bœuf ou Vache.	Deux Veaux.	Une douzaine de Moutons.	Porc.
	liv. s. d.	liv. s. d.	liv. s. d.	liv. s. d.
Octroi au Roi, ...	n . n . 9 [illegible]	n . n . 7 [illegible]	n . 1 . 11 [illegible]	n . n . 6 [illegible]
Edit d'Août 1781. Dix sols pour livre, . . .	n . n . 4 [illegible]	n . n . 3 [illegible]	n . n . 11 [illegible]	n . n . [illegible]
Total	n . 1 . 1 [illegible]	n . n . 11 [illegible]	n . 2 . 11 [illegible]	n . n . 5 [illegible]

DROITS sur les Foins & Bois à PONT-L'EVÊQUE.

Nature des DROITS & REGLEMENS qui les autorisent.	Charetées de Bois à brûler.	Cent de Fagots ou Cotterêts.	Charetées de Charbon de terre, ou de bois.	Sommes de bois, fagots, charbon de terre ou de bois.	Cent de bottes de Foin.	Cent de bottes de Paille.	Bois à ouvrer.
	liv. s. d.	liv. s. d.	liv. s. d.	liv. s. d.	liv. s. d.	liv. s. d.	liv. s. d.
Lettres-Patentes du 2 Août 1777. Octrois Municipaux, ...	″ . 14 . ″	″ . 8 . 9	″ . 8 . 9	″ . 1 . 9	″ . 8 . 9	″ . 8 . 9	. . . . .
Edit d'Août 1781. Dix sols pour livre, . . .	″ . 7 . ″	″ . 4 . 4½	″ . 4 . 4½	″ . ″ . 10½	″ . 4 . 4½	″ . 4 . 4½	. . . . .
TOTAL . . .	1 . 1 . ″	″ . 13 . 1½	″ . 13 . 1½	″ . 2 . 7½	″ . 13 . 1½	″ . 13 . 1½	. . . . .
Déclaration du 3 Janvier 1759. Droits réservés, voiture à trois chevaux;	″ . 10 . ″	″ . 10 . ″	. . . . .	. . . . .	″ . 10 . ″	. . . . .	″ . 10 . ″
Edit d'Août 1781. Dix sols pour livre, modérés à 6 sols, par décision du 29 dudit mois.	″ . 3 . ″	″ . 3 . ″	. . . . .	. . . . .	″ . 3 . ″	. . . . .	″ . 3 . ″
TOTAL général, . . .	1 . 14 . ″	1 . 6 . 1½	″ . 13 . 1½	″ . 2 . 7½	1 . 6 . 1½	″ . 13 . 1½	″ . 13 . ″

Note. Une Voiture de Bois ou de Foin, qui ne seroit attelée que de deux chevaux, au lieu de 13 sols, ne paye de Droits réservés que 9 sols 9 den., 6 sols pour livre compris; & attelée d'un cheval 6 sols 6 deniers, 6 sols pour livre compris. Attelée au contraire de plus de trois chevaux, le Droit augmente à proportion par chaque cheval, & les sommes de cheval & d'âne payent pour lesdits Droits, le cinquième & le dixième d'une voiture à un cheval. Arrêt de Septembre 1776.

On observe encore qu'il n'y a de bois exempts de payer les Droits réservés par charetée & sommes que ceux dénommés dans les Lettres-Patentes du mois d'Août 1778, & qui sont les bourées ou fagots sans parement, de puines, épines, ronces, &c.

DROITS sur les Bois & Foins de la ville D'HONFLEUR.

Lettres-Patentes du 3 Août 1777. Octrois Municipaux, conformément au Tarif imprimé.

DROITS sur le Poisson de Mer, frais, secs & salés, dans la Direction.

Par Edit de 1583, & autres Réglemens subséquents, il est dû sur le Poisson venant de l'Etranger & de Pêche Françoise, lorsque ce dernier n'est pas vendu par le Propriétaire, le vingtieme du prix de la vente, ou sol pour livre, & les dix sols pour livre de l'Edit d'Août, 1781.

Il faut en excepter le Poisson que les Pêcheurs & Mariniers ont eux-mêmes pêché, qu'il leur est permis de vendre ou faire vendre par leurs femmes & enfans, sans être obligés de se servir du ministere des Vendeurs, ni de payer le sol pour livre. Arrêt du Conseil du 31 Mars 1711, portant Reglement, & 7 Juin 1763.

Il faut en excepter aussi les Morues, Harangs, & tout Poisson salé que les Marchands, Maîtres de Navire & autres faisant le commerce de la Pêche, ont pêché, ou fait pêcher sur des Vaisseaux expédiés des Ports de Normandie & Picardie, & qu'ils vendent eux-mêmes, ou font vendre à leur retour de la pêche, par leurs Associés, Matelots & autres gens de l'Équipage des Vaisseaux qui y ont été employés, lesquels sont pareillement déchargés du sol pour livre, & ce sans distinctions de parts & portions appartenants à chacun des Particuliers intéressés ou employés à ladite Pêche. Arrêt & Lettres-patentes du 5 Décembre 1690. Autre Arrêt du Conseil du 31 Mars 1711.

Il est dû de plus à Honfleur pour Octrois Municipaux, suivant le Tarif imprimé;

SAVOIR;

Nature des Droits & Réglemens qui les autorisent.	Poisson frais pour la valeur de 8 liv.	Morue sèche le mille.	Morue en baril.	Morue de la Pêche des habitans le mille.	Morue d'autre Pêche.	Maquereau salé le baril.	Maquereau le cent.	Harangs blancs & forets le baril.	Roquette de Morue & Maquereau le baril.
	liv. s. d.	liv. s. d.	liv. s. d.	liv. s. d.	liv. s. d.	liv. s. d.	liv. s. d.	liv. s. d.	liv. s. d.
Lettres-Patentes du 3 Janvier 1777. Octrois Municipaux, ...	″.″.6 2/10	″.3. 3 1/2	″.2.2 1/2	″.6.6 3/4	1. 1.10 1/2	″.2.2 1/4	″.″.6 2/10	″.2.2 1/4	″.2.2 1/4
Edit d'Août 1781, Dix sols pour livre, . . .	″.″.3 2/15	″.1. 7 3/4	″.1.1 1/4	″.3.3 3/8	″.10.10 3/4	″.1.1 1/8	″.″.3 2/15	″.1.1 1/8	″.1. 1 1/8
Total, ...	″.″.9 12/15	″.″.11 1/4	″.3.3 3/4	″.9.9 1/8	1. 12. 9 1/4	″.3.3 3/8	″.″.9 12/15	″.3.3 3/8	″.3. 3 3/8

Droits sur les Huiles à la Fabrication.

Réglemens qui autorisent la perception.	Nature des Droits.	Principal.	Dix sols pour livre.	Total.
		liv. s. d.	liv. s. d.	liv. s. d.
Déclaration du Roi de 1716. Edit du Roi du mois d'Août 1781, pour le doublement & les dix sols pour livre.	Par livre pesant d'huile de poisson, d'olive, d'amende, de noix & autres fruits, ...	″ . 1 . ″	″ . ″ . 6	″ . 1 . 6
	Par livre d'huile de térébentine, lin, chenevis, rabette, navette & autres graines, ci . .	″ . ″ . 6	″ . ″ . 3	″ . ″ . 9
	Par livre d'huile d'essence & autres de plus grande valeur que celle sujette aux Droits d'un sol, ci	″ . 2 . ″	″ . 1 . ″	″ . 3 . ″
	Si le Droit principal est de plus de 3 livres, il est payé pour l'acquit cinq sols, ci	″ . 5 . ″	″ . 2 . 6	″ . 7 . 6
	S'il n'est que de 3 livres, ou de moindre somme jusqu'à 20 sols inclusivement, le Droit d'acquit est de	″ . 2 . ″	″ . 1 . ″	″ . 3 . ″

Nota. Le Droit d'Acquit n'a pas lieu lorsque le Droit Principal est au-dessous de vingt sols.

DROITS sur les Huiles à HONFLEUR.

Il est dû en sus des Droits sur les Huiles à Honfleur, pour Octrois Municipaux en vertu de Lettres-Patentes du 2 Août 1777 :

SAVOIR ;

Par cent pesant d'huile de morue, & autres de poisson, & par cent pesant d'huile d'olive, noix & Rabette, ci . . . . // l. 3 d. $\frac{1}{3}$
Edit d'Août 1781. Dix sols pour livre, ci . . . . // 1 7 $\frac{11}{12}$

TOTAL, ... // l. 14 f. 11 d. $\frac{1}{12}$

DROITS sur les Cuirs & Peaux, à la Fabrication, à l'Exportation & à l'Importation, suivant les Édits du mois d'Août 1759, 28 Juin & 13 Novembre 1760, pour le principal de l'Édit d'Août 1781, pour les dix sols pour livre.

OBJETS sujets aux DROITS	Cuirs & Peaux à la fabrication.			Cuirs & Peaux à l'Exportation.			Cuirs & Peaux à l'Importation.
	Principal.	10 sols pour livre, Edit d'Août 1781.	TOTAL.	Principal.	10 sols pour livre, Edit d'Août 1781.	TOTAL.	
	liv. f. d.	liv. f. d.	liv. f. d.	liv. f. d.	liv. f. d.	liv. f. d.	
Bœufs & Vaches à fort & à œuvre, Veaux, Moutons, Agneaux, Chevreaux, Porc & Sangliers tannés & apprêtés en toutes sortes d'apprêts, ...	//.2.//	//.1.//	//.3.//	. . . . . .	. . . . . .	. . . . . .	Dix pour cent de leur valeur.
Chevaux, Mulets, Anes, . . .	//.1.//	//.//.6	//.1.6	. . . . . .	. . . . . .	. . . . . .	
Cerfs, Elans, Orignaux, . . .	//.6.//	//.3.//	//.9.//	. . . . . .	. . . . . .	. . . . . .	
Boucs & Chèvres, ...	//.4.//	//.2.//	//.6.//	. . . . . .	. . . . . .	. . . . . .	
Chamois, Daims & Chevreuils,	//.10.//	//.5.//	//.15.//	. . . . . .	. . . . . .	. . . . . .	
Toutes peaux non dénommées ci-dessus, dix pour cent de leur valeur, ci pour	. . Mém	oire.	. . . . . .	. . . . . .	. . . . . .	. . . . . .	
Cuirs de Bœuf & Vaches en cert en demi apprêt, passant à l'étranger, la pièce	. . . . . .	. . . . . .	. . . . . .	liv. f. d. 6. //.//	liv. f. d. 3.//.//	liv. f. d. 9.//.//	
Peaux de veau, *idem* la pièce,	. . . . . .	. . . . . .	. . . . . .	1. //.//	//.10.//	1.10.//	
Peaux de moutons, *idem* la pièce	. . . . . .	. . . . . .	. . . . . .	//.10.//	//.5.//	//.15.//	

Il est dû à Honfleur des Droits Municipaux sur les Cuirs. Voir le Tarif imprimé.

Nota. Tous les Cuirs apprêtés & qui ont payé les Droits, les deux tiers du principal en sont restitués, lorsque lesdits Cuirs passent à l'Etranger, en se conformant aux Règlemens.

DROITS sur la Marque d'Or & d'Argent.

REGLEMENS qui autorisent la perception.	OBJETS sujets aux Droits.	Principal.	Dix pour livre.	TOTAL.
		liv. f. d.	liv. f. d.	liv. f. d.
Ordonnance de 1681, Art. premier, Tit. 2, & Edit de Mai 1723, pour le principal, Edit d'Août 1781, pour les dix sols pour livre.	Or par Marc, ...	33 . 12 . ″	16 . 16 . ″	50 . 8 . ″
	Argent par Marc, . . .	2 . 16 . ″	1 . 8 . ″	4 . 4 . ″

DROITS sur l'Amidon & Poudre à poudrer.

Nature des DROITS & REGLEMENS qui les autorisent.	Amidon à la Fabrication, par Muid.	Amidon & Poudre, venant de l'Étranger, par livre pesant.
	liv. f. d.	liv. f. d.
Édit de 1771, & Arrêt du Conseil du 10 Décembre 1778.	7 . 10 . ″	″ . 4 . ″
Edit d'Août 1781. Dix sols pour livre, ...	3 . 15 . ″	″ . 2 . ″
TOTAL.	11 . 5 . ″	″ . 6 . ″

DROITS sur les Quittances timbrées pour la Régie & pour les parties étrangeres.

Ordonnance de 1680, Tit. 33 Déclaration de 1690, Edit de 1748, Déclaration de 1771 & Lettres-Patentes de 1780, Article 10. Par quittance de cinq sols & au-dessus, ...	″ l. ″ f. 10 d.
Edit d'Août 1781. Dix sols pour livre, ...	″ ″ 5
TOTAL, ...	″ 1 f. 3 d.

Les frais de timbre, des Congés & Expéditions, qui ne sont point des quittances de Droits sont dûs, Ordonnances de Juillet, Titre commun, Articlcle 16, Déclaration de 1771, & Lettres-Patentes de 1780, Article 10.

OBSERVATIONS GÉNÉRALES.

Les Articles de DROITS qui, payés séparément, ne forment pas une somme de Six Deniers en principal, ne doivent pas de sols pour livre dans ces cas.

DÉNOMINATION

DES DROITS ÉTRANGERS A LA RÉGIE,

Dont les Dix sols pour livre sont dus au Roi :

SAVOIR;

NOMS DES LIEUX.	DÉNOMINATION DES DROITS.
VILLE D'HONFLEUR.	Droits Patrimoniaux appartenans à la Ville. Deuxiéme moitié d'Octrois appartenans à la Ville.

TARIF DES DROITS
DÉPENDANS
DE LA RÉGIE GÉNÉRALE,
DUS DANS LA DIRECTION
DE PONTOISE.

DROITS SUR LES BOISSONS, A L'ENTRÉE ET AU BRASSAGE, DANS LA VILLE DE PONTOISE.

EAU-DE-VIE ET LIQUEUR, par Muid de 144 Pots.

	₶	ß	₰
Ordonnance de 1680, titre de la Subvention........	5.	8.	».
Edit d'Octobre, & Arrêt du Conseil, du 29 Décembre 1705, Inspecteurs........	1.	10.	».
Déclaration du 4 Février 1752, Octrois Municipaux........	4.	».	».
TOTAL........	10.	18.	».
Edit d'Août 1781, Dix Sols pour livre........	5.	9.	».
Déclaration du 3 Janvier 1759, Droits Réservés........	14.	8.	».
Edit d'Août 1781, Dix Sols pour liv. modérés à Six Sols, par Décision du 29 dudit mois........	4.	6.	4. $\frac{4}{7}$.
TOTAL........	35.	1.	4 $\frac{4}{7}$.
Nota. Les Droits de 6 ₶ 15 ß sont dûs, Edit de Décembre 1686, sur l'Eau-de-vie de Vin qui ne les auroit pas acquittés en route........	6.	15.	».
Edit d'Août 1781, Dix Sols pour livre........	3.	7.	6.
TOTAL GÉNÉRAL........	45.	3.	10. $\frac{4}{7}$.

VIN ORDINAIRE ET VIN DE LIQUEUR,

par Muid de 144 Pots.

NATURE DES DROITS, ET RÈGLEMENS QUI LES AUTORISENT.	VIN ordinaire.	VIN de liqueur.
	₶ ß ₫	₶ ß ₫
Ordonnance de 1680, titre des Anciens & Nouveaux Cinq Sols..	». 14. ».	». 14. ».
Idem, titre de la Subvention..........................	1. 7. ».	1. 7. ».
Edit d'Octobre, & Arrêt du Conseil, du 29 Déc. 1705, Inspecteurs.	». 10. ».	». 10. ».
Déclaration du 4 Février 1752, Octrois municipaux..........	1. ». ».	1. ». ».
TOTAL.........	3. 11. ».	3. 11. ».
Edit d'Août 1781, Dix Sols pour livre......................	1. 15. 6.	1. 15. 6.
Déclaration du Roi, du 3 Janvier 1759, Droits Réservés.....	1. 10. ».	6. ». ».
Edit d'Août 1781, Dix Sols pour livre, modérés à Six Sols, par Décision du 29 dudit..........................	». 9. ».	1. 16. ».
TOTAL.........	7. 5. 6.	13. 2. 6.
Le Vin arrivant par Eau, à Pontoise, est sujet aux Droits de 45 f. des Rivieres & Augmentation fixés à 3 ₶, Ordonnance de 1680..	3. ». ».	3. ». ».
Edit d'Août 1781, Dix Sols pour livre......................	1. 10. ».	1. 10. ».
TOTAL GÉNÉRAL......	11. 15. 6.	17. 12. 6.

CIDRE, POIRÉ ET BIERE, par Muid de 144 Pots.

NATURE DES DROITS, ET RÈGLEMENS QUI LES AUTORISENT.	CIDRE.	POIRÉ.	BIERE.
	₶ ß ₫	₶ ß ₫	₶ ₫ ß
Ordonnance de 1680, titre de la Subvention................	». 13. 6.	». 6. 9.	». 13. 6.
Edit d'Octobre & Arrêt du Conseil du 29 Décembre 1705, Inspecteurs..........................	». 5. ».	». 2. 6.	». 5. ».
TOTAL.........	» 18. 6.	». 9. 3.	». 18. 6.
Edit d'Août 1781, Dix Sols pour livre......................	». 9. 3.	». 4. 7.½.	». 9. 3.
Déclaration du 3 Janvier 1759, Droits Réservés..............	». 10. ».	». 5. ».	». 10. ».
Edit d'Août 1781, Dix Sols pour livre, modérés à Six Sols, par Décision du 29 dudit mois..............	». 3. ».	». 1. 6.	». 3. ».
TOTAL.........	2. » 9.	1. ». 4.½.	2. ». 9.
Ordonnance de 1680, titre 26, art. 1er, Contrôle sur la Biere à la Fabrication........			1. 10. ».
Edit d'Août 1781, Dix Sols pour livre......................			». 15. ».
TOTAL GÉNÉRAL.......			4. 5. 9.

HAUTE ET BASSE AUMÔNE,

EXCEPTÉ MAUBUISSON ET LE PETIT SAINT OUEN.

EAU-DE-VIE ET LIQUEUR, par Muid de 144 Pots.

NATURE DES DROITS, ET RÉGLEMENS QUI LES AUTORISENT.	EAU-DE-VIE, à 120 tt le Muid.	LIQUEUR, à 240 tt le Muid.
	tt ß ₰	tt ß ₰
Edit d'Octobre & Arrêt du Conseil, du 29 Décembre 1705, Inspecteurs....	1. 10. ».	1. 10. ».
Ordonnance de 1680, Gros à l'Arrivée, consistant au Vingtieme du Prix de la Vente....	6. ». ».	12. ». ».
Augmentation, formant le tiers du Gros....	2. ». ».	4. ». ».
TOTAL....	9. 10. ».	17. 10. ».
Edit d'Août 1781, Dix Sols pour livre....	4. 15. ».	8. 15. ».
Déclaration du Roi, du 3 Janvier 1759, Droits Réservés....	14. 8. ».	14. 8. ».
Edit d'Août 1781, 10 ß p^r tt, modérés à 6 ß, par Décision du 29 dudit.	4. 6. 4. $\frac{4}{5}$.	4. 6. 4. $\frac{4}{5}$.
TOTAL....	32. 19. 4. $\frac{4}{5}$.	44. 19. 4. $\frac{4}{5}$.
Nota. Les Droits de 6 tt 15 ß sont dûs, Édit de Décembre 1686, sur l'Eau-de-vie de Vin qui ne les auroit pas acquittés en route, ce qui fait, Dix Sols pour livre compris....	10. 2. 6.	10. 2. 6.
TOTAL GÉNÉRAL....	43. 1. 10. $\frac{4}{5}$.	55. 1. 10. $\frac{4}{5}$.

VIN AUX INVENTAIRES, par Muid de 144 Pots.

	tt ß ₰
Edit d'Octobre & Arrêt du Conseil, du 29 Décembre 1705, Inspecteurs....	». 10. ».
Edit d'Août 1781, Dix Sols pour livre....	». 5. ».
Déclaration du Roi, du 3 Janvier 1759, Droits Réservés....	1. 10. ».
Edit d'Août 1781, Dix Sols p^r tt, modérés à Six sols, par Décision du 29 dudit mois.	». 9. ».
TOTAL GÉNÉRAL....	2. 14. ».

VIN, CIDRE, POIRÉ ET BIERE AUX ENTRÉES,

par Muid de 144 Pots.

NATURE DES DROITS, ET REGLEMENS QUI LES AUTORISENT.	Vin ordinaire, à 20 livres le Muid.	Vin de Liq. à 100 livres le Muid.	CIDRE, à 10 livres le Muid.	POIRÉ, à 6 livres le Muid.	BIERE, à 10 liv. le Muid.
	₶ ß ₰	₶ ß ₰	₶ ß ₰	₶ ß ₰	₶ ß ₰
Edit d'Octobre & Arrêt du Conseil, du 29 Décembre 1705, Inspecteurs............	». 10. ».	». 10. ».	». 5. ».	». 2. 6.	». 5. ».
Ordonnance de 1680, Gros à l'Arrivée, consistant au Vingtieme du Prix de la Vente...	1. ». ».	5. ». ».	». 10. ».	». 6. ».	». 10. ».
Augmentation, fixée par l'Ordonnance de 1680, à..........................	». 16. 3.	». 16. 3.	». 5. ».	». 2. 6.	». 8. ».
TOTAL.............	2. 6. 3.	6. 6. 3.	1. ». ».	». 11. ».	1. 3. ».
Edit d'Août 1781, Dix Sols pour livre....	1. 3. 1½	3. 3. 1½	». 10. ».	». 5. 6.	». 11. 6.
Déclaration du 3 Janvier 1759, Droits Réservés.................................	1. 10. ».	6. ». ».	». 10. ».	». 5. ».	». 10. ».
Edit d'Août 1781, 10 ß p.r ₶, modérés à 8 s. par Décision du 29 dudit mois........	». 9. ».	1. 16. ».	». 3. ».	». 1. 6.	». 3. ».
TOTAL GÉNÉRAL....	5. 8. 4½	17. 5. 4½	2. 3. ».	1. 3. ».	2. 7. 6.

HAUTE ET BASSE AUMÔNE.

BIERE A LA FABRICATION, par Muid de 144 Pots.

	₶ ß ₰
Edit d'Octobre & Arrêt du Conseil, du 29 Décembre 1705, Inspecteurs........	». 5. ».
Ordonnance de 1680, titre 26, article premier, Contrôle......................	1. 10. ».
TOTAL............	2. 15. ».
Edit d'Août 1781, Dix Sols pour livre....................................	». 17. 6.
Déclaration du 3 Janvier 1759, Droits Réservés............................	». 10. ».
Edit d'Août 1781, Dix Sols pour livre, modérés à Six Sols, par Décision du 29 dudit mois..	». 3. ».
TOTAL GÉNÉRAL..........	3. 5. 6.

OBSERVATIONS GÉNÉRALES.

L'Eau-de-vie rectifiée & l'Esprit-de-Vin sont assujettis, par la Déclaration du Roi, de 1687, l'Eau-de-vie rectifiée au double, & l'Esprit-de-Vin au triple des Droits de 6 ₶ 15 ß & de Subvention; du reste ces Liqueurs doivent les mêmes Droits que l'Eau-de-vie simple.

Les Nobles & les Ecclésiastiques sont exempts, les premiers pour les Boissons de leur crû & pour leur consommation, de la Subvention; les seconds ne doivent point, aussi pour leur consommation, sur les Boissons de crû de Bénéfice, les Nouveaux Cinq Sols, la Subvention, la Jauge & Courtage, & les Droits Réservés, en se conformant les uns & les autres aux Réglemens.

L'Hôtel-Dieu de Pontoise n'est assujetti qu'aux Inspecteurs & aux Octrois Municipaux: il est exempt des Droits Réservés, & ne paie que les Dix Sols pour livre des autres Droits dûs à l'Entrée.

DROITS DUS A LA VENTE ET REVENTE DES BOISSONS,
DANS LA VILLE DE PONTOISE.

BOISSONS.	NATURE DES DROITS, ET RÉGLEMENS QUI LES AUTORISENT.	Premier Enlevement.	Deuxieme Enlevement.
		₶ ß ₰	₶ ß ₰
EAU-DE-VIE..	Déclaration du Roi, du 10 Octobre 1689, Jauge & Courtage, par Muid de 144 Pots..........................	2. 5. ».	1. 10. ».
	Tarif de 1696, Courtiers-Jaugeurs, par Muid ou demi Queue..	1. 10. ».	1. ». ».
	TOTAL.......	3. 15. ».	2. 10. ».
	Edit d'Août 1781, Dix Sols pour livre..................	1. 17. 6.	1. 5. ».
	TOTAL GÉNÉRAL........	5. 12. 6.	3. 15. ».
LIQUEUR..	Déclaration du Roi, du 10 Octobre 1689, Jauge & Courtage, par Muid de 144 Pots..........................	2. 5. ».	1. 10. ».
	Tarif de 1696, Courtiers-Jaugeurs, par Muid ou demi-Queue..	1. 18. ».	1. 10. ».
	TOTAL..........	4. 3. ».	3. ». ».
	Edit d'Août 1781, Dix Sols pour livre..................	2. 1. 6.	1. 10. ».
	TOTAL GÉNÉRAL........	6. 4. 6.	4. 10. ».
VIN........	Déclaration du Roi, du 10 Octobre 1689, Jauge & Courtage, par Muid de 144 Pots..........................	». 15. ».	». 10. ».
	Tarif de 1696, Courtiers-Jaugeurs, par Muid ou Demi-Queue..	». 8. ».	». 4. ».
	TOTAL..........	1. 3. ».	». 14. ».
	Edit d'Août 1781, Dix Sols pour livre..................	». 11. 6.	». 7. ».
	TOTAL GÉNÉRAL........	1. 14. 6.	1. 1. ».
CIDRE, POIRÉ & BIERE....	Déclaration du Roi, du 10 Octobre 1689, Jauge & Courtage, par Muid de 144 Pots..........................	». 9. ».	». 6. ».
	Tarif de 1696, Courtiers-Jaugeurs, par Muid ou demi-Queue..	». 4. ».	». 2. ».
	TOTAL........	». 13. ».	». 8. ».
	Edit d'Août 1781, Dix Sols pour livre..................	». 6. 6.	». 4. ».
	TOTAL GÉNÉRAL........	». 19. 6.	». 12. ».

DROITS A LA VENTE ET REVENTE DES BOISSONS,
SOUS LA DÉNOMINATION DE COURTIERS-JAUGEURS,
dans le reste de la Direction, par Muid de 144 Pots.

BOISSONS.	RÉGLEMENS qui autorisent la perception DES DROITS.	1er Enlévement. Quotité de chaque Droit.	1er Enlévement. Total par nature de Boissons.	2e Enlévement. Quotité de chaque Droit.	2e Enlévement. Total par nature de Boissons.
		₶ ß ₰	₶ ß ₰	₶ ß ₰	₶ ß ₰
Eaux-de-vie.	Tarif de 1696, Courtiers-Jaugeurs	1. 10. ».	2. 5. ».	1. ». ».	1. 10. ».
	Edit d'Août 1781, Dix Sols p^r liv.	». 15. ».		». 10. ».	
Liqueur..	Tarif de 1696, Courtiers-Jaugeurs	1. 18. ».	2. 17. ».	1. 10. ».	2. 5. ».
	Edit d'Août 1781, Dix Sols p^r liv.	». 19. ».		». 15. ».	
Vin........	Tarif de 1696, Courtiers-Jaugeurs	». 8. ».	». 12. ».	». 4. ».	». 6. ».
	Edit d'Août 1781, Dix Sols p^r liv.	». 4. ».		». 2. ».	
Cidre, Poiré & Biere....	Tarif de 1696, Courtiers-Jaugeurs	». 4. ».	». 6. ».	». 2. ».	». 3. ».
	Edit d'Août 1781, Dix Sols p^r liv.	». 2. ».		». 1. ».	

DROITS DE GROS.

Ces Droits, consistans dans le Vingtieme du Prix de la Vente, avec l'Augmentation, fixée comme il est porté aux Droits d'Entrées dans la haute & basse Aumône, sont dûs à la Vente & Revente dans la haute & basse Aumône, & dans toute l'étendue de la Paroisse Saint Ouen à Courcelles & Epluches; ils se perçoivent avec les Droits de Courtiers-Jaugeurs.

Par l'Arrêt du Conseil, de Mars 1753, les Vins destinés pour être consommés dans la Province de Normandie, étant exempts des Droits de Gros au passage, quand ils viennent d'un Pays non sujet, l'Election de Pontoise est dans le cas de participer à cet avantage, comme étant attachée à cette Province: ainsi les Vins qui s'enlevent de cette Election pour l'Etranger & pour une autre Province, doivent lesdits Droits de Gros, s'ils ne les ont pas payés au Passage ni à l'Arrivée; ils consistent dans le vingtieme du prix de la vente, l'augmentation de 16 ß 3 ₰, le Droit de Courtage de 10 ß par Muid, & les Dix Sols pour livre de l'Edit d'Août 1781.

***EXEMPLE**, pour du Vin vendu 150 liv. le Muid de 144 Pots.*

	₶ ß ₰	₶ ß ₰	₶ ß ₰
Gros ou Vingtieme..................................	7. 10. ».	8. 16. 3. ».	13. 4. 4 ½.
Augmentation..................................	». 16. 3.		
Courtage..................................	». 10. ».		
Edit d'Août 1781, Dix Sols pour livre..............................		4. 8. 1. ½.	

DROITS DE GRANDES ENTRÉES,

PAR MUID DE VIN, de 144 Pots.

NATURE DES DROITS, ET RÉGLEMENS QUI LES AUTORISENT.	EAU-DE-VIE.	VIN.
	₶ ß ₰	₶ ß ₰
Ordonnance de 1680, 6 livres 15 sols sur l'Eau-de-vie, & 9 livres par Tonneau de Vin............	6. 15. ».	4. ». 9.
Edit d'Août 1781, Dix Sols pour livre............	3. 7. 6.	2. ». 4½.
TOTAL............	10. 2. 6.	6. 1. 1½.

OBSERVATION GÉNÉRALE.

Les Droits de 6 ₶ 15 ß sur l'Eau-de-vie, établis par l'Ordonnance de 1680, titre 26, art. premier, sont exigibles sur les Eaux-de-vie de vin, non seulement aux Entrées des lieux sujets, mais encore dans les autres lieux, lorsqu'ils n'ont pas été payés aux Bureaux de passage, ou en route, Edit de Décembre 1686; & ils comportent les Dix Sols pour livre de l'Edit d'Août 1781, ce qui forme, en principal............ ₶ 6. ß 15. ₰ ».

Edit d'Août 1781, Dix Sols pour livre............ 3. 7. 6.

TOTAL............ 10. 2. 6.

DROITS A LA SORTIE DU ROYAUME,

par Muid de Vin, de 144 Pots.

NATURE DES DROITS, ET RÉGLEMENS QUI LES AUTORISENT.	VIN.
	₶ ß ₰
Ordonnance de 1680, titre 4, article 1er, Anciens & Nouveaux Cinq Sols	». 14. ».
Edit d'Août 1781, Dix Sols pour livre............	». 7.
TOTAL............	1. 1. ».

Nota. Il se perçoit aussi à la sortie du Royaume, des Droits de Jauge & Courtage [illegible] le Vin & l'Eau-de-vie, avec les Dix Sols pour livre; mais ils ont été réunis à la Ferme générale.

DROITS DUS A LA VENTE EN DÉTAIL DES BOISSONS,

dans toute l'étendue de l'Élection, excepté la BASSE *&* HAUTE AUMÔNE, *& le reste de la Paroisse* SAINT OUEN, *par Muid de 144 Pots.*

NATURE DES DROITS, ET RÉGLEMENS QUI LES AUTORISENT.	Eau-de-vie, à 3 livres le Pot.	VIN, à 1 sol la Pinte.	CIDRE, à 6 deniers la Pinte.	POIRÉ, à 6 deniers la Pinte.	BIERE, à 4 sols le Pot.
	₶ ſ ₫	₶ ſ ₫	₶ ſ ₫	₶ ſ ₫	₶ ſ ₫
Le Quatrieme sur l'Eau-de-vie est le tiers du prix de la Vente, Edit de Décembre 1686	144. ». ».	». ». ».	». ». ».	». ». ».	». ». ».
Sur le Vin, Cidre & Poiré, les Droits de Détail sont le Quatrieme réduit au Cinquieme, Ordonnance de 1680	». ». ».	3. 18. ».	1. 18. ».	1. 18. ».	». ». ».
Sur la Biere, le Quatrieme du Prix de la Vente, Parisis, sol & six deniers, Ordonnance de 1680	». ». ».	». ». ».	». ». ».	». ». ».	9. 12. 6.
Edit d'Août 1781, Dix Sols pour livre, modérés à Huit Sols, par Décision du 29 dudit mois	57. 12. ».	1. 11. 2⅖.	». 15. 2⅖.	». 15. 2⅖.	3. 17. ».
TOTAL	201. 12. ».	5. 9. 2⅖.	2. 13. 2⅖.	2. 13. 2⅖.	13. 9. 6.
Arrêt du Conseil & Lettres Patentes des 23 Mai & 5 Juillet 1682, Tarif de 1687, & Arrêt du Conseil de 1689, Subvention à la Consommation	5. 8. ».	1. 7. ».	». 13. 6.	». 6. 9.	». 13. 6.
Déclaration du 10 Octobre 1689, Jauge & Courtage	2. 5. ».	». 15. ».	». 9. ».	». 9. ».	». 9. ».
TOTAL	7. 13. ».	2. 2. ».	1. 2. 6.	». 15. 9.	1. 2. 6.
Edit d'Août 1781, Dix Sols pour livre	3. 16. 6.	1. 1. ».	». 11. 3.	». 7. 10½.	». 11. 3.
Total de la Subvention, Jauge & Courtage, & Dix Sols pour livre	11. 9. 6.	3. 3. ».	1. 13. 9.	1. 3. 7½.	1. 13. 9.
Rapport du 4eme & Huit Sols pour livre	201. 12. ».	5. 9. 2⅖.	2. 13. 2⅖.	2. 13. 2⅖.	13. 9. 6.
TOTAL GÉNÉRAL	213. 1. 6.	8. 12. 2⅖.	4. 6. 11⅖.	3. 16. 9$\frac{9}{10}$.	15. 3. 3.

Nª Lorsque le Vin est vendu plus d'un sol la Pinte, les Droits de Quatrieme sont augmentés, à raison de 3₶ 18ſ pour chaque sol; & lorsque le Cidre & Poiré sont aussi vendus plus de 6₫ la Pinte, les Droits sont augmentés à raison de 6ſ par chaque denier, Réglemens ci-dessus cités.

DROITS DUS A LA VENTE EN DÉTAIL,

DANS LE FAUXBOURG *DE LA* BASSE AUMÔNE,

Par Muid de 144 Pots.

Le Quatrieme est du dans ce Lieu, sans la Subvention, ni la Jauge & Courtage; & l'on suit, pour cette perception, ce qui est marqué par le Tableau ci-dessus, des Droits de Quatrieme, & Huit Sols pour livre.

DROITS DUS A LA VENTE EN DÉTAIL DES BOISSONS,

DANS LE FAUXBOURG DE LA HAUTE AUMÔNE, PAROISSE SAINT OUEN, ÉPLUCHES ET COURCELLES, *par Muid de 144 Pots.*

HUITIEME A LA VENTE A POT.

NATURE DES DROITS, ET RÉGLEMENS QUI LES AUTORISENT.	EAU-DE-VIE.	VIN.	CIDRE.	POIRÉ.	BIERE.
	₶ ß ₰	₶ ß ₰	₶ ß ₰	₶ ß ₰	₶ ß ₰
Ordonnance de 1680, Huitieme réglé, avec Subvention……	15. ». ».	5. 8. ».	2. 14. ».	1. 7. ».	3. 10. ».
Déclaration du 10 Octobre 1689, Jauge & Courtage……	2. 5. ».	». 15. ».	». 9. ».	». 9. ».	». 9. ».
TOTAL……	17. 5. ».	6. 3. ».	3. 3. ».	1. 16. ».	3. 19. ».
Edit d'Août 1781, Dix Sols pour livre……	8. 12. 6.	3. 1. 6.	1. 11. 6.	». 18. ».	1. 19. 6.
TOTAL GÉNÉRAL……	25. 17. 6.	9. 4. 6.	4. 14. 6.	2. 14. ».	5. 18. 6.

HUITIEME A ASSIETTE.

NATURE DES DROITS, ET RÉGLEMENS QUI LES AUTORISENT.	EAU-DE-VIE.	VIN.	CIDRE.	POIRÉ.	BIERE.
	₶ ß ₰	₶ ß ₰	₶ ß ₰	₶ ß ₰	₶ ß ₰
Ordonnance de 1680, Huitieme réglé, avec Subvention……	15. ». ».	6. 15. ».	3. 7. 6.	1. 13. 9.	3. 10. ».
Déclaration du 10 Octobre 1689, Jauge & Courtage……	2. 5. ».	». 15. ».	». 9. ».	». 9. ».	». 9. ».
TOTAL……	17. 5. ».	7. 10. ».	3. 16. 6.	2. 2. 9.	3. 19. ».
Edit d'Août 1781, Dix Sols pour livre……	8. 12. 6.	3. 15. ».	1. 18. 3.	1. 1. 4½.	1. 19. 6.
TOTAL GÉNÉRAL……	25. 17. 6.	11. 5. ».	5. 14. 9.	3. 4. 1½.	5. 18. 6.

Les Droits de Détail sont dus, conformément aux Tarifs ci-dessus, sur les Boissons arrivant & transportées en Bouteille, Lettres Patentes du 25 Mai 1728, aux exceptions y portées, & qui tombent sur le Vin de Liqueur venant en Caisses, les Vins de Champagne gris, transportés en panier de cent Bouteilles, & les Vins, tant pour la provision des Gens qualifiés qui vont dans leurs Terres, que pour celle de tous autres allant aux Eaux de Forges, en remplissant les formalités prescrites.

Les Eaux-de-vie transportées en Barils au-dessous de soixante Pintes, sont aussi assujetties aux Droits de Détails, Lettres Patentes du 24 Août 1728. Ils sont encore dus par les Bouilleurs & Marchands d'Eau-de-vie en gros, sur les manquans à leur charge, déduction faite du 21e pour 20, Lettres Patentes citées ci-dessus ; & les Soumissionnaires d'Eau-de-vie sont assujettis, dans les lieux où le Quatrieme a cours, au paiement du double desdits Droits de Quatrieme & autres ; & dans le pays de Huitieme, au quadruple desdits Droits de Huitieme à Assiette & autres, sur les Eaux-de-vie pour lesquelles ils ne rapportent pas dans les trois mois, Certificat d'arrivée ; Lettres Patentes des 4 Juin 1726, & 2 Mars 1728.

DROIT ANNUEL.

		tt ß §	tt ß §
Dans les Villes.....	Ordonnance de 1680, titre du Droit Annuel..	8. ». ».	12. ». ».
	Edit d'Août 1781, Dix Sols pour livre.....	4. ». ».	
Dans les autres Lieux.	Ordonnance de 1680, titre du Droit Annuel..	6. 10. ».	9. 15. ».
	Edit d'Août 1781, Dix Sols pour livre.....	3. 5. ».	

Ce Droit est dû en entier par tous les Marchands en gros, Bouilleurs, Brasseurs, Cabaretiers, Taverniers & autres vendans en detail.

Les Détailleurs de Biere ne doivent que la moitié de l'Annuel, Ordonnance de 1680, titre 29, article 7.

DROITS SUR LES BESTIAUX, A L'ENTRÉE ET AU MASSACRE, DANS LA VILLE DE PONTOISE.

NATURE DES DROITS, ET REGLEMENS QUI LES AUTORISENT.	Bœuf & Vache.	Veau & Genisse.	Mouton, Brebis & Chevre.	Porc.	Livre de Viande.
	tt ß §	tt ß §	tt ß §	tt ß §	tt ß §
Edit de Février & Arrêt du Conseil du 19 Août 1704, Inspecteurs..........	2. ». ».	». 12. ».	». 4. ».	». ». ».	». ». 2.
Edit d'Août 1781, Dix Sols pour livre..........	1. ». ».	». 6. ».	». 2. ».	». ». ».	». ». 1.
TOTAL..........	3. ». ».	». 18. ».	». 6. ».	». ». ».	». ». 3.
Déclaration de Janvier 1759, Droits Réservés....	2. ». ».	». 13. 4.	». 5. ».	». 13. 4.	à proport.
Edit d'Août 1781, Dix Sols pour livre, modérés à Six Sols, par Décision du 29 dudit mois......	». 12. ».	». 4. ».	». 1. 6.	». 4. ».	*Idem.*
TOTAL GÉNÉRAL......	5. 12. ».	1. 15. 4.	». 12. 6.	». 17. 4.	». ». 3.

DROITS SUR LES BESTIAUX, A L'ENTRÉE ET AU MASSACRE,

dûs dans les Campagnes, avant l'Abattis, par les Bouchers, Maîtres & fils de Maîtres, & à la Vente hors domicile, par tous les autres Bouchers.

NATURE DES DROITS, ET REGLEMENS QUI LES AUTORISENT.	Bœuf & Vache.	Veau & Genisse.	Mouton, Brebis & Chevre.	Livre de Viande.
	tt ß §	tt ß §	tt ß §	tt ß §
Edit de Février & Arrêt du Conseil du 19 Août 1704, Inspecteurs..........	2. ». ».	». 12. ».	». 4. ».	». ». 2.
Edit d'Août 1781, Dix Sols pour livre..........	1. ». ».	». 6. ».	». 2. ».	». ». 1.
TOTAL..........	3. ». ».	». 18. ».	». 6. ».	». ». 3.

DROITS SUR LES BOIS ET FOINS,

DANS LA VILLE ET FAUXBOURGS DE PONTOISE.

NATURE DES DROITS, et Réglemens qui les autorisent.	Voiture à trois Chevaux.	Voiture à deux Chevaux.	Voiture à un Cheval.	Somme de Cheval.	Somme d'Asne.
	₶ ß ₰	₶ ß ₰	₶ ß ₰	₶ ß ₰	₶ ß ₰
Déclaration de Janvier 1759, & Arrêt du Conseil de 1776, Droits Réservés	».10. ».	». 7. 6.	». 5. ».	». 1. ».	». ». 6.
Edit d'Août 1781, Dix Sols pour livre, modéré à Six Sols, par Décision du 29 du même mois	». 3. ».	». 2. 3.	». 1. 6.	». ». $3\frac{3}{5}$.	». ». $1\frac{8}{10}$
TOTAL	».13. ».	». 9. 9.	». 6. 6.	». 1. $3\frac{3}{5}$.	». ». $7\frac{8}{10}$

Nota. Une Voiture de Bois ou de Foin, qui ne seroit attelée que d'un Cheval, ne payeroit que 5 sols en principal des Droits Réservés, & les 6 sols pour liv. ce qui fait 6 sols 6 den. Une Voiture attelée de deux Chevaux, paie 7 sols 6 den. de principal, & 9 sols 9 den. 6 sols pour livre compris. Au dessus de trois Chevaux, chaque Cheval augmente le Droit à proportion. Chaque Somme de Cheval, en Bois ou Foin, paie le cinquieme d'une Voiture à un Cheval; & chaque Somme d'Ane le dixieme; Arrêt du Conseil de 1776.

On observe encore qu'il n'y a de Bois exempts des Droits Réservés, que ceux désignés dans les Lettres Patentes du 4 Août 1778, qui sont les Bourrées ou Fagots sans paremens, d'Epines, Puines, Ronces, &c.

DROITS SUR LE POISSON,

DANS LA VILLE DE PONTOISE ET FAUXBOURG L'AUMÔNE.

Ce Droit consiste dans le Vingtieme du Prix de la Vente, Ordonnance de 1680, sujet aux Sols pour livre de l'Edit d'Août 1781.

DROITS SUR LES HUILES,

A LA FABRICATION.

RÉGLEMENS.	NATURE DES DROITS.	Principal.	Dix Sols pour livre.	TOTAL.
		₶ ß ₰	₶ ß ₰	₶ ß ₰
Déclaration du Roi, de 1716, Edit du mois d'Août 1781, pour le Doublement, & les Dix Sols pour livre.	Par livre pesant d'Huile de Poisson, d'Olives, d'Amendes, de Noix & autres Fruits	». 1. ».	». ». 6.	». 1. 6.
	Par livre d'Huile de Térébenthine, Lin, Chenevis, Rabette, Navette & autres Graines	». ». 6.	». ». 3.	». ». 9.
	Par livre d'Huile d'Essence, & autres de plus grande valeur que celles sujettes aux Droits d'un Sol	». 2. ».	». 1. ».	». 3. ».
	Si le Droit principal est de plus de 3 ₶, il est dû pour l'acquit	». 5. ».	». 2. 6.	». 7. 6.
	S'il n'est que de 3 ₶, ou d'une moindre somme, jusqu'à vingt sols inclusivement, le Droit d'Acquit est de	». 2. ».	». 1. ».	». 3. ».

Nota. Le Droit d'Acquit n'a pas lieu, lorsque le Droit principal est au-dessous de Vingt Sols.

DROITS SUR LES CUIRS ET PEAUX,

A LA FABRICATION, A L'EXPORTATION ET A L'IMPORTATION,

établis par Edit & Arrêts des Mois d'Août 1759, Juin & Novembre 1760, pour le Principal, avec les Dix Sols pour livre de l'Édit d'Août 1781.

OBJETS sujets aux Droits.	Cuirs et Peaux, *à la Fabrication.*			Cuirs et Peaux, *à l'Exportation.*			Cuirs & Peaux, à l'Importation.
	Principal.	Dix Sols pour livre.	Total.	Principal.	Dix Sols pour livre.	Total.	
	₶ ß ₰	₶ ß ₰	₶ ß ₰	₶ ß ₰	₶ ß ₰	₶ ß ₰	
Cuirs de Bœufs & Vaches, à for & à œuvre; Peaux de Veaux, Moutons, Agneaux, Chevreaux, Porcs & Sangliers, tannés & apprêtés en toutes sortes d'apprêts, la livre pesant........	». 2. »	». 1. »	». 3. »	....	....	....	10 pr % de leur valeur.
Chevaux, Mulets, & Asnes...	». 1. »	». ». 6.	». 1. 6.	....	....	....	
Cerfs, Elans & Orignaux.....	». 6. »	». 3. »	». 9. »	....	....	....	
Boucs & Chevres............	». 4. »	». 2. »	». 6. »	....	....	....	
Chamois, Dains & Chevreuils....................	». 10. »	». 5. »	». 15. »	....	....	....	
Toutes Peaux non dénommées ci-dessus, dix pour cent de leur valeur....................	*Mémoire.*	....	....	....	....	....	
Cuirs de Bœufs & Vaches, en verd, & en demi-apprêt, passant à l'Etranger, la piece....	....	....	....	6. ». »	3. ». »	9. ». »	
Peaux de Veaux, *idem*, la piece...................	....	....	....	1. ». »	». 10. »	1. 10. »	
Peaux de Moutons, *idem*, la piece...................	....	....	....	». 10. »	». 5. »	». 15. »	

Les Deux Tiers du Droit, en principal seulement, de tous les Cuirs apprêtés, & qui ont payé les Droits, sont restitués, lorsque lesdits Cuirs passent à l'Etranger, & que l'on a rempli les formalités prescrites.

DROITS SUR LA MARQUE D'OR ET D'ARGENT.

RÉGLEMENS.	OBJETS sujets aux Droits.	Principal.	Dix Sols pour livre.	Total.
		₶ ß ₰	₶ ß ₰	₶ ß ₰
Ordonnance de 1681, tit. 2, art. 1er, & Edit de Mai 1723, pour le Principal.	Or, par marc........	33. 12. »	16. 16. »	50. 8. »
Edit d'Août 1781, pour les Dix Sols pour livre.	Argent, par marc.....	2. 16. »	1. 8. »	4. 4. »

DROITS SUR L'AMIDON ET POUDRE.

NATURE DES DROITS, et Réglemens qui les autorisent.	Amidon, à la Fabrication, par Muid.	Amidon, Poudre à poud et, venant de l'Etranger, par livre pesant.
	₶ ß ₰	₶ ß ₰
Edit de 1771, & Arrêt du Conseil, de 1778	7. 10. ».	». 4. ».
Edit d'Août 1781, Dix Sols pour livre	3. 15. ».	». 2. ».
Total	11. 5. ».	». 6. ».

OFFICES SUPPRIMÉS.

Déclaration de 1768, & Édit d'Août 1781, pour les Dix Sols pour livre.

Dénomination des Offices supprimés.	DENRÉES sujettes aux Droits.	Droit principal.	Dix Sols pour livre.	Total.
		₶ ß ₰		₶ ß ₰
Mesureurs de Grains.	Par Setier de Grains	». 2. ».	Exempts des Sols pour liv.	». 2. ».
	Par Boisseau, *idem*	». ». 2.		». ». 2.
	Par Setier de menus Grains	». 1. ».		». 1. ».
	Par Boisseau, *idem*	». ». 1.		». ». 1.
			₶ ß ₰	
Jurés-Vendeurs de Poisson	Le vingtieme du Prix de la Vente de tout Poisson de mer, frais, sec & salé	*Mémoire.*	......	......
Mesureurs de Bois & Charbon	Corde de Bois	». 8. ».	». 4. ».	».12. ».
	Millier de Fagots	».10. ».	». 5. ».	».15. ».
	Mille toises de Sciage	». 4.10.	». 2. 5.	». 7. 3.
	Mille toises de Solive	1. 5. ».	».12. 6.	1.17. 6.
	Mille toises d'Echalats	». 2. ».	». 1. ».	». 3. ».
	Mille bottes de Lates	». 2. ».	». 1. ».	». 3. ».
	Millier de Merrain neuf	». 5. ».	». 2. 6.	». 7. 6.
	Muid de Charbon de Bois	». 8. ».	». 4. ».	».12. ».

DROITS SUR LES QUITTANCES TIMBRÉES,

POUR LA RÉGIE ET POUR LES PARTIES ÉTRANGERES.

	₶ ß ₰
Ordonnance de 1680, titre 33, Déclaration de 1690, Edit de 1748, Déclaration de 1771, & Lettres Patentes de 1780, pour le Principal, par Quittance de cinq sols, & au-dessus	». ». 10.
Edit d'Août 1781, Dix Sols pour livre	». ». 5.
Total	». 1. 3.

Les Congés & Expéditions qui ne sont point des Quittances de Droits, doivent les frais de Timbre, Ordonnance de Juillet 1681, titre commun, art. 16, Déclaration de 1771, & Lettres Patentes de 1780, article 10.

OBSERVATION GÉNÉRALE.

Les articles de Droits qui, payés ſéparément, ne forment pas une ſomme de 6 deniers, ne doivent pas de Sols pour livre dans ces cas.

DÉNOMINATION DES DROITS ÉTRANGERS A LA RÉGIE,

dont les Dix Sols pour livre ſont dus au Roi.

NOMS des Lieux.	DÉNOMINATION des Droits.
VILLE DE PONTOISE. . .	Droits de Tarif, appartenans à la Ville.

De l'Imprimerie de Lamesle, Imprimeur des Fermes du Roi, au Bureau général des Aides, Hôtel de Bretonvilliers, Iſle Saint Louis. 1781.

TARIF DES DROITS

À PERCEVOIR

SUR LES PAPIERS ET CARTONS,

En conséquence de la Déclaration du premier Mars 1771, à l'Entrée & Consommation des Villes, dont l'État est annexé à ladite Déclaration, & se trouve ci-dessous; lesquels Droits sont assujettis à Dix sols pour livre, par l'Édit d'Août 1781.

PAPIERS *blancs pour Ecritures, Impressions & autres usages.*

ARTICLE PREMIER.	PRINCIPAL.	10 ß p^r ₶.	TOTAL.
	₶ ß ₰	₶ ß ₰	₶ ß ₰
POUR chaque rame de Papier appellé *Grand-Louvois*, *Grand-Monde*, & autres dont les dimensions excéderont celles de trente-sept pouces de largeur, la feuille étant ouverte, & vingt-six pouces de hauteur; sera payé quinze livres, ci........................	15.	7. 10.	22. 10.
II. POUR chaque rame de Papier *Grand-Aigle*, *Grand-Éléphant*, *Grand-Soleil*, & autres de dimensions au-dessous de celles de la premiere classe, jusques & y comprises celles de trente-deux pouces de largeur, & de vingt-quatre pouces neuf lignes de hauteur; sera payé douze livres, ci........................	12.	6.	18.
III. POUR chaque rame de Papier *Grand-Colombier* ou *Impérial*, *Grande-Fleur-de-Lys*, *au Soleil*, *à l'Eléphant*, *Chapelet*, *Petit-Chapelet*, *Grand-Atlas*, *Petit-Atlas*, & autres de dimensions au-dessous de celles de la seconde classe, jusques & y comprises celles de vingt-six pouces quatre lignes de largeur, & de vingt pouces quatre lignes de hauteur; sera payé neuf livres, ci....	9.	4. 10.	13. 10.

	PRINCIPAL.	10 ß pr ll.	TOTAL.
I V.			
POUR chaque rame de Papier nommé *Grand-Jésus* ou *Super-Royal*, *Petit-Soleil*, *Grand-Royal étranger*, *Petite-Fleur-de-Lys*, *Grand-Lombard*, & autres de dimensions au-dessous de celles de la troisieme classe, jusques & y comprises celles de vingt-quatre pouces de largeur, & dix-sept pouces dix lignes de hauteur, ensemble chaque rame de Papier nommé *Capucin*; sera payé quatre livres dix sols, ci..................	4. 10.	2. 5.	6. 15.
Ceux des Papiers dénommés ou désignés dans les quatre premieres classes ci-dessus, qui seront de pâte commune appellée *pâte-bulle*, ne paieront que les deux tiers des droits y énoncés.			
V.			
POUR chaque rame de Papier *Lombard*, *Grand-Royal*, *Grand-Raisin*, de quelque poids & qualité que ce soit, & autres dimensions au-dessous de celles de la quatrieme classe, jusques & y comprises celles de vingt-deux pouces six lignes de largeur, & dix-sept pouces six lignes de hauteur; sera payé une livre seize sols, ci...	1. 16.	18.	2. 14.
V I.			
Papier Petit-Royal, modéré à 20 ß la rame, par l'Art. VI de l'Arrêt du Conseil du 16 Octobre 1771. POUR chaque rame de Papier appellé *Royal ordinaire*, *Petit-Royal*, *Lombard-Royal*, *Lombard ordinaire* ou *Grand-Carré*, & autres dimensions au-dessous de celles de la cinquieme classe, jusques & y comprises celles de vingt pouces de largeur, & seize pouces de hauteur; sera payé une livre dix sols, ci..............	1.	10.	1. 10.
V I I.			
Grand Messel, modéré par le même Article dudit Arrêt, à 16 ß la rame. POUR chaque rame de Papier nommé *Carré* ou *Grand-Compte*, *Carré au Raisin*, *au Sabre* ou *Sabre au Lion*, *Cavalier*, *Bâtard de Dauphiné*, *Grand-Messel*, *Basahomme*, *Raisin collé*, *Raisin fluant*, & autres dimensions au-dessous de celles de la sixieme classe, jusques & y comprises celles de dix-neuf pouces de largeur, sur quinze pouces de hauteur, ensemble pour chaque rame nommée *Double-Cloche*; sera payé vingt sols, ci....................................	16.	8.	1. 4.
V I I I.			
Pour chaque rame de Papier nommé *à l'Ecu* ou *Moyen-Compte*, *Compte*, *Pomponne*, *trois O de Normandie* ou *d'Auvergne*, *Carré de Caen*, *Petit-Cavalier*, *Second-Messel* ou *Coutelas*, *à l'Etoile*, *à l'Eperon* ou *Longuet*, *Grand-Cornet*, *à la Main*, *Joseph*, *Basafemme*, & autres dimensions au-dessous de celles de la septieme classe, jusques & y comprises celles de dix-sept pouces de largeur, & treize pouces six lignes de hauteur, ensemble pour chaque rame nommée *Serpente*; sera payé seize sols, ci..............	16.	8.	1. 4.

	PRINCIPAL.	10 ß pr ₶.	TOTAL.
IX. Pour chaque rame de Papier nommé *Couronne* ou *Griffon*, *Champy* ou *Bâtard de Normandie*, *Telliere*, *Grand-Format*, & autres de dimenſions au-deſſous de celles de la huitieme claſſe, juſques & y compriſes celles de ſeize pouces ſix lignes de largeur, ſur treize pouces de hauteur; ſera payé treize ſols, ci........	13.	6. 6.	19. 6.
X. Pour chaque rame de papier nommé *Cadran*, *Telliere*, *Pantalon*, *Petit-Raiſin* ou *Bâton Royal aux armes d'Amſterdam*, ou *Propatria*, ou *Libertas*, *Cartier grand format de Dauphiné*, *Cartier grand format ordinaire*, *Petit-Cornet*, *trois O* ou *trois ronds de Gènes*, *Licornes à la Cloche*, & autres de dimenſions au-deſſous de celles de la neuvieme claſſe, juſques & y compriſes celles de quinze pouces trois lignes de largeur, & onze pouces ſix lignes de hauteur : ſera payé douze ſols, ci..........................	12.	6.	18.
XI. Pour chaque rame de Papier nommé *Petit-Nom de Jéſus*, *Romaine*, *Pigeonne* ou *Poulette*, *Cartier au pot* ou *Cartier ordinaire*, *Eſpagnol*, *Lys à la Cloche*, & autres de dimenſions au-deſſous de celles de la dixieme claſſe, juſques & y compris celles de quatorze pouces de largeur, & dix pouces quatre lignes de hauteur, ſera payé dix ſols, ci..................................	10.	5.	15.
XII. Pour chaque rame de Papier nommé *Petit-Jeſus*, *Petit à la Main* ou *Main-fleurie*, *Marie*, & autres petites ſortes de dimenſions au-deſſous de la claſſe ci-deſſous, ſera payé huit ſols, ci................	8.	4.	12.

Tous Papiers connus dans les pays où ils ſont en uſage, ſous des dénominations autres que celles énoncées au préſent Tarif, & dont les dimenſions ſe rapporteront à quelques-unes de celles ſpécifiées au Tarif joint à l'Arrêt du Conſeil du 18 Septembre 1741, payeront le Droit fixé pour celle des claſſes ci-deſſus, dans laquelle ſe trouve la dénomination, telle qu'elle eſt exprimée audit Tarif de 1741.

Papiers Dorés & Argentés.

Pour chaque rame de Papier Doré ou Argenté, uni ou à grandes ou à petites fleurs ; ſera payé, ſuivant celle des claſſes de Papiers blancs ci-deſſus, auxquelles ils doivent être rapportés par leurs dimenſions, le triple des droits y portés.

Papiers Marbrés.

Pour chaque rame de Papier Marbré, ſera payé, ſuivant ſes dimenſions, le double des droits des Papiers blancs.

Papiers de couleur fine.

POUR chaque rame de Papier, teint d'une couleur fine, ou peint d'un côté & d'une seule couleur sans mêlange, ainsi que pour chaque rame de Papier gris, fin, à dessiner; sera payé, suivant les dimensions, les mêmes Droits que pour les Papiers blancs.

Papiers gris & Papiers de couleur, communs.

POUR chaque rame de Papier gros-bleu, brun, dit *Musc* ou *Musqué*, & gris commun pour enveloppes, ainsi que pour chaque rame de celui nommé *Trasse*, ou *Etresse*, ou *Main-brune*; sera payé, suivant les dimensions, la moitié des Droits des Papiers blancs.

Papiers Brouillards.

Modéré à moitié des Droits du Papier blanc, par l'Art. VIII de l'Arrêt du Conseil du 16 Octob. 1771.

POUR chaque rame de Papier brouillard ou à la Demoiselle, sera payé, suivant sa dimension, les trois quarts des Droits des Papiers blancs.

Cartes ou Cartons de feuilles.

POUR chaque cent de feuilles de Cartes ou Cartons, formés de plusieurs feuilles de Papier, collées ensemble, sera payé, suivant l'espece de Papier blanc auxquels ils devront être rapportés par leurs dimensions, le quadruple des Droits portés au Tarif ci-dessus, pour chaque rame.

Cartons de Pâte.

POUR chaque cent de feuilles de Cartons de pâte, sera payé les mêmes Droits que pour les Cartes & Cartons ci-dessus, suivant les dimensions dont ils approcheront le plus.

DÉNOMINATION DES LIEUX SUJETS AUXDITS DROITS.

Généralité de ROUEN.

Arques, les Andelis, Bolbec, Caudebec, Cormeilles, Chaumont, Dieppe, Elbeuf, Eu, Évreux, Fécamp, Gisors, le Havre, Honfleur, Louviers, Magny, Montivilliers, Neufchâtel, Pontaudemer, Pont-de-l'Arche, Pont-l'Évêque, Pontoise, Rouen, Saint-Valery, Vernon, Yvetot.

Généralité de CAEN.

Avranches, Bayeux, Caen, Carentan, Cherbourg, Coutances, Grandville, Mortain, Saint-Lô, Torigny, Vallogne, Ville-Dieu, Vire.

*Généralité d'*ALENÇON.

L'Aigle, Alençon, Argentan, Bellesme, Bernay, Conches, Domfront, Falaise, Lisieux, Mamers, Mortagne, Neubourg, Nogent-le-Rotrou, Orbec, Séez, Verneuil-au-Perche.

EXTRAIT DE L'ARRÊT DU CONSEIL D'ÉTAT DU ROI.

PORTANT modération & interprétation de plusieurs Articles du Tarif des Droits sur les Papiers & Cartons, annexé à la Déclaration du premier Mars 1771.

Du 16 Octobre audit an.

ARTICLE PREMIER.

LES Images, Papiers peints en façon de Damas, d'Indiennes ou Tapisseries; Papier drapés en laine hachée, autrement dits *Papiers Tontisses*, & autres Papiers de semblable espece, & généralement toutes les Dominoteries imprimées ou non imprimées, avec moules & planches en bois, fabriqués dans les lieux autres que ceux compris en l'État annexé à la Déclaration du premier Mars 1771, dont les Droits dus aux Entrées de Paris, soit à Sa Majesté, soit au profit des Officiers, Contrôleurs & Visiteurs des Papiers & Cartons, avoient été fixés à raison du quintal, par l'Arrêt du Conseil du 27 Février 1765, seront, à compter du jour de la publication du présent Arrêt, payés à l'Entrée des lieux compris audit État, à proportion du nombre de feuilles, dont les mains, rouleaux ou images seront composés, selon celles des classes du Tarif annexé à ladite Déclaration, auxquelles lesdits Papiers, Images & Dominoteries, devront être rapportés, eu égard aux dimensions des feuilles dont elles seront composées; savoir, les Images formées d'une ou plusieurs feuilles, ainsi que les Papiers à fonds blancs ou sablés, imprimés en fleurs ou petits desseins, ainsi que ceux pour échiquier ou autres semblables usages, lesquels se vendent à la feuille ou à la main, les mêmes Droits que les Papiers blancs; les Papiers drapés ou Papiers tontisses, ainsi que les Papiers peints & imprimés, façon d'Angleterre, imitant les desseins d'étoffes à meubles, ensemble les Papiers de la Chine, le double des Droits des Papiers blancs; le tout sans préjudice des Droits de Domaine & autres auxquels lesdites Dominoteries sont assujetties à l'Entrée de ladite Ville de Paris, lesquels continueront d'être perçus comme avant ladite Déclaration du premier Mars 1771.

II.

CELLES desdites Dominoteries auxquelles auront été employés des Papiers de pâte bulle, de quelques-unes des especes désignées aux quatre premieres classes dudit Tarif, jouiront, comme les Papiers blancs, de la modération d'un tiers desdits Droits.

III.

Les Dominoteries fabriquées dans quelques uns des lieux compris en l'État annexé à ladite Déclaration du premier Mars dernier, & qui, par l'Article premier du présent Arrêt, ne sont assujetties qu'aux mêmes Droits que les Papiers blancs, seront à l'Entrée, soit de la Ville, Fauxbourgs & Banlieue de Paris, soit des autres lieux énoncés audit État, traitées suivant les dispositions des Articles IX & X de ladite Déclaration.

IV.

Celles des Dominoteries fabriquées dans quelques uns des lieux compris audit État, & qui, par ledit Article premier du présent Arrêt, sont assujetties au double des Droits des Papiers blancs, ne seront, en entrant dans la Ville, Fauxbourgs & Banlieue de Paris, sujettes qu'au paiement du simple Droit des Papiers blancs, & en outre des Six sols pour livre & des Vingtiemes de l'Hôpital, sur le pied du double Droit; & à l'Entrée des autres lieux compris audit État, au paiement du simple Droit seulement, le tout en justifiant que lesdites Dominoteries seront provenues de Manufactures situées dans quelques uns desdits lieux sujets, & que les Papiers ayant servis à leur fabrication, y auront acquitté les Droits du Tarif annexé à ladite Déclaration.

V.

Les Images, ainsi que les Papiers imprimés avec moules & planches représentant des figures, ou qui seroient en outre imprimés en lettres & caracteres typographiques, continueront d'être sujets à la visite des Chambres Syndicales : dispense Sa Majesté de ladite visite les Dominoteries autres que celles ci-dessus désignées.

VI.

Le Papier dénommé *Petit Royal*, ayant, suivant le Tarif joint à l'Arrêt du Conseil du 18 Septembre 1741, vingt pouces de large, la feuille étant ouverte, sur seize pouces de haut, sera & demeurera compris dans la septieme classe du Tarif annexé à ladite Déclaration du premier Mars 1771; & comme tel, ne payera que vingt sols la rame. Le Papier appellé *Grand-Messel*, dont les dimensions doivent être de dix-neuf pouces de largeur sur quinze pouces de hauteur, sera rapporté à la huitieme classe dudit Tarif, & en conséquence, ne sera assujetti qu'au Droit de seize sols par rame; celui connu sous le nom de *Grand-Licorne à la cloche*, devant avoir dix-neuf pouces de largeur, sur douze de hauteur, ainsi que celui appellé *Cartier grand format de Dauphiné*, dont les dimensions doivent être de seize pouces de largeur, sur treize pouces & demi de hauteur, seront & demeureront compris dans la neuvieme classe dudit Tarif du premier Mars 1771; & en conséquence, les Droits en seront dus sur le pied de treize sols la rame.

VII.

Les Papiers dénommés *Joseph-blancs*, n'ayant point de dimensions déterminées par les Réglemens, mais seulement celles usitées dans les Provinces où ils se fabriquent, ou relatives aux usages auxquels ils sont destinés, payeront les mêmes Droits que les autres Papiers blancs, suivant celles des classes dudit Tarif, auxquelles ils devront être rapportés par leurs dimensions.

VIII.

Les Papiers dits *Brouillards* ou *à la Demoiselle*, ne payeront, ainsi que les autres Papiers bruns & gris communs pour enveloppes, que la moitié des Droits dus pour les Papiers blancs auxquels ils devront être rapportés par leurs dimensions.

I X.

Les rames composées en totalité de Papiers cassés & déchirés dans la plus grande partie de la feuille, ne payeront que la moitié des Droits auxquels, dans tout autre cas, elles se trouveront assujetties par ledit Tarif.

X.

Les Droits dus pour chaque cent de cartes ou cartons de feuille ou de pâte, demeureront modérés au double des Droits dus pour chaque rame de l'espece de Papiers blancs dont ils auront été formés, ou dont ils approcheront le plus par leurs dimensions ; & pour ceux desdits cartons qui devront être rapportés à quelqu'une des quatre premieres classes dudit Tarif, ledit double Droit n'en sera perçu que sur le pied de celui dû pour les Papiers de pâte bulle.

X I.

Les Cartons fabriqués dans quelquelques uns des lieux compris en l'État annexé à ladite Déclaration, ne pourront à l'entrée, soit de la ville, fauxbourgs & banlieue de Paris, soit des autres lieux sujets, jouir de la faveur accordée par les Articles IX & X de ladite Déclaration, que six mois après que la perception des Droits dudit Tarif aura commencée dans le lieu où lesdits cartons auront été fabriqués.

X I I.

Les Droits portés audit Tarif, ou fixés par le présent Arrêt, seront dus & perçus sur les Papiers & Cartons, à l'entrée de toutes les villes & lieux énoncés audit État, & autres qu'il plairoit à Sa Majesté d'y comprendre par la suite.

X I I I.

Permet Sa Majesté d'entreposer dans la ville de Limoges, les Papiers destinés pour la consommation de Paris, aux conditions fixées pour les mêmes entrepôts permis dans les villes d'Orléans & Rouen, par l'Article V I I I de ladite Déclaration.

X I V.

Seront lesdits Droits dus & perçus sur quelque quantité que ce soit de Papiers ou Cartons, dont le Droit en proportion d'icelui fixé pour chaque rame ou cent, ne sera pas au-dessous de deux sols.

X V.

Seront au surplus, tant ladite Déclaration du premier Mars dernier, que le Tarif y annexé, exécutés suivant leur forme & teneur, en ce qui n'y est dérogé par le présent Arrêt : Enjoint Sa Majesté aux Sieurs Intendans & Commissaires départis dans les Provinces & Généralités, de tenir la main à l'exécution d'icelui, lequel sera exécuté nonobstant opposition ou autres empêchemens quelconques, dont, si aucuns interviennent, Sa Majesté se réserve & à son Conseil, la connoissance, & icelle interdisant à toutes ses Cours & autres Juges.

De l'Imprimerie de Lamesle, Imprimeur des Fermes du Roi, au Bureau général des Aides, Hôtel de Bretonvilliers. 1781.

www.ingramcontent.com/pod-product-compliance
Ingram Content Group UK Ltd.
Pitfield, Milton Keynes, MK11 3LW, UK
UKHW020242180726
13839UKWH00001B/133